陕西省普通高等学校“一流专业”项目：经济学
西北大学“双一流”建设项目

xiandai jingjixue
lilun yu fangfa chuangxin luntan

现代经济学理论与方法创新论坛（十一）

高　煜◎主编
吴丰华　赵麦茹　王　聪◎副主编

中国经济出版社
CHINA ECONOMIC PUBLISHING HOUSE
北 京

图书在版编目（CIP）数据

现代经济学理论与方法创新论坛．11／高煜主编．
北京：中国经济出版社，2018.4
ISBN 978－7－5136－4985－8

Ⅰ．①现… Ⅱ．①高… Ⅲ．①经济学—文集 Ⅳ．①F0－53

中国版本图书馆 CIP 数据核字（2017）第 274709 号

责任编辑 贺 静
责任印制 巢新强
封面设计 华子设计

出版发行 中国经济出版社
印 刷 者 北京金明盛印刷有限公司
经 销 者 各地新华书店
开 本 710mm×1000mm 1/16
印 张 15
字 数 230 千字
版 次 2018 年 4 月第 1 版
印 次 2018 年 4 月第 1 次
定 价 58.00 元
广告经营许可证 京西工商广字第 8179 号

中国经济出版社 **网址** www.economyph.com **社址** 北京市西城区百万庄北街 3 号 **邮编** 100037
本版图书如存在印装质量问题，请与本社发行中心联系调换（联系电话：010－68330607）

目　录

老有所乐：新农保提升了农村参保老人的幸福感
——基于微观面板数据的实证分析

刘瑞明　李　林

摘　要： 评估新农保对参保老人主观幸福感的影响是衡量新农保政策绩效的一个重要内容，但一直以来却被学者忽视。本文利用 2008/2009 年与 2011/2012 年“中国老年健康影响因素跟踪调差（CLHLS）”的数据，通过 PSMDID 方法控制了农村老人参保行为的内生性及样本选择偏误。研究结果表明，新农保对增进农村参保老人的主观幸福感具有较为显著的作用，但是新农保政策幸福绩效的发挥也具有一定的时滞性。同时，老人的人口社会学特征、身体健康状况及家庭支持等因素也对农村老人的幸福感存在不同程度的影响。据此，本文认为应该逐步提高基础养老金的补贴额度，建立和完善农村社会保障制度，使老人老有所乐、在快乐中安度晚年。

关键词： 新农保　主观幸福感　倾向值匹配　双差分模型

作者简介： 刘瑞明（1985—），陕西子洲人，中国人民大学国家发展与战略研究院副教授；李林（1992—），陕西西安人，西北大学经济管理学院 2015 级政治经济学专业硕士研究生。

一、引　言

随着我国工业化、城市化进程的不断推进及计划生育政策的后期影响，人口老龄化已经成为我国当前面临的重要社会问题之一。2010 年，第六次人口普查结果显示，我国 60 岁及以上老年人口为 1.776 亿人，占全国总人口的 13.32%；其中，农村老年人口总数为 1.312 亿人，接近城市老年人口的 2.8 倍[①]。现阶段城乡之间经济发展状况、社会保障体系等方面仍存在较大的差距，使得老年人的养老问题在农村更为严峻。

同时，在农村家庭内部，由于年轻一代市场观念的深化，孝道文化逐渐走向衰落，老人在失衡的代际关系中显然处于劣势（陈柏峰，2009；刘汶蓉，2012）。再加上近 10 年来老年人的家庭照料成本增速明显加快，农村老人得不到子女赡养甚至遭受虐待的现象时有发生，传统家庭养老模式和老年人的身心健康受到了极大的挑战，老年人群体甚至越来越成为近年来农村自杀人群的主体（杨华、欧阳静，2013；曾毅、陈华帅、王正联，2012）。1999 年"老农保"被叫停以来，我国正式的养老保险制度安排已经存在近 10 年的空白期，农村社会养老缺位问题亟待解决。

针对上述问题，中国于 2009 年推出"新型农村社会养老保险"政策（New Rural Society Endowment Insurance，NRSEI，以下简称"新农保"）。该政策的试点工作在全国推广，新政策建立了"个人缴费、集体补助、政府补贴相结合"的筹资模式，坚持"保基本、广覆盖、有弹性、可持续"的基本原则，实行社会统筹与个人账户相结合，并完善后期养老金相关管理运行机制。[②] 与"老农保"不同的是，年满 60 岁的农村老人不需要缴纳保费即可领取最低每月 55 元的基础养老金，极大地调动了农村老年人参保的积极性。

学者对于"新农保"政策绩效的考察主要集中于新农保对参保老人客观生活状况的影响：由于其"保基本"的实施原则，新农保很难满足农村老人当前的生活基本要求，因此也难以达到"保基本"的目标（姚惠元，2012）；虽然新农保对农村的养老模式有一定的影响，减轻了老年人子女的养老负担，同时提高了老人的经济独立性，但是社会养老对传统家庭养老模式的替代效果仍然有限（程令国、张晔等，2013；陈华帅、曾毅，2013；张川川、陈斌开，2014）。

---

① 相关数据见国家统计局网站中国 2010 年人口普查资料。

② 具体内容见《国务院关于开展新型农村社会养老保险试点的指导意见》（国发〔2009〕32 号），http://www.gov.cn/zwgk/2009-09/04/content_1409216.htm。

以上文献都加深了我们对新农保实施政策绩效的认识，无论是小到老人居住方式的改变、经济独立性的增强，还是大至养老模式的嬗变，都旨在提高农村老人的福利水平，然而相较于已有文献所考察的新农保的实施对于老年人客观生活状况的影响，本文所关注的重点是新农保的幸福绩效——新农保的实施对农村老年人主观幸福感的影响。社会福利的改善可以明显提高社会居民的主观幸福感，然而新农保的幸福绩效作为衡量该政策实施对老人福利水平影响的重要内容，至今仍被研究者忽略。本文使用 2008/2009 年和 2011/2012 年两期“中国老年健康影响因素调查（CLHLS）”数据，试图研究新农保对我国农村老年人主观幸福感的影响。

本文的边际贡献在于：第一，本文试图回答“新农保是否显著提高了农村老人的主观幸福感”这一问题，是对于政策实施（尤其是新农保）的幸福绩效作较早考察的文献；第二，本文使用 PSMDID 方法控制住了控制组和实验组在政策实施前的系统差异，解决了参保行为的内生性和选择性偏误，增强了实证分析结果的准确性。

本文后续部分安排如下：第二部分介绍数据及相关变量描述性统计；第三部分给出计量模型和实证方法；第四部分报告分析实证结果及做出详细分析；第五部分得出结论及政策建议。

二、数据、变量及描述性统计

（一）数据来源及样本选择

本文使用“中国老年健康影响因素跟踪调查（CLHLS）”2008/2009 年和 2011/2012 年两期截面调查数据合成的面板数据，其中有 8231 位老人连续参加了两次两年期的调查。CLHLS 是北京大学与美国杜克大学联合开展的大型跟踪调查项目，为目前中国关于老年人口的研究提供了较为权威的微观数据。该调查始于 1998 年，之后在 2000 年、2002 年、2005 年、2008 年及 2011 年又先后进行了 5 次跟踪调查，覆盖了中国 23 个省级行政区。以面对面访谈的方式从人口学、社会经济、健康状况等方面取得了受访者的翔实信息，为本文研究老年人主观幸福感提供了宝贵的资料。该调查数据通过了全面的系统性检测，检测结果显示该数据总体质量良好。

本文按以下原则删除个案：首先，删除涉及核心解释变量（是否参加农保）及因变量（主观幸福感）有缺失值的个案。其次，根据政策规定，新农保的参保对象为“年满 16 周岁、非在校学生、未参加城镇职工基本养老保险的农村居民”，参保原则为“在户籍所在地自愿参加”。CLHLS 的调查对象是中国的老年人群，不是特别针对我国农村老年人口进行的调查，因此，本文删除了享受离退休制度保障及领取退休金的样本，而后又剔除居住地为城市的样本，认定其为城市户口，不在新农保的参保范围。再次，为了更准确地考察新农保的实施效果，本文将参加商业保险的样本去除。最后，虽然新农保政策 2009 年 7 月才正式启动，但是此前已经有很多地区开展了新农保的试点工作，故本文将参保时间确定及 2008/2009 年 CLHLS 调查后才加入农村社会养老保险的老人作为参加新农保样本。

经以上步骤的处理，本文最终使用的 CLHLS 有效样本量为 4280，分布在 22 个省级行政区。参加新农保的样本数为 785，作为实验组占总样本量的 18.3%；未参加新农保的样本数为 3495，作为控制组占总体的比重为 81.7%。由于 2008 年期的调查于 2008 年 1 月展开，于 2009 年 12 月结束。本文保留下来的每个参保样本都给出了准确的参保时间（精确到月），最早在 2008 年期调查时已经参保，最晚在 2012 年跟踪调查时参保。因此，可以根据参保时间到 2011/2012 年调查时间的差值算出参保时间长度。其中，按参保时间长度划分，不少于半年、不少于一年及不少于一年半的样本量分别有 681、457 和 321。

（二）变量定义及变量描述性统计

本文研究的重点是新农保对农村老人主观幸福感的影响。主观幸福感主要涉及 3 个方面：基于感情层面的快乐感、基于认知层面的满足感和基于体验层面的价值感（孙凤，2007）。由于 CHLHS 没有对老人的主观幸福感这一问题直接提问，本文选用调查数据“对现状的评价及性格特征”部分的 6 个问题作为主观幸福感的 6 个分量指标。

现有医学及心理学方面研究表明，年龄、性别、经济水平、受教育程度、健康状况、家庭支持、社会福利等多种因素都会对主观幸福感造成显著影响，这些因素成为本文的主要解释变量和控制变量（鲁元平、王韬，2010；张楚文、徐艳慧，2011；唐丹等，2006）。

本文涉及的被解释变量、解释变量及控制变量的具体内容如表 1 所示。

表 1　相关变量定义

变量类型		变量名	变量含义	变量定义及计算
被解释变量	积极的主观幸福感	*life_qlity*	生活满意度评价	问卷问题：您觉得您现在的生活怎么样？取值范围为：1、2、3、4、5，分别代表：很差、较差、一般、好、很好
被解释变量	积极的主观幸福感	*lk_britly*	乐观程度	问卷问题：不论遇到什么事您都能想得开？取值范围为：1、2、3、4、5，分别代表：从不、很少、一般、经常、总是
被解释变量	积极的主观幸福感	*happiness*	快乐感	问卷问题：您是不是觉得和年轻时一样快活？取值范围：1、2、3、4、5，分别代表：从不、很少、一般、经常、总是
被解释变量	消极的主观幸福感	*fearness*	恐惧感	问卷问题：您是不是经常觉得紧张害怕？取值范围为：1、2、3、4、5，分别代表：从不、很少、一般、经常、总是
被解释变量	消极的主观幸福感	*loneness*	孤独感	问卷问题：您是不是经常觉得孤独？取值范围为：1、2、3、4、5，分别代表：从不、很少、一般、经常、总是
被解释变量	消极的主观幸福感	*useless*	无用感	问卷问题：您是不是觉得越老越不中用？取值范围为：1、2、3、4、5，分别代表：从不、很少、一般、经常、总是
解释变量		*tr*	是否参加新农保	1 = 参加新农保，0 = 未参加
解释变量		*yr*	调查年份	1 = 2011/2012 年，0 = 2008/2009 年
控制变量				
人口社会学特征		*age*	年龄	岁
人口社会学特征		*sex*	性别	1 = 男性，0 女性
人口社会学特征		*ethnic*	民族	1 = 汉族，0 = 其他少数民族
人口社会学特征		*region*	地域	1 = 东部经济发达地区，0 = 其他
人口社会学特征		*unschooled*	未上过学	1 = 未上过学（受教育年限为 0），0 = 小学程度（受教育年限为 1 ~ 6 年）

续表

变量类型	变量名	变量含义	变量定义及计算
人口社会学特征	*overpriedu*	中学及中学以上水平	1 = 中学及以上水平（受教育年限 >6），0 = 小学水平
	married	婚姻状况	1 = 已婚且与配偶居住，0 = 其他
健康状况及生活状况	*good_hea*	身体健康	1 = 健康状况良好，0 = 健康状况一般
	adl	日常活动能力（activities of daily living）	1 = ADL 完好，0 = ADL 受损；日常生活能力包括：吃饭、穿衣、洗澡、上厕所、室内活动、控制大小便六项
	chronic_dis	患慢性疾病状况	1 = 至少患有高血压、糖尿病、心脑血管疾病、肺病、癌症、关节炎其中一种，0 = 未患有上述慢性病
家庭支持状况	*coresi_fmly*	和家人一同居住	1 = 和家人一起居住，0 = 独居
	coresi_inst	在养老院生活	1 = 在养老机构生活，0 = 独居
	rela_inc	相对收入	老人自评在当地的富裕程度，取值范围：1、2、3、4、5，分别表示：极度贫困、贫困、一般、富裕、很富裕
	fina_supp	经济支持	1 = 所有生活来源够用，0 = 不够用
	children	子女数量	包括亲生及收养的子女
	male_child	有儿子	包括亲生及收养，1 = 有，0 = 无

（三）描述性统计

表 2 给出了按参保状况和调查年份进行分组的相关变量的描述性统计：第一列为相关变量名，中间两列为参保组和控制组在 2008 年参保前的相关变量特征比较（包括均值和标准差），而后两列为调查年份为 2011/2012 年的参保组和控制组特征比较。从该表可以看出实验组和控制组在 2008 年和 2011/2012 年两个时点的组间差距及参保前后组内差距变化状况。

从表 2 的描述性统计中可以得出以下结论：

（1）对比实验组和参保组的因变量农村老人主观幸福感在参保前 2008/2009 年调查时的差距，我们发现参保组的农村老年人在未参保时主观幸福感

（具体表现为生活质量、快活感和恐惧感）就显著强于控制组，但参保组的老人对“是否感到自己越老越不中用”这一问题的回答更为消极。比照控制组和参保组老人主观幸福感在2008/2009年和2011/2012年的变化，各组老人的幸福感有了不同程度的变化，但具体趋势和影响因素还需进一步考察。

（2）虽然参保行为是自由选择的结果，但是比较2008年参保组和控制组的控制变量发现，在选择是否参保时，“新农保”受到低年龄、有配偶、汉族及处于东部地区老年人群体的欢迎，这说明参保行为具有内生性的特点。

表2　相关变量的描述性统计

	2008/2009年				2011/2012年			
	控制组		实验组		控制组		实验组	
变量	均值	标准差	均值	标准差	均值	标准差	均值	标准差
life_ qlity	3.57	0.013	3.68***	0.027	3.62	0.014	3.71***	0.028
lk_ britly	3.82	0.012	3.38	0.023	3.75	0.012	3.83***	0.024
happy	2.77	0.018	2.96***	0.041	3.48	0.024	3.49	0.049
fear	1.98	0.016	1.90**	0.034	1.97	0.015	1.95	0.032
loneness	2.03	0.017	2.01	0.0362	2.09	0.017	2.01**	0.034
useless	2.80	0.020	2.90**	0.040	2.91	0.020	2.98	0.043
age	81.86	0.178	80.33***	0.367	84.92	0.178	83.47***	0.367
sex	0.42	0.008	0.46*	0.018	0.42	0.008	0.46**	0.018
ethnic	0.91	0.005	0.96***	0.007	0.92	0.005	0.97***	0.007
region	0.36	0.008	0.41**	0.017	0.36	0.008	0.41**	0.017
unschooled	0.64	0.008	0.61	0.017	0.65	0.008	0.62	0.017
overpriedu	0.056	0.004	0.051	0.008	0.056	0.004	0.050	0.008
married	0.39	0.008	0.44**	0.018	0.34	0.008	0.40***	0.018
good_ hea	0.52	0.008	0.55*	0.018	0.42	0.008	0.45	0.018
adl	0.95	0.004	0.93	0.009	0.78	0.007	0.80	0.014
chronic_ dis	0.45	0.008	0.48	0.018	0.52	0.009	0.54	0.018
coresi_ fmly	0.80	0.007	0.83	0.014	0.80	0.007	0.82	0.014
coresi_ inst	0.01	0.002	0.00	0.002	0.01	0.002	0.01	0.004

续表

	2008/2009 年				2011/2012 年			
	控制组		实验组		控制组		实验组	
变量	均值	标准差	均值	标准差	均值	标准差	均值	标准差
rela_ inc	2.87	0.011	2.90	0.023	2.91	0.012	2.96**	0.025
fina_ supp	0.75	0.007	0.74	0.016	0.74	0.007	0.76	0.015
children	4.47	0.034	4.43	0.072	4.49	0.036	4.37	0.079
male_ child	0.92	0.004	0.93	0.009	0.86	0.006	0.80***	0.014

注：①控制组是指“2008—2012 年调查结束前未加入新农保的老人”，实验组是指“2008—2012 年调查结束前已经加入新农保的老人”，故两组在 2008/2009 年调查时均处于“未加入新农保的状态”。②*、**、***分别代表各年份实验组样本各变量均值在 10%、5%、1%的显著性水平上异于控制组（分别以 2009 和 2011/2012 做独立样本 T 检验）。

三、估计模型及实证方法

本文研究的主要内容为新农保对农村参保老人主观幸福感的影响，即评价新农保政策实施的幸福绩效。但是如果仅仅将参保老人作为考察对象，直接对比参保前后有关主观幸福感的各项指标的变化难以得出让人信服的结论，因为老人的幸福感可能随着地区宏观经济状况的改善而提高，也可能会随着年龄的增大、身体状况的恶化而降低。事实上，我们可以将新农保近似地看成是一项在全国进行的“自然实验”，认为老人被随机地分为状况大致相当的两组：一组作为实验组参加了新农保；另一组作为控制组不受政策的影响；由 CLHLS 2008/2009 年和 2011/2012 年两个年度的跟踪调查可获取两组老人的相关信息。对于该政策实验的绩效，可以使用双重差分法（Difference - in - differences，DID）进行检验：通过比较实验组和控制组在新农保实施前后主观幸福感变化的差值，来断定新农保的实施是否对农村参保老年人的主观幸福感产生了显著性的影响。

本文双重差分的基准回归模型设定如下：

$$U_{it} = \beta_0 + \beta_1 yr_t + \beta_2 tr_{it} + \beta_3\, yr_t \cdot tr_{it} + \beta_4 \mu_{it} + e_{it} \tag{1}$$

其中，U 作为为被解释变量表示主观幸福感，包括生活质量、乐观程度、快乐感、恐惧感、孤独感和无用感6个指标；下标 i 表示第 i 个观测样本，t 表示第 t 个观测年份；yr、tr 分别表示实验期虚拟变量和实验组虚拟变量（$yr=1$ 代表新农保实施后，$yr=0$ 代表新农保实施前，$tr=1$ 代表参加新农保的实验组，$tr=0$ 代表未参加新农保的控制组）；μ 代表一系列控制变量，包括年龄、性别、婚姻状况、受教育年限、身体健康状况、家庭经济状况、子女数量等。

模型中各个参数的含义如表3所示。对于回归方程（1），可知对于参加了新农保的实验组（$tr=1$），可以用 $\beta_0+\beta_2$ 及 $\beta_0+\beta_1+\beta_2+\beta_3$ 分别表示其在参保前后主观幸福感状况，而 $\Delta U_t=\beta_1+\beta_3$ 为实验组在参加农保前后主观幸福感的变化状况，其中表示新农保的政策绩效及其他不可观测因素的影响。类似的，对于未参加新农保的控制组而言，新农保政策实施前后其主观幸福感的变化为 $\Delta U_0=\beta_1$，β_1 含有新农保政策的影响，但不包含其他不可观测因素的影响。因此，用参保组在政策实施前后幸福感的变化状况减去控制组在政策实施前后主观幸福感的变化状况，即得到新农保实施的净政策效果。β_3 是衡量新农保实施绩效的指标，如果新农保给老人的主观幸福感带来正的影响，则当被解释变量为生活质量（*life_ qlity*）、快乐感（*happiness*）时，其符号应该显著为正；而当被解释变量为恐惧感（*fear*）、无用感（*useless*）时，其符号应显著为负。

表3　双重差分各参数含义

	新农保实施后（$yr=1$）	新农保实施（$yr=0$）	Difference
实验组（$tr=1$）	$\beta_0+\beta_1+\beta_2+\beta_3$	$\beta_0+\beta_2$	$\Delta U_1=\beta_1+\beta_3$
控制组（$tr=0$）	$\beta_0+\beta_1$	β_0	$\Delta U_0=\beta_1$
Difference - in - differences			$\Delta\Delta U=\beta_3$

使用双重差分法的重要前提是同趋势假定和随机性假设，即实验组和控制组的变动仅依赖于时间而不存在系统性差异。虽然是否参保是老人自愿选择的结果，但是根据描述性统计部分的结论可以发现，参保行为的选择具有明显的内生性，存在严重的选择性偏误，违反了做双差分所必备的同趋势假定。此时我们可以使用倾向值匹配双差分（PSMDID）方法进行估计（Heckman et al.，1998），该方法首先通过倾向值得分对参保组个体在控制组中匹配得分相似的样本进行配对分析，使数据接近于自然实验的状态，从而消除非

随机性的参保行为所导致的选择性偏误；然后再进行双重差分对匹配后的样本进行估计，进一步消除可观测的个体效应及不可观测的时间效应，从而得出纯粹的新农保的政策效应。

四、实证结果及分析

（一）农村老人主观幸福感的全样本回归结果

用 OLS 方法对农村老人主观幸福感的全样本回归结果如表 4 所示。因变量包括生活满意度、乐观程度、快乐感、恐惧感、孤独感及无用感 6 个指标，自变量包括参保年份、是否参保及二者交互项；新农保的幸福绩效主要从交互项的系数及其显著性体现出来；控制变量包括社会人口学特征、身体健康状况和家庭支持状况三大类 16 个变量。

观察对全样本主观幸福感用 OLS 方法回归结果（见表 4）发现，新农保对参保老人的幸福感变化影响是比较复杂的，全样本 OLS 回归中乐观程度系数为正且在 95% 的置信度水平上显著，然而却对生活满意度无显著影响，但是老人的快乐感显著降低，这显然与其他因变量的回归结果相冲突，有待进一步分析解释。

表 4　新农保政策幸福绩效的全样本回归结果

	life_quality	*look_brightly*	*happiness*	*fearness*	*loneliness*	*useless*
交互项 （$tr \times yr$）	0.009 (0.224)	0.101** (2.571)	−0.118* (−1.653)	0.071 (1.362)	−0.042 (−0.759)	0.022 (0.329)
参保组（tr）	0.080*** (2.847)	−0.009 (−0.332)	0.128*** (2.695)	−0.058 (−1.589)	0.021 (0.558)	0.115** (2.562)
年份（yr）	0.075*** (0.740)	−0.033* (4.174)	0.800*** (−1.907)	−0.076*** (25.741)	−0.003 (−3.314)	0.021 (−0.127)
年龄	0.001 (0.674)	−0.001 (−0.572)	−0.003** (−1.982)	0.001 (1.054)	0.003** (2.359)	0.006*** (4.055)

续表

	life_quality	*look_brightly*	*happiness*	*fearness*	*loneliness*	*useless*
男性	-0.043**	0.053***	-0.041	-0.168***	-0.034	-0.036
	(-2.301)	(2.894)	(-1.308)	(-6.701)	(-1.322)	(-1.200)
婚姻状况	-0.069***	0.008	0.043	-0.011	-0.337***	-0.035
	(-3.285)	(0.390)	(1.223)	(-0.407)	(-11.807)	(-1.058)
汉族	-0.031	0.074**	0.309***	-0.115***	-0.128***	0.185***
	(-0.963)	(2.417)	(5.813)	(-2.710)	(-2.940)	(3.636)
东部地区	0.066***	0.046***	-0.027	-0.053**	-0.021	0.053*
	(3.789)	(2.720)	(-0.924)	(-2.281)	(-0.870)	(1.918)
未上过学	-0.001	-0.040**	-0.086**	-0.012	0.005	0.190***
	(-0.062)	(-2.049)	(-2.565)	(-0.438)	(0.166)	(5.957)
中学以上文化水平	0.033	0.020	0.188***	-0.048	-0.019	-0.060
	(0.901)	(0.561)	(3.047)	(-0.975)	(-0.376)	(-1.040)
日常活动能力健全	-0.039	0.045*	0.280***	-0.147***	-0.145***	-0.325***
	(-1.521)	(1.772)	(6.165)	(-4.289)	(-4.076)	(-7.704)
患慢性病	-0.021	-0.069***	-0.014	0.046**	0.026	0.093***
	(-1.262)	(-4.384)	(-0.506)	(2.164)	(1.160)	(3.544)
自评健康良好	0.443***	0.303***	0.349***	-0.223***	-0.254***	-0.384***
	(26.311)	(18.732)	(12.189)	(-10.148)	(-11.131)	(-14.272)
与家人同住	0.163***	-0.009	0.021	-0.036	-0.284***	-0.175***
	(7.095)	(-0.423)	(0.535)	(-1.204)	(-9.130)	(-4.808)
住养老院	0.286***	0.008	-0.004	0.123	-0.243**	-0.168
	(3.327)	(0.092)	(-0.029)	(1.081)	(-2.034)	(-1.196)
收入够用	0.258***	0.133***	0.182***	-0.176***	-0.150***	-0.216***
	(12.319)	(6.570)	(5.070)	(-6.436)	(-5.297)	(-6.446)
自评经济状况	0.335***	0.124***	0.262***	-0.117***	-0.235***	-0.195***
	(24.362)	(9.307)	(11.142)	(-6.493)	(-12.574)	(-8.809)

续表

	life_quality	*look_brightly*	*happiness*	*fearness*	*loneliness*	*useless*
子女数量	0.006 (1.497)	0.002 (0.423)	0.009 (1.234)	-0.006 (-1.010)	-0.006 (-1.023)	0.019*** (2.721)
有儿子	-0.020 (-0.613)	-0.037 (-1.155)	-0.012 (-0.206)	0.039 (0.865)	-0.088* (-1.921)	-0.117** (-2.202)
_cons	2.093*** (20.620)	3.190*** (20.374)	1.416*** (32.227)	2.806*** (8.185)	3.439*** (20.581)	3.383*** (24.419)
N	7680	7563	7352	7508	7501	7462

注：*、**、***分别代表10%、5%、1%的显著性水平。

全样本OLS回归主要考察控制变量中不同个体特征对农村老人主观幸福感的影响。通过观察各控制变量对主观幸福感的回归系数，可以发现以下有趣的结论。

观察人口社会学特征类控制变量的系数发现：①老人年龄越大主观幸福感越低，该结论对“年龄越大幸福感越强”及“幸福感随年龄呈U形变化”的观点提出质疑，随着年龄的增大，同龄人的去世及身体器质性功能的衰退和丧失，使得老人的孤独感增强，感到自己越老越不中用，也很难像年轻时一样轻松快乐。②老年男性在乐观程度和恐惧感方面的幸福程度显著高于女性，但是生活质量评价显著低于女性，可能一是因为女性对生活的满足感或忍耐程度高于男性；二是女性更容易得到亲友物质形式和非物质形式的支持，从而提高女性老年人的生活满意度。③婚姻状况方面，已婚并且与配偶居住的农村老人由于需要共担支出，但经济支持有限，在生活满意度方面劣于其他婚姻状况的老人，但是后者明显比与配偶一同居住的老人更为孤独。④汉族农村老人的幸福感显著高于少数民族的农村老人，可能是受到儒家传统孝道文化的影响，但由于在市场经济下汉族老人的家长权威受到更为严峻的挑战，他们也更深刻地感到越老越不中用。⑤幸福感的地区差异极为显著，对比中西部地区，居住在东部经济发达省份的农村老人感到更加幸福，但其无用感甚于中西部地区的农村老人，应该也是因为受到更多市场经济的冲击。⑥受教育程度的提高对农村老人各项主观幸福感的提升极为明显。

老人的健康状况与其主观幸福感存在显著的正相关关系：自评健康良好、日常生活能力完好、无慢性病的老人的主观幸福感明显强于身体健康状况一般及较差、日常生活能力受损、患有慢性病的农村老人。

最后考察家庭支持状况对老人主观幸福感的影响：①与独居的老人相比，和家人一同居住可以提高老人的幸福感，他们的生活满意度显然更高，Becker对此的解释是，老人与子女同住可以实现家庭生产和消费的规模经济效应（Becker，1981），可以从子女处获得许多隐性经济支援，如食物分享、家务分担以及非正式的照料；同时，和子女居住有利于老人维持原有的社会关系网络，减轻了老人负向的幸福感，老人的孤独感和无用感得到显著缓解；由于住在养老院的老人只占全样本的1%～2%，本文不作详细分析，但是可以发现，与独居的老人相比，他们的幸福感相对更高。②家庭的经济支持对提升老人的幸福感作用极为显著，老人的幸福水平与收入水平之间存在着正向联系，特别是老人自评的相对收入以及家庭经济支持的作用尤为显著。③与农村传统的“多子多福”观念相悖，本文发现子女数量、是否有儿子等因素与老人主观幸福感并无显著的因果关系。子女数量越多，财产纷争越多，老人会感到不受欢迎，无用感更强。但是由于中国农村的传统是养儿防老，儿子（而不是女儿）应尽到赡养老人的义务，因此没有儿子的老人可能面临无人赡养的困境，其孤独感和无用感更强。

（二）新农保参保的幸福绩效滞后性研究

已有研究表明，新农保政策真正发挥效果需要至少半年时间（陈华帅、曾毅，2013）。为了研究新农保政策的幸福绩效是否具有时滞性，本文在全样本回归的基础上对参保组按参保时间长短（分别不少于半年、不少于一年和不少于一年半）逐步剔除样本后与控制组样本重新合并为面板数据，并同时采用OLS固定效应（FE）模型和PSMDID方法做回归分析，分别考察参保时间达半年、一年和一年半的参保老人的幸福绩效。

表5及表6显示，对全样本面板数据用OLS方法进行回归得出的固定效应和用PSMDID方法得出的回归结果基本一致，乐观程度的提高、快乐感的下降在PSMDID的结果中都更为显著，在面板OLS回归中农村老人的孤独感

并不显著，但在倾向值匹配双差分后在90%的水平上显著。从置信度水平看，与面板 OLS 回归相比，PSMDID 的结果显著性更高。同时在逐步删除实验组中参保时间较短的个案，分别进行 OLS 回归（表5）和 PSMDID（表6）研究参保行为对农村参保老人的主观幸福感影响的滞后性时，可以看到比较 OLS 结果，PSMDID 方法研究显示参保效应的滞后性有着更为显著的影响。这是由于实验组和参保组在新农保实施前便存在显著的差异，造成了参保行为的非随机性，用普通 OLS 方法进行固定效应分析，虽然消除了样本的个体效应和时间效应，但样本的非平行趋势性使固定效应分析无法得出可靠的结论。本文在用 PSMDID 进行回归时，首先应用核匹配（Kernel Matching）的方法给出各样本的倾向值得分，再在倾向值得分相似甚至相同的基础上对实验组和控制组的样本进行配对，控制住了参保组参保行为在可观测因素基础上的选择性偏误，随后再做双重差分进行固定效应分析，使得出的政策处理效果更加可信。

对全样本应用核匹配方法做 PSMDID 分析，LR chi^2（16）= 59.94，P = 0.0000，可见未匹配前参保组和实验组在16个控制变量上确实存在显著差异，说明样本是适合做倾向值匹配分析的，附录为根据控制变量计算倾向分值配对后的匹配程度检验，配对后控制变量误差消减结果良好，控制组和实验组在控制变量上无显著差别，可见以 PSMDID 方法得到的政策处理效应值更为可信，因此我们将主要以 PSMDID 得到的新农保参保的政策处理效应为主进行分析和讨论。

表5　OLS 方法研究新农保参保的幸福绩效滞后性回归结果

	life_quality	*look_brightly*	*happiness*	*fearness*	*loneliness*	*useless*
以所有参保样本为实验组	0.009 (0.224)	0.101** (2.571)	−0.118* (−1.653)	0.071 (1.362)	−0.042 (−0.759)	0.022 (0.329)
以参保半年以上的样本为实验组	0.019 (0.443)	0.088** (2.141)	−0.040 (−0.529)	0.061 (1.109)	−0.077 (−1.343)	0.012 (0.179)
以参保一年以上的样本为实验组	0.020 (0.396)	0.098* (1.953)	0.117 (1.294)	−0.019 (−0.290)	−0.091 (−1.315)	0.031 (0.367)
以参保一年半以上样本为实验组	−0.004 (−0.070)	0.136** (2.329)	0.108 (1.020)	−0.056 (−0.723)	−0.132 (−1.626)	−0.116 (−1.186)

表 6　PSMDID 方法研究新农保参保的幸福绩效滞后性回归结果

	life_quality	*look_brightly*	*happiness*	*fearness*	*loneliness*	*useless*
以所有参保样本为实验组	0. 017 (0. 50)	0. 085*** (2. 84)	-0. 118** (-2. 16)	0. 054 (1. 33)	-0. 079* (-1. 82)	-0. 027 (-0. 53)
以参保半年以上的样本为实验组	0. 014 (0. 40)	0. 067** (2. 23)	-0. 060 (-1. 10)	0. 050 (1. 21)	-0. 109** (-2. 50)	-0. 034 (-0. 67)
以参保一年以上的样本为实验组	0. 012 (0. 33)	0. 065** (2. 09)	0. 073 (1. 31)	-0. 003 (-0. 07)	-0. 106** (-2. 35)	0. 012 (0. 22)
以参保一年半以上样本为实验组	0. 005 (0. 14)	0. 109*** (3. 46)	0. 134** (2. 37)	-0. 024 (-0. 55)	-0. 147*** (-3. 19)	-0. 092* (-1. 71)

注：①*、**、***分别代表 10%、5%、1% 的显著性水平。②该表仅列出自变量为“是否参加新农保”的回归系数，未在表中列出的控制变量有社会人口学特征（性别、年龄、民族、居住地、受教育状况和婚姻状况）、老人身体健康状况（身体健康程度、身体质量指数、日常生活能力）、家庭经济状况（相对收入、绝对收入）及家庭支持状况（居住状况、子女存活数、是否有儿子）。

通过逐步剔除参保时间较短的个案可以发现，新农保对参保老人主观幸福感的影响具有时滞性，且幸福感各分量变化状况不尽相同。

参加新农保对老人的生活满意度没有显著的影响，因为生活满意度与物质支持有着较强的相关性，虽然政策规定参保老人每月可以领到至少 55 元的养老金，同时按正常预期，基础养老金额度应该随着政策的实施逐步提高，但事实上从 2009 年 9 月政策颁布之初到 2014 年 7 月都没有再变动过，受到物价指数一路走高的影响，老人的生活质量并无实质性的改善，PSMDID 结果中生活满意度的系数甚至随着参保时长的增加而减少，虽然在统计上不显著。

然而生活满意度无显著变化并没有对农村参保老人的乐观程度造成负面影响，相反的是，参保老人的乐观程度在全样本中是极为显著的，而且随着参保时长的变化，该结果更加稳定。对比生活满意度也可以说明，大多数农村老人每月所获得的 55 元基础养老虽然无法满足其基本的日常生活支出，但是“聊胜于无”的想法使新农保对老人的精神慰藉效果显著高于经济收益，从而提高了老人对生活前景的预期，老人看待事物也更为乐观。

参保老人的快乐感也随着时间的变化由显著降低到显著提高，猜测可能是新农保以子女同时参保老人才能领取养老金的“捆绑式缴费政策”使老人与子女家庭间产生了较多矛盾纷争，对老人的感情造成了负面影响（刘善槐等，2011）。但是随着时间的变化及人们参保意识的增强，老人领取到了养老金，这也在一定程度上减轻了子女的养老负担，老人的快乐感逐渐提升。与快乐感相类似，无用感系数为负且随时间变得更为显著。

同时，老人的孤独感较参保之初明显减轻，随着参保时长的变化，老人孤独感的改善更为显著，虽然老参保老人的居住模式在参保后没有发生明显的变化，但是与子女联系频率和社会支持的增加显著减轻了老人的孤独感。

一般认为，恐惧感与性格及宗教信仰存在显著的关系，但是发现，参保后恐惧感的系数逐渐减小变为负值，这说明参保后老人的恐惧感有所减轻。

总体而言，当逐步剔除了参保不满半年、不满一年及不满一年半的参保组样本后，新农保对于农村参保老人主观幸福感的影响呈现出逐渐增强的积极趋势，这说明新农保的幸福绩效是显著的，但是政策绩效的发挥具有一定的时滞性，对老人增强幸福感的影响需要参保至少一年至一年半后才能显现出来。

五、结论及政策建议

本文利用 CLHLS 的数据对新农保政策的幸福绩效进行了考察，通过倾向值匹配后双重差分的方法进行回归分析发现，新农保对参保老人主观幸福感的改善有显著作用，与未参保的老人相比，参保老人的乐观程度有了显著提高，消极幸福感也在一定程度上有所消减，新农保发挥了较强的心理慰藉作用。同时，按参保时间逐步剔除样本进行回归可以发现，新农保政策幸福绩效的发挥具有时滞，6 个主观幸福感的分量指标也并非一致变化。

本文还简要分析了影响农村老人主观幸福感的其他因素，发现文化程度较高、身体健康、与家人居住、家庭经济状况较好的老人，其主观幸福感更强，精神状况更好。

本文具体研究了参加新农保对参保老人主观幸福感的影响，相对于已有的新农保政策绩效研究，我们更倾向于考察政策实施后老人精神状况的变化，认为主观幸福感的提高能从另一方面反映新农保政策实施对农村老年人群体福利水平的真实影响，因此，本研究的方向和结论都具有重要的现实意义。本文主要选取 CLHLS 问卷中现有的 6 项指标来衡量老人的主观幸福感，但由于幸福感主要属于心理学研究的范畴，本文指标选取的科学性还有待商榷，这也是以后需要改进的地方。

针对本文的研究结论，我们给出了以下政策建议：第一，中央和各级地方政府应按财政承受能力扩大财政补贴力度，根据货币实际购买力逐步提高居民基础养老金额度。第二，完善农村基本保障制度，同时继续巩固家庭养老、社会救助及土地保障的共同作用。只有让老人的生活有了坚实的物质基础和制度保障，才能让他们真正做到老有所乐，在快乐中安度晚年。

参考文献

［1］陈柏峰．代际关系变动与老年人自杀［J］．社会学研究，2009（4）：157－176.

［2］刘汶蓉．孝道衰落？成年子女支持父母的观念、行为及其影响因素［J］．青年研究，2012（2）：22－32.

［3］曾毅，陈华帅，王正联．21 世纪上半叶老年家庭照料需求成本变动趋势分析［J］．经济研究，2012（10）：134－149.

［4］杨华，欧阳静．阶层分化、代际剥削与老年人自杀［J］．管理世界，2013（5）：47－75.

［5］薛惠元．新农保能否满足农民的基本生活需求［J］．中国人口·资源与环境，2012，22（10）：170－176.

［6］程令国，张晔，刘志彪．“新农保”改变了中国农村居民的养老模式吗？［J］．经济研究，2013（8）：42－54.

［7］陈华帅，曾毅．“新农保”使谁受益：老人还是子女？［J］．经济研究，2013（8）：55－67.

［8］张川川，陈斌开．社会养老能否替代家庭养老？——来自中国新型

社会养老保险的证据［J］. 经济研究，2012（11）：102－115.

［9］孙凤. 主观幸福感的结构方程模型［J］. 统计研究，2007（2）：27－32.

［10］鲁元平，王韬. 主观幸福感因素研究［J］. 经济学动态，2010（5）：125－130.

［11］张楚文，徐艳慧. 农村老年人幸福指数的测评［J］. 统计与决策，2011（24）：64－67.

［12］唐丹，邹君，申继亮，张凌. 老年人主观幸福感的影响因素［J］. 中国心理卫生杂志，2006（3）：160－162.

［13］Heckman, J. J., H. Ichinura, and P. E. Todd, Macthing as an Econometric Evaluation Estimator［J］. *Review of Economic Studies*, 1998（65）：261－294.

［14］Becker, G. S. *A Treatise on The Family*［M］. *Cambridge*：*Harvard University Press*, 1981.

［15］刘善槐，邬志辉，何圣财. 新型农村社会养老保险试点状况及对策［J］. 调研世界，2011（2）：30－33.

附　录

全样本倾向值匹配基础上的双重差分法（PSMDID）的匹配检验

Weighted Variable(s)	*Mean Control*	*Mean Treated*	Diff.	|t|	Pr(|T|>|t|)
age	80.701	80.284	-0.418	1.33	0.1852
sex	0.442	0.455	0.013	0.85	0.3968
marriage	0.428	0.438	0.010	0.66	0.5109
ethnic	0.962	0.959	-0.003	0.50	0.6148
region	0.403	0.423	0.020	1.30	0.1948
unschooled	0.623	0.610	-0.013	0.87	0.3821
overpriedu	0.054	0.053	-0.001	0.11	0.9143
coresifmly	0.823	0.832	0.008	0.70	0.4818
coresiinst	0.004	0.004	0.000	0.06	0.9529
finasupport	0.751	0.745	-0.005	0.40	0.6889
relativeinco	2.900	2.911	0.011	0.58	0.5643
children	4.452	4.419	-0.033	0.54	0.5918
male	0.930	0.928	-0.002	0.21	0.8327
adl	0.942	0.934	-0.008	1.08	0.2805
chronicdis	0.476	0.483	0.007	0.45	0.6530
goodhealth	0.538	0.546	0.008	0.55	0.5800

中国国有部门和非国有部门工资差距的时空差异

——基于行政垄断和要素非对称扭曲的视角

李　勇　王满仓

摘　要：　本文从行政垄断和要素非对称扭曲的角度对中国国有和非国有部门的工资差距进行了解读。本文认为，与重工业优先发展战略强调的要素价格低估不同，新常态下中国国有部门的要素价格存在着非对称扭曲——资本价格低估和劳动力价格高估，而这又与行政垄断密不可分，即“政企合谋”。行政垄断和要素非对称扭曲，一方面确保了国有部门的“虚假利润”和“高工资”，另一方面引起了非国有部门的“低利润”和“低工资”。利用2000—2014年的省际面板数据，本文对行政垄断、要素非对称扭曲和两部门工资差距进行了实证检验，结果表明，国有部门的要素非对称扭曲并不必然引起两部门的工资差距，行政垄断和要素非对称扭曲的结合才是引起两部门工资差距的根本原因。越是落后的地区，行政垄断和要素非对称扭曲的程度越高，两部门的工资差距也越大，从而在统一的研究框架内同时说明了中国两部门工资差距的时序特征和地区差异。最后为本文的结论和相关启示。

关键词：　行政垄断　要素非对称扭曲　国有部门　非国有部门　工资差距

作者简介：李勇（1984—），四川南充人，西北大学经济管理学院副教授；王满仓（1963—），陕西渭南人，西北大学经济管理学院金融系主任、教授、博士生导师。

一、问题的提出

中国经济进入新常态以来，国有部门和非国有部门（两部门）的工资（收入）差距问题日益凸显，对收入（社会）公平和持续经济增长构成了严重挑战。进一步仔细观察可以发现，中国两部门工资差距在时间和空间上表现出两个重要的特征：从时间维度看，2000 年以来，国有垄断部门的工资（收入）水平持续增长，远高于非国有部门，而且这种差异还在逐年增大[1-3]。从空间维度看，中国两部门的工资差距表现出明显的地区差异。根据徐永巍[4]的计算，市场化水平较高的上海市，两部门工资差距和失业率较低（工资差异系数为 0.97，失业率为 0.09），市场化水平较低的湖北、安徽两部门工资差异较高，工资差异系数分别达到了 1.30 和 1.56，失业率分别为 0.14 和 0.17①。根据市场化水平的地区分布特征可以进一步推论，越是落后的地区，市场化水平较低，两部门的工资差距和失业率便越大；越是发达的地区，市场化水平较高，两部门的工资差距和失业率则越小。那么，应该如何理解中国两部门工资差距在时间和空间上表现出来的差异呢？

部分研究者[5-8]强调劳动力市场分割的影响。其中，邢春冰[7]发现，在经济转型的大背景下，两部门的工资形成机制存在显著差异：非国有部门的工资主要由市场因素所决定。国有部门在“产权模糊”和“所有者缺位”等因素的影响下，其工资水平的确定往往受到非市场因素的影响。因此，中国劳动力市场存在着普遍的所有制分割，两部门劳动力在教育、人力资本和经验等技能的回报率上存在显著的差异（分割），是导致不同所有制企业工资差距拉大的重要原因[5]。劳动力市场分割（教育、人力资本的分割）对两部门工资差距的影响是不均匀的②[9]。更为重要的是，即使控制不同劳动者的人力资本和劳动生产率特征，两部门的工资差距仍然还有无法解释的部分。因此，

① 差异系数的计算公式为“国有企业的工资水平/非国有部门的工资水平”。

② 张车伟和薛欣欣[9]发现，在工资分布的高端，工资差异完全体现为人力资本的差异，而在工资分布的低端，工资差异有很大一部分是人力资本无法解释的，即人教育、人力资本溢价与两部门的工资差异存在非线性关系，劳动力市场分割固然重要，但不足以解释两部门工资差异的全部。

中国两部门的工资差距更多的是受体制性因素的影响[10]。

根据这个思路，有研究者[11-14]认为垄断因素是引起行业间、企业间工资差异拉大的主要原因。一方面，垄断行业通过非市场化的手段（主要是通过行政手段完成对资源的排他性占有）获得超额利润，并在此基础上将部分超额利润转化为“高工资”“高福利”；另一方面，垄断行业还依靠其垄断力量对市场价格施加影响，将这些行业的高工资和高福利成本直接转嫁给消费者或政府。因此，垄断和所有制因素是影响企业（两部门）工资差距的重要因素。应该说，垄断和所有制与新常态时期中国要素市场化改革滞后、要素价格普遍存在扭曲的制度背景相结合，可以成为理解中国两部门工资差距时空差异的逻辑起点。但正如岳希明等[15]、褚敏和靳涛[16]等所指出的，“与发达国家垄断企业通过制定高价谋求高额利润不同，中国的垄断部门与政府行为相结合，表现出强烈的行政垄断特征”。在这一背景下，中国国有部门的要素扭曲与整体的要素扭曲存在着差异，国有部门的要素价格扭曲存在着非对称特征：资本价格的向下扭曲（低估）和劳动力价格的向上扭曲（高估）。

沿着这个逻辑，本文主要分析行政垄断、要素非对称扭曲影响两部门工资差距的内生机制。本文发现，国有部门的要素非对称扭曲并不必然导致两部门的工资差距，行政垄断与要素非对称扭曲的结合才会引起两部门的工资差距。行政垄断和要素非对称扭曲一方面确保了国有部门的“虚假利润”和“高工资”，另一方面却“挤出”了本应用于非国有部门的要素投入，进一步导致其利润受到“侵蚀”，工资增长缓慢。因此，行政垄断和要素非对称扭曲的程度越高，两部门的工资差距越大。这个研究视角不仅可以解释两部门工资差距的时序特征，还可以解释两部门工资差距的地区差异，从而为理解新常态时期中国两部门工资差距的时空差异提供一个逻辑自洽的理论分析框架。

本文的贡献主要体现在以下 3 个方面：①与以往文献从微观视角关注两部门的工资差距不同，本文主要从宏观层面关注中国两部门工资差距的时空差异；② 与以往文献强调定量计算不同，本文主要从行政垄断、要素非对称扭曲两个方面对两部门工资差距的成因进行理论探讨，这个研究视角可以同时解释两部门工资差距的时序和地区特征；③ 与以往文献单纯从两部门内部探讨工资的形成机制不同，本文还发现国有部门的高工资同样会引起非国有部门的低工资，即两部门的工资是存在着负向关联的①。

二、中国两部门工资差距时空差异的内在逻辑

改革开放以来，中国虽然实现了快速的经济增长，但要素市场化改革一直滞后，政府的行政垄断产生了国有部门要素价格的非对称扭曲：一方面，政府压低资源、能源的价格，以确保国有部门获得“超额利润”，进一步转化为“高工资”和“高福利”[14, 16]；另一方面，国有垄断部门劳动力享受着较高的制度“红利”，具有正的工资升水[2, 3]。那么，在国有部门效率较低和其他非经济目标（如就业稳定）等因素的影响下，政府便不得不通过行政垄断等手段维持国有部门的“虚假”利润，并进一步转化为“高工资”[17, 18]。行政垄断和要素非对称扭曲相互依赖，密不可分。与此同时，这种要素配置方式是以“挤出”非国有部门的要素投入量为代价的，这导致了非国有部门的利润被“侵蚀”，工资增长缓慢。因此，行政垄断和要素非对称扭曲构成了理解两部门工资差距拉大的重要逻辑。

1. 国有部门资本价格的向下扭曲（低估）与两部门的工资差距

资本价格扭曲主要体现在价格低估和信贷所有制歧视两个方面：①在财政分权以及“晋升激励”等因素的作用下，地方政府通过补助、定价调控等方法，将土地、电力以及包括水在内的其他公共资源等关键投入品的价格保持在较低水平[16]；② 在资金的分配使用上，银行的信贷资金存在着典型的所有制“歧视”，作为经济增长重要推动力的民营经济在贷款门槛、抵押担保以及筹资渠道等方面或多或少地受到了国有金融部门的差别对待，中、小企业普遍融资难[19, 20]。根据卢峰和姚洋[21]的估计，非国有部门对 GDP 的贡献超过了 70%，但其所获得的贷款不超过银行正式贷款的 20%。资本价格的扭曲和信贷所有制歧视改变了资金的分配流向，引起了“软预算约束”和国有部门的低效率。其结果将导致国有部门不得不通过“寻租”“游说”或者“施压”等方式向政府寻求帮助，政府也被动地通过行政垄断（具体包括补贴、

① 例如，叶林祥等[13]发现，行业垄断可以给国有部门职工带来直接的工资升水，但对非国有企业部门职工的工资水平不产生直接影响。

扭曲价格、进入规制以及提高进入壁垒等方式）维持国有部门的“虚假”利润。与此同时，国有部门产权安排的固有缺陷（所有权“虚置”）扭曲了“委托—代理”机制，这使国有部门工资的决定机制偏离了利润最大化机制，公司管理层通常具有通过提高职工工资的方法来增加自身“权威性”和“邀买人心”的倾向，其结果导致国有部门的部分垄断利润转化为“高工资”[22, 23]。

然而，资本价格的扭曲和信贷所有制歧视虽然增加了国有部门的垄断利润和工资，但却阻碍了非国有部门的发展。这主要是因为，资本价格的扭曲和信贷所有制歧视虽然使国有部门获得了大量的信贷资金，但在软预算约束等因素的影响下，国有部门的效率一直较低。在这种情形下，政府便不得不通过行政垄断的方式维持国有部门的“虚假”利润。这种资金配给方式间接“挤出”了本应用于非国有部门的资金，极大地损害了非国有部门的发展机会和利润，产生了极大的宏观效率损失。例如，丁启军和伊淑彪[24]发现，2006年全国11个行政垄断性行业由于行政垄断所造成的包括内部生产效率损失、寻租成本和社会福利损失在内的总福利损失达到30691.56亿元，占当年GDP的14.55%。刘瑞明和石磊[25]、刘瑞明[26]也发现，信贷所有制歧视和国有部门比重的增加对非国有部门和总体的经济增长产生了严重的拖累。据此可以进一步推论，在国有部门就业能力较低的前提下①，即使非国有部门的工资和就业由市场机制决定，其增长也会因为利润被“侵蚀”受到极大的影响。因此，行政垄断和资本扭曲的程度越高，两部门工资差距和失业率便越大。

2. 国有部门劳动力价格向上扭曲（高估）与两部门工资差距

1978年以来，市场化改革使得国有部门在竞争的市场环境下“举步维艰”，具有高人力资本的国有部门劳动力通过“下海”“跳槽”等方式进入非国有部门。可以说，一段时期非国有部门的工资水平是高于国有部门的[8, 27]。但随着产权改革的稳步推进，国有部门逐渐从竞争领域退出，并通过“资产重组”“抓大放小”等方式加强了其在石油、能源、化工等关键领域的影响，其绩效稳步提高、工资水平不断增长[1, 6]。但国有部门的利润是“虚假”的

① 国有部门主要分布于电力、石油和化工等资源和能源密集型行业中，与现阶段的比较优势不相符。因此，与非国有部门相比，国有部门的就业能力偏低。

利润，是依靠其垄断地位获得的，其高工资也不能反映正常的劳动生产率和人力资本水平，该部门的劳动力享受着制度红利——“工资升水”[2, 3]。

不仅如此，就业稳定是政府除了经济增长外的又一个重要目标。与非国有部门相比，政府干预国有部门的成本较低[28, 29]。在这一背景下，冗员就业、承担社会性保障功能就构成了国有部门政策性负担的重要来源[30]。但是，国有垄断部门的要素禀赋优势和工资决定机制又决定了其解决就业的能力较弱，其结果使得国有部门存在着普遍的“冗员”。例如，Bodmer[31]发现，83%的国有部门存在过剩就业，工人的实际就业量超出需求水平大约20%。Dong 和 Putterman[32]的研究也显示，国有部门的平均劳动冗员率从 1991 年的 28.6%上升到 1994 年的 44.4%。普遍存在的冗员导致国有部门背负了沉重的“政策性负担”，影响了这些部门的绩效，这又使得政府不得不通过扭曲信贷、提供补贴和提高进入门槛等方式维持其利润。然而，这种方式是以损害非国有部门利润和就业能力为代价的，不仅限制了国有部门的劳动力需求，同时还挤出了本应用于非国有部门的资金和就业需求，进一步导致非国有部门的利润和工资水平较低，总体的失业率较高[33]。因此，行政垄断和劳动力扭曲的程度越高，两部门工资差距和失业率也越大。

结合以上讨论，本文提出可供验证的 3 个研究命题：

命题 1：行政垄断和资本价格扭曲的程度越高，非国有部门的工资水平越低，两部门（国有部门、非国有部门）的工资差距也越大。

命题 2：行政垄断和劳动力扭曲（高估）的幅度越大，非国有部门工资越低，两部门的工资差距也越大。

命题 3：行政垄断和要素非对称扭曲的程度越高，总体的失业率越低。

三、指标设计、模型和估计方法

1. 指标选取、变量定义和具体计算方法

（1）被解释变量。本文的被解释变量包括非国有部门平均工资增长率（NSOE_ SA）、两部门工资增长率差异（DIFF）和失业率（UNEM）3 个指标。根据各年度统计年鉴的口径，非国有部门被定义为除了国有部门、港澳

台、外商投资单位外的所有内资单位，然后以各部门就业人数占总就业人数的比重为权数核算非国有部门平均工资增长率，并最终计算出 NSOE_ SA 和 DIFF 两个指标。除此之外，行政垄断和要素非对称扭曲还会对总失业率产生影响，本文用 UNEM 这一指标加以反映，具体核算方法为“地区城镇登记失业人员/地区总人口数”。

（2）核心解释变量。①资本向下扭曲（低估）：中国金融市场化改革一直相对滞后，利率的浮动还不完全由市场因素所决定，因此无法用利率直接反映资本价格扭曲的程度。但从现实来看，国有部门所承担的资本成本较低可以成为一个共识[11]。沿用大多数研究文献[11, 34]的做法，本文使用国有部门贷款比重（RSLOAN）和国有固定资产比重（SFE）间接反映国有部门资本扭曲的程度。另外，由于无法从公开的统计资料中直接获得国有部门贷款的数据，本文参照了刘瑞明[11]和王守坤[34]的计算方法，利用“残差结构一阶自相关的固定效应模型”进行估计。② 劳动向上扭曲（高估）：对于国有部门劳动力扭曲的程度，本文利用国有部门工资增长率（SOE_ SA）和国有部门就业比重（SOE_ LA）两个指标加以反映，两个指标的具体核算方法分别为：“当年地区国有部门城镇就业人员平均工资/上年地区国有部门城镇就业人员平均工资 -1”和“地区国有单位职工人数/地区人口总数”。③行政垄断：对于行政垄断的测度，以往文献[35, 36]根据行政垄断所产生的结果，用“政府支出”“财政分权”和“市场分割”等指标进行衡量，但这种做法显然是不合适的，行政垄断的含义不仅包括结果，还包括制度、行为等因素。因此，于良春和余东华[37]从制度、结构、行为、绩效等 4 个方面对行政垄断的内涵进行了界定，并据此编制了中国地区性行政垄断指数（2000—2006 年）。这一指数无论理论内涵还是数据质量都是较为合理和全面的，故本文使用这一指数来衡量行政垄断程度，对于 2007—2014 年之后的数据则利用该方法继续填充。

（3）控制变量。为了剔除其他因素对两部门工资差距的影响，本文选取的控制变量包括：①人力资本（HC）：一方面，国有部门的人力资本优势是该部门存在工资溢价的重要原因；另一方面，人力资本对工资差异的贡献在工资分布区间并不均匀。从工资差异看，在工资分布的高端，工资差异完全体现为人力资本的差异；在工资分布的低端，工资差异有很大一部分是人力资本无法解释的，即人力资本溢价，这是由国有部门“共享式”的工资决定模式所造成的，这种模式倾向于在压低高技能劳动力报酬率的同时抬高低技能劳动力的报酬率[9]。据此可以进一步推断，人力资本越高，两部门的工资差距越小。本文控制了这一因素对两部门工资差距的影响，具体计算方法为“各地区普通高校人数/各地区总人口”。② 城市化（UBR）：城市化率的提高有助于吸收农村中的剩余劳动力，并将其转移到非农产业。然而，在户籍制度、劳动力市场分割等因素的影响下，农村剩余劳动力还无法进入国有垄断部门等高收入行业[38]①。因此，城市化率的提高将会因为增加非国有部门的劳动力供给降低非国有部门的工资水平，本文城市化指标的具体计算方法为“地区非农人口数/地区总人口”。③外商直接投资（FDI）：FDI 将通过技术外溢效应、要素均等化效应对东道国的工资水平产生影响[39, 40]。然而，国有垄断部门还存在着严格的市场准入，外商直接投资对国有垄断部门的工资水平影响还较小，外商直接投资越高，两部门的工资差距越小（预期符号为负），本文同样控制了这一因素的影响，具体计算方法为“地区实际利用外商直接投资/地区国内生产总值”。④ 投资增长率（FAR）：与之前从结构上分析资本价格扭曲对两部门收入差距的影响不同，投资增长率则反映了投资规模对两部门工资差距的影响。投资的规模越大，分配给国有部门的信贷资源便越多，两部门的工资差距也越大，理论预期符号为正，具体的计算方法为“当年地区固定资产投资/上年地区固定资产投资 - 1”。

本文利用2000—2014 年全国28 个省、直辖市、自治区的省级面板数据构建了相应指标进行实证检验②，数据来源于各年度的《中国统计年鉴》《中国金融统计年鉴》和《中国工业经济统计年鉴》。为了剔除价格因素的影响，本

---

① 陈钊和陆铭[38]分析了劳动力市场分割对行业收入差距的影响。作者借助有序离散因变量概率模型，发现社会关系网络、父亲的教育和政治身份以及城镇户籍是有利于进入高收入行业的因素。考虑了社会关系网络的内生性之后，利用配偶父亲在土地改革时期的政治成分作为工具变量重新进行估计，发现关系对进入高收入行业的影响更大。因此，劳动力市场分割是产生行业收入差距的重要原因。

② 本文构造样本的时间起始点为2000 年，这主要是因为从这一年开始国有部门的工资开始超过了非国有部门，两部门的工资差距逐渐变大[1]。在行政垄断的计算中并未核算重庆、西藏和海南，故只能舍弃。

文分别以2000年的GDP平减指数、固定资产投资价格指数为基期，将其换算成定基指数后对相应年份的产出、固定资产进行了调整，从而获得了这些变量的实际数据，地区实际外商直接投资额则利用当年的中间汇率进行了调整。

2. 检验模型

本文检验要素非对称扭曲与两部门工资差距的具体估计模型为

$$y_{it} = \beta_1 X_{1it} + \sum_j \beta_j Control_{jt} + \mu_i + u_t + \varepsilon_{it} \tag{1}$$

式（1）中，y_{it} 为反映两部门工资差距（DIFF）、非国有部门工资增长率（NSOE_ SA）等因素的被解释变量；X_{1it} 为反映要素非对称扭曲的核心解释变量；β_j 为待估参数；$Control_{jt}$ 为影响被解释变量的其他控制变量；μ_i 为个体效应；u_t 为时间效应；ε_{it} 为残差。

为了检验行政垄断、要素非对称扭曲与两部门工资差距之间的关系，本文进一步构建模型（2）

$$y_{it} = \beta_1 X_{1it} + \beta_2 X_{1it} \times X_{2it} + \sum_j \beta_j Control_{jt} + \mu_i + u_t + \varepsilon_{it} \tag{2}$$

式（2）中，X_{2it} 为反映行政垄断（MON）的核心解释变量；$X_{1it} \times X_{2it}$ 为交互项，代表行政垄断、要素非对称扭曲对两部门工资差距的综合影响。

四、实证分析

本文实证检验主要包括两部分：①进行全样本估计，以形成对于行政垄断、要素非对称扭曲与两部门工资差距的总体认识；② 由于行政垄断、要素非对称扭曲在区域间存在差异，故继续利用相关指标进行分地区估计。

1. 全样本估计结果

表1　行政垄断、资本扭曲与两部门工资差距的全样本估计结果

变量	NSOE_ SA				DIFF			
	(1)	(2)	(3)	(4)	(5)	(6)	(7)	(8)
_Cons	0.3312***	0.8327**	0.6619***	1.6207*	0.8117**	0.6023	1.4412**	0.9213**
	(3.0174)	(5.8823)	(4.0177)	(1.0238)	(1.8832)	(0.0817)	(1.8327)	(1.6983)
RSLOAN	-0.1771	-0.0438			0.2367	0.1877		
	(-0.6621)	(-0.2718)			(0.3326)	(0.6217)		

续表

变量	NSOE_ SA				DIFF			
	(1)	(2)	(3)	(4)	(5)	(6)	(7)	(8)
MON × RSLOAN		-0.2314** (-1.8683)				0.3692*** (6.9983)		
SFE			-0.0387 (-0.0287)	-0.3389 (-0.4197)			0.0562 (0.0627)	0.4732 (0.1982)
MON × SFE				-0.6617*** (-3.9928)				0.1927*** (4.9937)
HC	0.3117 (0.6621)	0.1062 (0.8238)	0.1144 (0.2427)	0.3621* (1.4217)	-0.1033 (-0.2639)	-0.0827 (-0.1291)	-0.0932 (-0.2417)	-0.6627 (-0.4119)
UBR	-0.4099** (-1.7218)	-0.3632*** (-3.9933)	-0.1831* (-1.3274)	-0.2721*** (-4.9281)	0.1188** (1.8832)	0.1062*** (5.6902)	0.2737** (1.8865)	0.1921** (1.6927)
FDI	0.1812* (1.4766)	0.2944** (1.7298)	0.3026** (1.6966)	0.3377*** (4.9877)	-0.2421** (-1.6932)	-0.3899** (-1.8847)	-0.2723** (-1.9026)	-0.3327*** (-5.7488)
INV	-0.2821*** (-6.9271)	-0.1693** (-1.8264)	-0.2724** (-1.9082)	-0.1684*** (-3.0266)	0.3627** (1.8748)	0.2033*** (4.5633)	0.2499** (1.7699)	0.2483** (1.8179)
时间效应	控制	控制	控制	控制	控制	控制	控制	控制
截面效应	控制	控制	控制	控制	控制	控制	控制	控制
Within R^2	0.0921	0.0387	0.0677	0.0438	0.0449	0.0322	0.0617	0.0382
Hauseman	38.9912	40.2337	35.2438	42.6683	32.5714	28.9927	29.2267	32.6693
(P > chi2)	(0.0000)	(0.0000)	(0.0000)	(0.0000)	(0.0000)	(0.0000)	(0.0000)	(0.0000)
obs	420	420	420	420	420	420	420	420

注：利用 Stata11.0 估计得出；***、**、*分别代表 1%、5% 和 10% 的显著性；括号内为 T 值。

表 1 列示了行政垄断、资本扭曲和两部门工资差距的静态面板估计结果。按照面板模型的估计步骤（F 检验和 Hauseman 检验），本文最终选择了固定效应模型。模型（1）-模型（4）为行政垄断（MON）、资本价格扭曲（RSLOAN 和 SFE）与非国有企业工资增长率（NSOE_ SA）的估计结果。根据模型（1）和模型（3）可以发现，国有企业贷款（RSLOAN）和国有企业固定资产投资（SFE）本身的估计系数虽然为负，但却不显著。于是，本文进一步加入行政垄断和资本价格扭曲的交互项，检验其对非国有企业工资的影响。如模型（2）和模型（4）所示，在加入了行政垄断和资本价格扭曲的交互项后，RSLOAN 和 SFE 的估计系数虽然仍不显著，但行政垄断和资本价格扭曲

交互项（MON×RSLOAN，MON×SFE）的估计系数已经通过了5%的显著性水平检验，估计系数分别为-0.23和-0.66。模型（5）-模型（8）为行政垄断、资本价格扭曲和两部门工资差距（DIFF）的估计结果；核心解释变量的估计结果与模型（1）-模型（4）相类似——资本价格扭曲的估计系数不显著，交互项的估计系数显著为正，分别为0.37和0.19，这说明行政垄断和资本价格的低估不仅制约了非国有部门工资水平的提高，还引起了国有部门、非国有部门工资差距的扩大，是两部门工资差距拉大的重要原因，即命题1得证。

表2　行政垄断、劳动力扭曲与两部门工资差距的全样本估计结果

变量	NSOE_ SA				DIFF			
	(9)	(10)	(11)	(12)	(13)	(14)	(15)	(16)
_Cons	0.6637 (0.2199)	0.4892*** (4.2908)	1.3319*** (6.9781)	0.8813* (1.5721)	0.3362** (1.6637)	0.4162** (1.4217)	1.8983 (0.0623)	0.6624 (0.0438)
SOE_ SA	-1.3384 (-0.0527)	-0.9821 (-0.3728)			1.6619 (0.6326)	0.9275 (0.3637)		
MON×SOE_ SA		-1.6622*** (-3.9984)				1.3692*** (8.2617)		
SOE_ LA			-1.4402 (-0.8892)	-0.6293 (-0.2839)			0.0834 (0.1291)	0.0627 (0.1537)
MON×SOE_ LA				-1.8838*** (5.8829)				1.0621** (1.8925)
HC	0.6638 (0.4421)	0.4465 (0.9312)	0.3382 (0.6417)	0.4693 (0.4467)	-0.3834 (-0.6534)	-0.5271 (-0.3899)	-0.4999 (-0.6927)	-0.3627 (1.0127)
UBR	-0.2917** (-1.9017)	-0.4227** (-1.7792)	-0.3892** (-1.6817)	-0.1744** (-1.7463)	0.1653** (1.6677)	0.3264*** (2.9802)	0.1792** (1.8537)	0.2988* (1.4492)
FDI	0.2033*** (1.9983)	0.2318** (1.8017)	0.1877** (1.9209)	0.2573*** (4.6683)	-0.3631* (-1.6325)	-0.2451** (-1.6783)	-0.3061* (-1.0983)	-0.1092 (-0.5431)
INV	-0.1322** (-1.9477)	-0.1096*** (-2.0217)	-0.1423*** (-3.9829)	-0.1327*** (-4.0552)	0.2641** (1.8833)	0.1872*** (3.0928)	0.2645** (1.8817)	0.2087* (1.4462)
时间效应	控制	控制	控制	控制	控制	控制	控制	控制
截面效应	控制	控制	控制	控制	控制	控制	控制	控制
Within R^2	0.0683	0.0461	0.0382	0.0651	0.0728	0.0511	0.0287	0.0447
Hauseman	20.3683	31.2574	33.7764	28.0832	18.2674	20.0217	16.3392	25.0745
(P>chi2)	(0.0000)	(0.0000)	(0.0000)	(0.0000)	(0.0000)	(0.0000)	(0.0000)	(0.0000)
obs	420	420	420	420	420	420	420	420

注：利用Stata11.0估计得出；***、**、*分别代表1%、5%和10%的显著性；括号内为T值。

国有部门的要素非对称扭曲不仅表现为资本价格的低估，还同时表现为劳动力价格的高估。为此，本文重复表1的分析步骤进一步估计了行政垄断、劳动力价格扭曲和两部门工资差距之间的关系。如表2所示，劳动力扭曲的估计结果与资本扭曲的估计结果相一致：国有部门工资（SOE_ SA）、国有部门就业人数（SOE_ LA）的估计系数不显著，但在加入了行政垄断和劳动力价格扭曲这一交互项后，交互项的估计系数通过了5%的显著性水平检验。行政垄断和劳动力价格扭曲（MON×SOE_ SA、MON×SOE_ LA）每提高1个单位，将导致非国有部门的工资（NSOE_ SA）下降1.66个和1.88个单位，两部门的工资差距（DIFF）提高1.37个和1.06个单位，说明行政垄断和劳动力价格的高估是抑制非国有部门工资提高、引起两部门工资差距拉大的又一重要原因，命题2得证。

控制变量的回归结果中（见表1和表2），人力资本（HC）的估计系数除了模型（4）外，总体的估计结果均不显著，这说明现阶段的国有部门虽然存在着人力资本“优势”，但其“共享式”的工资制度使得人力资本对两部门工资差距的影响是不均匀的，二者之间不是简单的线性关系，这与本文之前的分析是一致的。其他控制变量的作用方向与理论预期的分析结果相一致（UBR和FAR的估计系数显著为正，FDI的估计系数显著为负），故不再详述。

表3　行政垄断、要素非对称扭曲和失业率的估计结果

变量	UNEM							
	(17)	(18)	(19)	(20)	(21)	(22)	(23)	(24)
_Cons	1.2683* (1.4174)	0.8677** (1.9090)	-0.2688** (1.9271)	1.8812** (1.8547)	0.1992** (1.76222)	0.4419** (1.6733)	1.2217** (1.6508)	1.2514** (1.7727)
RSLOAN	0.3699 (0.1271)	0.1274 (0.1731)						
MON×RSLOAN		0.2680** (1.8827)						
SFE			0.2918 (0.4205)	0.1693 (0.3362)				
MON×SFE				0.1783*** (4.0074)				
SOE_SA					0.1177 (0.4299)	0.1732 (0.5902)		
MON×SOE_SA						1.0723** (1.8697)		

续表

变量	UNEM							
	(17)	(18)	(19)	(20)	(21)	(22)	(23)	(24)
SOE_LA							0.3321 (0.1299)	0.1074 (0.0893)
MON × SOE_LA								0.8827 * * * (3.0481)
控制变量	控制	控制	控制	控制	控制	控制	控制	控制
时间效应	控制	控制	控制	控制	控制	控制	控制	控制
截面效应	控制	控制	控制	控制	控制	控制	控制	控制
Within R^2	0.0873	0.0417	0.0538	0.0217	0.0317	0.0467	0.0362	0.0184
Hauseman	18.3617	23.1227	20.1112	19.0654	28.3814	25.1132	20.1748	20.1187
(P > chi2)	(0.0000)	(0.0000)	(0.0000)	(0.0000)	(0.0000)	(0.0000)	(0.0000)	(0.0000)
obs	420	420	420	420	420	420	420	420

注：利用 Stata11.0 估计得出；* * *、* *、* 分别代表 1%、5% 和 10% 的显著性；括号内为 T 值。

行政垄断、要素非对称扭曲还会对失业率产生影响，本文也对此进行了估计。如表 3 所示，在国有部门就业能力较低的前提下[33]，行政垄断和要素非对称扭曲还通过“挤出效应”抑制非国有部门和总体的就业需求。行政垄断和要素非对称扭曲的程度越高，总体的失业率也越高。为此，本文还对行政垄断、要素非对称扭曲和失业率之间的关系进行了实证检验。模型(17) - 模型（20）为行政垄断、资本价格扭曲与两部门工资差距的估计结果，模型（21）- 模型（24）则为行政垄断、劳动价格扭曲与两部门工资差距的估计结果。根据这些估计结果可以发现，资本（劳动）价格扭曲本身并不会对两部门的工资差距产生影响（系数不显著），但在加入了行政垄断这一交互项后，交互项的估计系数显著为正，通过了 5% 的显著性水平检验，说明行政垄断和要素非对称扭曲确实提高了总体的失业率：行政垄断和资本价格扭曲每提高 1 个单位，总体的失业率将提高 0.27 个和 0.18 个单位；行政垄断和劳动力价格扭曲每提高 1 个单位，将导致总体的失业率增加 1.07 个和 0.88 个单位，命题 3 得证。

2. 分地区估计结果

在中国经济发展的实践中，市场化改革的“渐进”特征不仅导致区域经济发展不平衡，还导致行政垄断和要素非对称扭曲在不同地区存在着差异①。有鉴于此，本文进一步利用相关指标进行分地区检验。

表 4　行政垄断、资本价格扭曲和两部门工资差距的分地区估计结果

变量	NSOE_ SA				DIFF			
	东部	中西部	东部	中西部	东部	中西部	东部	中西部
_Cons	0. 4432 (0. 3754)	1. 2688 * * * (6. 3357)	1. 0133 (0. 9684)	0. 8217 * * * (3. 5507)	1. 0614 * * (1. 6977)	0. 8833 * * (1. 8924)	0. 3632 (0. 4741)	0. 6928 (0. 4381)
RSLOAN	-0. 8384 (-0. 2531)	-0. 9821 (-0. 3728)			0. 7783 (0. 9217)	1. 0381 (0. 4428)		
MON × RSLAON	-1. 0421 * * (1. 8898)	-1. 6622 * * * (-3. 9984)			0. 4952 * * (1. 9017)	0. 7952 * * * (4. 0091)		
SFE			-0. 2731 (-0. 4638)	-0. 4431 (-0. 2898)			0. 2871 (0. 9417)	0. 4467 (0. 8528)
MON × SFE			-0. 1928 * (-1. 4983)	-0. 4982 * * * (-5. 0729)			0. 4461 * * (1. 6894)	1. 0765 * * * (2. 7908)
控制变量	控制	控制	控制	控制	控制	控制	控制	控制
时间效应	控制	控制	控制	控制	控制	控制	控制	控制
截面效应	控制	控制	控制	控制	控制	控制	控制	控制
Within R^2	0. 0217	0. 0362	0. 0425	0. 0384	0. 0299	0. 0466	0. 0713	0. 0508
Hauseman	18. 3389	16. 0741	20. 2907	22. 3026	16. 4419	8. 2501	12. 0812	29. 3916
(P > chi2)	(0. 0000)	(0. 0000)	(0. 0000)	(0. 0000)	(0. 0000)	(0. 0019)	(0. 0001)	(0. 0000)
obs	165	255	165	255	165	255	165	255

注：利用 Stata11. 0 估计得出；* * *、* *、* 分别代表 1%、5% 和 10% 的显著性；括号内为 T 值。

根据表 4 和表 5 分地区的估计结果可以发现，东部地区由于样本较小，模型的估计精度有所下降，但尽管如此，交互项的估计系数仍然显著（大体通过了 5% 的显著性水平检验）。总体上，行政垄断和要素非对称扭曲不仅引起了非国有部门工资的下降，还导致了两部门工资差距的拉大，与表 1 和表 2 的估计结果相一致。但尽管如此，行政垄断、要素非对称扭曲对非国有部门工资和两部门工资差距的影响还是存在显著的地区差异。以行政垄断与资本价格扭曲的估计结果为例，东部地区行政垄断和资本扭曲程度对非国有部门

① 例如，岳希明等[15]发现中国垄断行业与竞争行业 50% 以上的收入差距可以归结为行政垄断，东部地区最低，中部地区次之，西部地区最高。

工资、两部门工资差距的影响较小，其每提高 1 个单位，将导致这些地区非国有部门的工资下降 1.04 个和 0.19 个单位，两部门工资差距增加 0.50 个和 0.45 个单位。中西部地区行政垄断和资本价格扭曲对非国有部门工资、两部门工资差距的影响则较大，其每提高 1 个单位，将导致这些地区非国有部门的工资下降 1.66 个和 0.50 个单位，两部门的工资差距增加 0.80 个和 1.08 个单位。这与中国产权改革的“不同步性”和行政垄断的地区差异不无关联：无论从广度还是从深度来看，中西部地区国有部门产权改革的推进速度（与东部地区的国有部门相比）较慢，这些地区的国有部门效率也较低[41]，中西部国有部门要素非对称扭曲和政府对其的“保护”——行政垄断程度便越强。因此，越是落后的地方，行政垄断和要素非对称扭曲的幅度便越高，其通过“挤出效应”抑制非国有部门的工资、促进两部门工资差距的幅度便越大。

表 5　行政垄断、劳动力价格扭曲和两部门工资差距的分地区估计结果

变量	NSOE_ SA				DIFF			
	东部	中西部	东部	中西部	东部	中西部	东部	中西部
_Cons	1.0731*** (6.0927)	0.8812*** (2.9983)	1.0477 (0.6692)	0.8016* (1.4522)	0.2691** (1.6601)	4.3308*** (5.3367)	2.4718** (1.9013)	-0.8293 (-0.2469)
SOE_ SA	-0.3362 (-0.6503)	-0.5720 (-0.4825)			0.0127 (0.4520)	0.0492 (0.3300)		
MON × SOE_ SA	-0.2698** (1.6926)	-0.5921*** (-1.9572)			0.1388** (1.6917)	0.2914*** (3.0628)		
SOE_ LA			-0.3677 (-0.8274)	-0.5125 (-0.9984)			0.3618 (1.0019)	0.3982 (0.0933)
MON × SOE_ LA			-0.4598* (-5.0738)	-0.7902*** (-3.0614)			0.2597* (1.8832)	0.4732*** (1.8216)
控制变量	控制	控制	控制	控制	控制	控制	控制	控制
时间效应	控制	控制	控制	控制	控制	控制	控制	控制
截面效应	控制	控制	控制	控制	控制	控制	控制	控制
Within R^2	0.0466	0.0288	0.00722	0.0413	0.0108	0.0782	0.0245	0.0477
Hauseman	20.0719	27.6392	18.3387	20.9926	30.2614	16.5532	18.3316	19.2057
(P > chi2)	(0.0000)	(0.0000)	(0.0000)	(0.0000)	(0.0000)	(0.0000)	(0.0000)	(0.0000)
obs	165	255	165	255	165	255	165	255

注：利用 Stata11.0 估计得出；***、**、*分别代表 1%、5%和 10%的显著性；括号内为 T 值。

本文的稳健性检验主要包括两个部分：①行政垄断从本质上来说属于政府的“不当干预”，是政府直接干预经济活动的一种表现。行政垄断越高，市场化水平便越低。因此，本文以樊纲等[42]编制的市场化指数为依据，计算市场化的倒数作为新的行政垄断指标①，对行政垄断、要素非对称扭曲和两部门工资差距的关系进行实证检验，交互项的估计系数仍然显著。② 鉴于核心解释变量和被解释变量的内生性，本文利用 GMM 模型重新进行估计（工具变量为核心解释变量的滞后 1 期和 2 期）。估计结果中，AR（1）和 AR（2）检验说明模估计模型不存在一阶自相关，但二阶自相关存在，Sargan 检验和 Hansen 检验说明工具变量的选择是有效的，模型不存在过度识别问题。具体的回归结果中，交互项的估计系数仍然显著（通过了 5% 的显著性水平检验）。

根据以上检验结果可以发现，国有部门的要素非对称扭曲本身不会引起两部门工资差距的拉大和总体失业率的上升，行政垄断和要素非对称扭曲的结合才是引起两部门工资差距拉大的根本原因，这与近年来关于两部门工资差距的文献[13, 16]的分析结果一致②。从时间维度看，我国的要素市场化改革一直滞后，行政垄断和国有部门要素非对称扭曲的“合谋”困局并没有得到太大的改观。行政垄断和国有部门要素非对称扭曲是新常态时期中国两部门工资差距不断拉大的重要原因。从空间维度看，越是落后的地区，国有部门要素非对称扭曲的程度越高，其越需要通过行政垄断来维持“虚假”利润、“高福利”和“高工资”，其通过“挤出”效应对非国有部门利润和工资的“侵蚀”作用便越严重。因此，越是落后的地区，行政垄断和要素非对称扭曲的程度越高，两部门的工资差距也越大，这样本文便在一个统一的框架内说明了新常态时期中国两部门工资差距的时空差异。

五、结论及其启示

对于新常态时期中国国有部门的工资“溢价”和两部门工资差距的拉大，

① 樊纲等[41]的市场化数据仅仅更新到了 2009 年，故 2010—2014 年的地区市场化数据本文利用三项移动平均法进行补齐。

② 叶林祥等[13]、褚敏和靳涛[16]的研究结果发现，国有企业垄断本身对于收入差距不具有解释力，地方政府和国有企业的“合谋”才是中国收入差距不断扩大的根本原因。

本文以新常态时期要素市场化改革相对滞后的背景为起点，探讨了行政垄断、要素非对称扭曲与两部门工资差距之间的关系。研究发现，与传统文献[43]强调要素价格的低估不同，新常态时期中国国有部门的要素价格存在着非对称扭曲——资本价格低估和劳动力价格高估，进一步导致国有部门缺乏竞争能力和低效率。在竞争的市场条件下，国有部门的这种要素使用特征将被“淘汰”。然而，由于“软预算约束”等原因的存在，政府不得不通过提供财政补贴、设置进入壁垒等方式——行政垄断，维持国有部门的垄断地位、“虚假利润”以及“高工资”，这将通过“挤出”效应影响非国有部门的利润和工资水平，从而导致非国有部门工资增长缓慢。于是，国有部门要素非对称扭曲并不必然导致两部门工资差距的拉大，行政垄断和要素非对称扭曲的结合才是导致两部门工资差距拉大的根本原因。

该视角可以在一个统一的框架内同时解释中国两部门工资差距的时空差异：从时间维度看，由于要素市场化改革的滞后，行政垄断和要素非对称扭曲仍旧是中国两部门工资差距拉大的重要原因。从空间维度看，在“渐进”市场化和产权改革的背景下，行政垄断和要素非对称扭曲程度存在地区差异。因此，越是落后的地区，行政垄断和要素非对称扭曲的程度便越高，两部门的工资差距也越大。除此之外，在这个研究框架下本文还发现，在国有部门就业能力较低的前提下，行政垄断和国有部门的要素非对称扭曲将通过“挤出”效应限制总体的就业能力。因此，行政垄断和要素非对称扭曲的程度越高，总体的失业率也越高，这个结论也回答了徐永巍[4]关于两部门工资差距的又一命题——两部门的工资差距越大，失业率也越高。为了验证以上结论（3个命题），本文利用2000—2012年的省级面板数据构造了行政垄断、要素非对称扭曲和两部门工资差距的相关指标，并据此进行实证检验，结果证实了本文的推论，随后的稳健性检验也表明了本文研究结论的稳健性。这个研究结论说明，打破行政垄断、纠正国有部门的要素非对称扭曲不仅有利于限制国有部门的“虚假”利润和“高工资”，还将通过限制“挤出”效应促进非国有部门的工资增长，从而达到提高非国有部门的工资水平，实现两部门良性、互动发展的政策目标。

参考文献

[1] 尹志超，甘犁. 公共部门和非公共部门工资差异的实证研究 [J]. 经济研究，2009 (4)：129 –140.

[2] 姜丽卿，钱文荣. 公共部门与非公共部门工资差异的分位数回归分析 [J]. 统计研究，2012 (1)：68 –73.

[3] 周兴，王芳. 国有部门与非国有部门工资差异的演变与分解——基于非条件分位数回归的分解方法 [J]. 2013 (3)：48 –60.

[4] 徐永巍. 国有部门与非国有部门工资差异的经验研究 [D]. 长春：吉林大学，2014 (6).

[5] Demurger, S., Fournier, M., Li, S., Zhong, W. Economic Liberalization With Risking Segmentation In China' s Urban Labor Market [J]. *Asian Economic Papers*, 2006 (3)：58 –101.

[6] 陈戈，Démurger, S., Fournier, M. 中国企业的工资差距和所有制结构 [J]. 世界经济文汇，2005 (6)：11 –31.

[7] 邢春冰. 不同所有制企业的工资决定机制考察 [J]. 经济研究，2005 (6)：16 –26.

[8] 邢春冰. 经济转型与不同所有制部门的工资决定 [J]. 管理世界，2007 (6)：23 –37.

[9] 张车伟，薛欣欣. 国有部门与非国有部门工资差异与人力资本贡献 [J]. 经济研究，2008 (4)：15 –25.

[10] 方福前，武文琪. 中国国有与非国有部门职业间工资差异及影响因素的实证研究 [J]. 中国工业经济，2015 (9)：53 –68.

[11] Dong, X. Y. Wgae Inequality and Between – firm Wgae Dispersion in the 1990s：A comparison of Rural and Urban Enterprises in China [J]. *Journal of Comparative Economics*, 2005 (33)：644 –663.

[12] 潘胜文. 典型垄断行业收入状况分析及对策 [J]. 经济问题探索，

2009 (1): 105 - 112.

[13] 叶林祥，李实，罗楚亮．行业垄断，所有制与企业工资收入差距[J]．管理世界，2011 (4): 26 - 36.

[14] 马草原，文雯．垄断，所有制性质对行业收入差距的影响 [J]．经济管理，2015 (11): 1 - 10.

[15] 岳希明，李实，史泰丽．垄断行业高收入探讨 [J]．中国社会科学，2010 (3): 77 - 93.

[16] 褚敏，靳涛．政府悖论、国有企业垄断与收入差距——基于中国转型特征的一个实证检验 [J]．中国工业经济，2013 (2): 18 - 30.

[17] 周耀东，余晖．国有垄断边界，控制力与绩效关系研究 [J]．中国工业经济，2012 (6): 31 - 43.

[18] 张曙光．试析国有企业改革中的资源要素租金问题——兼论重建"全民所有制" [J]．南方经济，2010 (1): 3 - 14.

[19] Brandt, L. and Li, H. B. Bank Discrimination in Transition Economies: Ideology, Information, or Incentives? [J]. *Journal of Comparative Economics*, 2003 (31): 387 - 413.

[20] Cull, R. and Xu, L. Who gets Credit? The Behavior of Bureaucrats and State Banks in Allocating Credit to Chinese State - owned Enterprises [J]. *Journal of Development Economics*, 2003 (7): 533 - 559.

[21] 卢峰，姚洋．金融抑制下的法治、金融发展和经济增长 [J]．中国社会科学，2004 (1): 42 - 55.

[22] 罗楚亮．垄断企业内部的工资收入分配 [J]．中国人口科学，2006 (1): 69 - 77.

[23] 武鹏．行业垄断对中国行业收入差距的影响 [J]．中国工业经济，2011 (10): 76 - 86.

[24] 丁启军，伊淑彪．中国行政垄断行业效率损失研究 [J]．山西财经大学学报，2008 (12): 42 - 47.

[25] 刘瑞明，石磊．国有企业的双重效率损失与经济增长 [J]．经济研究，2010 (1): 127 - 137.

[26] 刘瑞明. 金融压抑、所有制歧视与增长拖累——国有企业效率损失再考察 [J]. 经济学（季刊），2011（1）：603－618.

[27] 陈斌开，许伟. 所有制结构变迁与中国城镇劳动收入差距演变——基于“估计—校准”的方法 [J]. 南方经济，2009（3）：9－20.

[28] Sappington，D. and Stiglitz，J. Privatization ，Informationand Incentives [J]. *Journal of Policy Analysis and Management* ，1987，6（4）：567－582.

[29] Boycko，M. ，Shleifer，A. and Vishny，R. A Theory of Privatization [J]. *Economic Journal*，1996（106）：309－319.

[30] 林毅夫，蔡昉，李周. 充分信息与国有企业改革 [M]. 上海：上海人民出版社，1998.

[31] Bodmer，F. The Effect of Reforms on Employment Flexibility in Chinese SOEs，1980—1994 [J]. *Economics of Transition*，2002，10（3）：637－658.

[32] Dong，X. Y. and Putterman，L. Soft Budget Constraints，Social Burdens，and Labor Redundancy in China’ s State Industry [J]. *Journal of Comparative Economics*，2003（31）：110－133.

[33] 李勇，郭丽丽. 国有企业的就业拖累效应及其门槛特征 [J]. 财经研究，2015（2）：135－144.

[34] 王守坤. 政府与金融的政治关联：经济效应检验及中介路径判断 [J]. 经济评论，2015（5）：3－20.

[35] 周业安，章泉. 市场化，财政分权和中国经济增长 [J]. 中国人民大学学报，2008（1）：34－42.

[36] 陆铭，陈钊. 分割市场的经济增长：为什么经济开放可能加剧地方保护 [J]. 经济研究，2009（2）：42－52.

[37] 于良春，于东华. 中国地区性垄断程度的测算研究 [J]. 经济研究，2009（2）：119－131.

[38] 陈钊，陆铭. 谁进入了高收入行业——关系、户籍与生产率的作用 [J]. 经济研究，2009（10）：121－132.

[39] 包群，邵敏. 外商投资与东道国工资差异：基于中国工业行业的经验研究 [J]. 管理世界，2008（5）：46－54.

［40］许和连，元朋．外商直接投资，劳动力市场与工资溢出效应［J］．管理世界，2009（9）：53－68.

［41］李勇，魏婕，王满仓．市场化水平、所有制结构和企业微观动态效率——来自于面板门限模型的经验分析［J］．产业经济研究，2013（5）：54－64.

［42］樊纲，王晓鲁，朱恒鹏．中国市场化指数：各地区市场化相对进程2011年报告［M］．北京：经济科学出版社，2011.

［43］林毅夫，蔡昉，李周．中国的奇迹：发展战略与改革（增订版）［M］．上海：上海人民出版社，1998.

文化资本异质性能够提高中国经济增长效率吗
——来自30个省份面板数据的理论与实证

李娟伟　刚翠翠

摘　要：从文化资本异质性视角来看，中国儒教伦理文化资本、商业精神文化资本以及二者的非协同效应对经济增长效率有着重要影响。本文利用中国1997—2012年省级面板数据，在随机前沿模型（SFA）的基础上进行经验研究，结论表明儒教伦理文化资本和商业精神文化资本可以通过人力资本、组织效率和市场效率等途径，成为促进中国经济增长效率提高的有利因素，但因异质性形成的非协同效应降低了市场交易效率，限制了增长效率的提高。因此，提高中国经济增长效率，不仅需要提高儒教伦理与商业精神文化资本水平，还需要促进不同文化理念之间的融合，充分发挥儒教伦理与商业精神的协同效应。

关键词：文化资本　异质性　经济增长效率　随机前沿分析

作者简介：李娟伟（1985—），陕西咸阳人，陕西师范大学国际商学院讲师；刚翠翠（1987—），陕西西安人，西安理工大学经济管理学院讲师。

一、引　言

自2014年中国经济进入“新常态”以来，如何提高经济增长效率、保持经济平稳增长，成为政府和学界讨论的热点难点问题。有学者指出人力资本积累对经济增长效率有促进作用[1]，也有学者认为环境成本提高会“倒逼”经济主体提高增长效率[2]。另有研究表明，市场化、金融深化以及经济开放也是提高增长效率的重要因素[3]，当然，经济增长效率的提升更离不开技术创新的支持[4]。从中国经济发展历史进程来看，政府在人力资本、市场化以及环境规制等方面投入了大量人力、物力和财力，却未能有效促进经济增长效率的快速增长，人力资本和技术创新等因素对经济增长效率的贡献仍然很低。到底还有哪些因素制约着中国经济增长效率的提高？答案或许在于经济主体的文化资本积累。

关于文化资本与经济增长效率的研究主要源于学者对文化与增长关系的讨论。Guiso 等认为文化通过影响经济主体行为会对经济增长效率产生影响[5]，有些文化观念能够激励经济主体参与技术创新，提高人力资本水平，为提高经济增长效率创造条件[6]。但是随着研究的逐步深入，如何在准确界定文化观念的基础上寻找代理变量或指标对其进行度量，以及如何利用不同指标区分文化异质性等问题，制约了学者对文化与经济增长效率之间逻辑关系的探讨。针对这些问题，Bourdieu 与 Throsby 分别借鉴自然资本、人力资本、社会资本的研究成果，提出了“文化资本”的概念，为界定和度量文化因素提供了条件[7][8]。以此为基础，Tramonte 和 Willms 进一步探讨了文化资本的度量问题[9]，Bucci 和 Segre 基于内生增长模型，分析了文化资本对经济增长的动态影响[10]。王云等、李萍也分别强调了文化资本积累对于中国经济增长以及城镇化具有积极意义[11][12]。

学者在分析文化资本与经济发展的过程中，主要把竞争与创新的思想观念作为文化资本的集中体现，虽然有研究已经关注到不同观念对经济发展的影响[13][14]，但是并没有分析因观念差异形成的文化资本异质性对经济增长效率的影响，尤其是在探究中国经济增长影响因素过程中。李洪彬等认为，以竞争和创新为特征的商业理念对中国地区经济增长有积极意义[15]，贾俊雪等则强调传统儒教伦理对中国经济增长有积极影响[16]，阮荣平等还从信仰角度对比分析了传统儒教文化与国外社会观念差异对中国微观主体行为的影响[17]，李娟伟和任保平还讨论了中国不同文化资本影响经济增长的机理，并对文化资本异质性进行了区分[18]。但是鲜有研究从异质性角度指出不同文化资本影响经济增长效率的逻辑机理，特别是分析文化资本异质性在积累演化过程中是否发挥协同效应提高增长效率，以及如何对它们之间的协同效应进行甄别。

本文试图在探寻中国经济增长效率影响因素的过程中，为新常态下经济增长动力的搜寻与甄别提供有益的开发方向，也为经济发展过程中的文化转型提供参考。本文主要是在儒教文化资本与商业文化资本影响经济增长效率的逻辑机制的基础上，利用随机前沿函数模型对异质性文化资本与增长效率的理论框架进行检验，相应的研究贡献体现在：第一，归纳出儒教文化资本和商业文化资本影响中国经济增长效率的逻辑框架，尤其是强调文化资本异质性可能存在的协同效应与非协同效应对增长效率的影响；第二，选取城乡居民家庭与产业等方面的统计指标，对中国省域儒教文化资本和商业文化资本进行估计，并利用 SFA 分析方法对文化资本异质性及其协同与非协同效应影响增长效率的逻辑进行检验；第三，在稳健性检验过程中考虑经济主体对文化资本的“记忆衰退”效应，以及因 SFA 模型生产函数差异对计量结果的影响。

二、理论分析框架

文化资本是承载文化观念的资产存量，可分为有形文化资本和无形文化资本，有形文化资本包括书籍、历史遗迹、艺术品等，无形文化资本主要指约束群体行为的价值观念、习俗等[8]。从对文化资本的界定可知，文化资本会因其承载文化观念的不同而产生显著的异质性。中国价值观念体系受改革开放政策的影响，原有儒教伦理体系在市场经济思潮冲击下发生了巨大变化，随着市场经济体制的确立，以竞争与创新观念为特征的商业精神伴在市场主体中得到了快速传播和继承。正是在这种文化理念体系转型背景下，中国文化资本的构成出现了明显的异质性，即形成儒教文化资本与商业精神文化资本并存的状态。而两种文化资本与经济增长效率的关系，也必然随其寄宿文化观念不同存在明显差异。

受传统儒教观念约束，儒教文化资本主要是通过强化人力资本影响经济增长效率。“仁”是儒教观念体系的集中体现[19]，“仁”的思想在家庭中表现为长辈对晚辈的“仁爱”，而“仁爱”的理念使得长辈往往对子女寄予厚望，希望子女能够“光耀门楣”。正是受儒教文化资本的影响，家庭长辈均希望将更多的资源用于子女，由此形成的“重积累、轻消费”行为成为中国高额储蓄的重要来源[20][21]。而且由于家庭长辈对子女寄予厚望，致使他们倾向于将家庭储蓄转化成对子女教育和技能的投资，为子女人力资本水平的提高提供物质基础[16]。随着家庭人力资本积累水平的提高，其作为技术创新的基础因素之一[22]，为企业生产技术的革新、个人生产绩效水平的提高创造了条件，最终构成了提升经济增长效率的基础。从长期来看，儒教文化资本主要是沿着“儒教伦理文化资本→人力资本积累→主体生产效率→经济增长效率”的路径对经济增长效率产生积极影响。

商业精神文化资本主要通过激励经济主体参与竞争和创新活动影响经济增长效率。商业文化资本的核心是竞争与创新理念，这也是市场经济的核心内容。在微观层面上，一方面，商业文化资本激励企业经营与管理人员积极参与竞争和创新，搜寻改变生产和组织模式的方法，优化企业内部组织结构和资源配置，提高企业的生产效率，尤其对于跨国企业而言，商业精神文化资本是提高企业绩效的重要因素[23]；另一方面，商业文化资本也激励员工参与竞争，扩大劳动力供给，通过主动学习、参与培训、创新工作思路和方式等途径，主动提高个人生产绩效[24][25]。同时，受商业文化资本影响，企业和个人主动参与市场竞争，实现了企业的优胜劣汰、生产要素的优化配置，有利于通过提高资源配置效率提高经济增长效率。中国改革开放的历史实践证明，商业文化资本为东部地区市场机制作用的发挥起到了重要作用，推动了东部地区经济增长效率的快速提高[26]。可见，商业精神文化资本主要通过“商业精神文化资本→生产效率和资源配置效率→经济增长效率”的机理影响经济增长效率。

文化资本异质性通过协同效应或非协同效应影响经济增长效率。在家庭层面，由于儒教文化资本能够激励家庭主体形成较高的人力资本，若与商业文化资本发挥协同效应，则能够吸引更多的人力资本参与市场竞争与创新，既优化了人力资本的配置，又使人力资本的作用在生产和创新环节得以充分发挥，为提高经济增长效率创造了条件；而在企业层面，以“仁”为特征的儒教文化资本提高了企业员工的组织认同度，为降低企业生产成本提供了保障[27]，若与商业文化资本发挥协同效应，不仅可以节约企业监督管理成本，也能够激励企业员工提高个人绩效，达到优化企业组织结构、提高生产效率的目的。在非协同效应的影响下，伴随异质性文化资本的积累，文化观念之间的冲突加剧，会导致企业权益距离、决策的不确定性加大[28]，而且从市场发育角度来看，非协同效应会引起部分地区儒教观念体系瓦解[29]，市场主体在交易过程中出现了不“仁”的违规行为，包括食品安全、环境问题等，增加了市场管理成本，降低了经济增长效率。所以，儒教文化资本与商业文化资本沿着“协同效应（非协同效应）→改善（降低）市场效率→提高（降低）经济增长效率”的逻辑影响经济增长效率的变化。

归纳来看，儒教伦理文化资本和商业文化资本影响中国经济增长效率的逻辑框架可以通过图1表示。

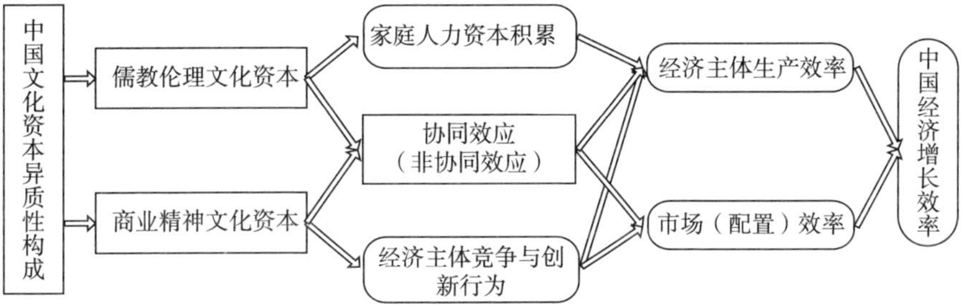

图1　文化资本异质性影响中国经济增长效率的逻辑机理

三、研究模型与数据说明

（一）研究模型

基于上述理论框架，本文在测度效率的计量模型基础上分析文化资本异质性对中国经济增长效率的影响。在测度增长效率的过程中，现有文献或者选择数据包络分析（DEA），或者选择随机前沿分析（SFA），SFA考虑随机因素和不确定性对生产过程的影响，测度结果更能符合中国经济发展的实际状况[30]，基于此，本文沿用SFA分析方法，在超越对数生产函数基础上构建检验模型

$$\ln Y_{it} = \beta_0 + \beta_t t + \beta_{tt}\frac{1}{2}t^2 + \beta_l \ln L_{it} + \beta_{tl} t \ln L_{it} + \beta_{ll}\frac{1}{2}(\ln L_{it})^2 + \beta_k \ln K_{it} + \beta_{tk} t \ln K_{it} + \beta_{kk}\frac{1}{2}(\ln K_{it})^2 + \beta_{lk}(\ln L \times \ln K_{it}) + v_{it} - u_{it} \quad (1)$$

式（1）中，投入要素为劳动 L_{it} 和资本 K_{it}，时间因素为 t，无效率 u_{it} 的影响因素主要有

$$u_{it} = \delta_0 + \delta_1 \ln C_{M,it} + \delta_2 \ln C_{M,it} \times \ln C_{C,it} + \delta_3 \ln C_{C,it} \times \ln h_{it} + \sum_l \delta_l control_{l,it} + \varepsilon_{it} \quad (2)$$

式（2）中，核心变量 $\ln C_{M,it}$ 和 $\ln C_{C,it}$ 分别表示商业文化资本存量和儒教文化资本存量，参数 δ_1 若为负且通过显著性检验，说明样本区间内商业文化资本对经济增长效率有显著的促进作用。$\ln C_{M,it}$ 与 $\ln C_{C,it}$ 交互项表示异质性文化资本相互作用对增长效率的作用，δ_2 若为负且显著，则表明中国异质性文化资本能够发挥协同效应提高经济增长效率，相反，则存在限制经济增长效率的非协同效应。$\ln C_{C,it}$ 与 $\ln h_{it}$ 交互项表示儒教文化资本是否通过人力资本积累对增长效率产生间接影响，若参数 δ_3 为负且显著，则表明儒教文化资本通过强化人力资本积累提高了经济增长效率。$control_{l,it}$ 表示一组控制变量，主要包含人力资本 $\ln h_{it}$、外商投资 FDI_{it} 等（见表 1）。

表 1　主要变量描述性统计

	变量	符号	观测值个数	均值	标准差	最小值	最大值
产出	国内生产总值	$\ln Y_{it}$	480	8.31	1.05	1.05	10.56
投入要素	劳动投入	$\ln L_{it}$	480	7.45	0.84	0.84	8.73
	资本投入	$\ln K_{it}$	480	8.75	1.26	1.25	11.60
核心变量	商业文化资本	$\ln C_{M,it}$	480	6.60	1.06	3.13	9.02
	儒教文化资本	$\ln C_{C,it}$	480	5.16	1.01	2.21	6.72
控制变量	人力资本	$\ln h_{it}$	480	2.07	0.13	1.55	2.47
	政府研发支出	$\ln RD_{it}$	480	0.34	0.70	-0.87	5.24
	外商直接投资	$\ln FDI_{it}$	480	3.84	2.01	-1.59	7.24
	外贸依存度	$open_{it}$	480	0.31	0.40	0.03	1.72

（二）数据说明与处理

为估算文化资本，Throsby 认为应该借鉴固定资本存量的估算方法对文化资本存量进行估算[8]。对文化资本度量指标的选取，Gaddis 从家庭个人层面进行了讨论[31]，周云波等从产业和企业文化投资方面进行了研究[32]，但仅从家庭或产业层面无法准确估算文化资本积累状况。虽然李娟伟和任保平结合两方面指标对文化资本异质性状况进行了度量[18]，但其研究对传统文化资本内涵的分析过于宽泛，且选取的市场化指数权重统计区间较短，统计指标连贯性相对不足。所以本文在此基础上，考虑选取非农产业产值比重作为权重，对省域文化资本异质性进行区分，采用该权重主要基于以下两个事实：第一，从中国区域经济发展来看，东部地区非农产值比重较高，农业生产规模相对较小，企业和居民的经济行为受儒教思想约束较小，竞争与创新意识也较为强烈，商业文化资本快速形成，而中西部地区传统农业仍然在地区经济发展中占有重要地位，这些地区传统文化观念较为浓厚，反映了儒教伦理文化资本对人们生产方式的影响；第二，从国别经济发展实践比较看，非农产值较高的欧美国家，企业和居民深受竞争与创新意识观念影响，商业精神文化资本积累水平较高，而在东南亚等发展中国家，农业产值占国民经济的比例相对较高，对应地区传统价值观念仍占据重要地位，本土价值观形成的文化资本也明显异于商业文化资本。

在权重确定基础上，为估计省域儒教文化资本和商业文化资本存量，首先选取各省当期城镇和农村居民家庭文化领域的支出①、政府在文化领域的财政支出，以及文化产业部门的投资，将三者之和作为全社会文化资本投资指标，然后利用资产价格指数将历年文化资本投资折算为 1997 年不变价格水平，再将农业产值比重作为权重与全社会文化资本投资额相乘，作为儒教文化资本投资。同理，将非农业产值比重与全社会文化资本投资之积作为商业文化资本投资，最后再以两种文化资本年度投资为基础，利用永续盘存法对

① 考虑到学界普遍将教育支出视为衡量人力资本的主要指标，在估算过程未包含家庭教育支出。

不同省域异质性文化资本的演变情况进行估算①。

本文选取的其他变量包括：经济产出 Y_{it}，选取各省份历年国内生产总值（GDP），并根据不变价格指数转化为 1997 年基期实际价格水平；劳动力要素投入 L_{it}，选取历年各省份年末就业人数，对于个别省份缺失数据采用移动平均法估计；资本存量 K_{it}，利用公式 $K_{it}=I_{it}+(1-\delta)K_{it-1}$ 对总资本存量进行估计，δ 表示固定资产折旧率，取值为 $\delta=0.05$，各省基期固定资本存量 $K_{it,1997}$ 计算公式为 $K_{it,1997}=I_{it,1997}/(g_{it}+\delta)$，$g_{it}$ 表示各省固定资产投资实际年均增长率，同时利用各省固定资产价格指数将历年投资额 I_{it} 转化为以 1997 年为基期的实际值。

控制变量的选取：①人力资本 h_{it}，利用教育年限法进行估计，估算过程中对于省域个别年份缺失的人口数据通过移动平均法估算；②政府财政研发支出 RD_{it}，主要选取各省份财政分项统计中的科学技术支出指标；③外商直接投资 FDI_{it}，选取历年实际外商直接投资额，并以年均汇率转化为本币表示；④经济开放度 $open_{it}$，选取各地区进出口贸易总额与同期地区生产总值之比表示。

样本区间为 1997—2012 年省级面板数据，主要来自《中国统计年鉴》《新中国 60 年统计资料汇编》，为降低数据变差对分析结果的影响，所有变量均取自然对数，表 1 给出了本文所选变量的描述性统计结果。

四、经济增长效率影响因素分析

考虑到可能的滞后效应，在利用 Frontier 4.1 软件对式（1）和式（2）估计时，将核心变量和控制变量指标滞后 1 阶进行估算②，估计结果如表 2 所示，表中 LAG（0）和 LAG（1）分别表示没有考虑滞后效应和滞后 1 阶情况下的估计结果。

从表 2 的估计结果来看，模型检验统计量 γ 随着效率方程影响因素滞后

① 此处在估算过程中将文化资本折旧率设定为 5%，针对折旧率的设定问题，将在本文稳健性检验部分详细讨论。

② 更长滞后阶数的回归结果并没有出现显著的差异，故未在此处列出。

阶数的延长，不仅通过了显著性检验，而且统计值和显著性水平均有所增加，即表明随机误差项与技术效率有关，效率影响因素滞后效应显著。LR 检验结果显示，样本区间内生产过程没有处在产出前沿面上，存在显著的技术无效率，包含无效率影响因素的随机前沿估计结果是有效的。

表 2　经济增长效率影响因素分析

生产函数方程估计结果			技术无效率方程估计结果		
被解释变量	$\ln Y_{it}$		被解释变量	u_{it}	
解释变量	LAG（0）	LAG（1）	解释变量	LAG（0）	LAG（1）
常数项	6.061*** (0.788)	4.721*** (1.025)	$\ln C_{M,it}$	-0.417*** (0.049)	-0.335*** (0.065)
t	-0.076* (0.039)	-0.066 (0.049)	$[\ln C_{M,it}]\times[\ln C_{C,it}]$	0.051*** (0.005)	0.052*** (0.007)
t^2	-0.011*** (0.002)	-0.014*** (0.001)	$[\ln C_{C,it}]\times[\ln h_{it}]$	-0.136*** (0.017)	-0.133*** (0.022)
$\ln L_{it}$	-0.506*** (0.184)	-0.346 (0.220)	$\ln RD_{it}$	-0.156*** (0.023)	-0.146*** (0.027)
$t\times\ln L_{it}$	-0.045*** (0.006)	-0.047*** (0.005)	$\ln FDI_{it}$	-0.045*** (0.003)	-0.062*** (0.007)
$[\ln L_{it}]^2$	0.036 (0.037)	0.049 (0.044)	$open_{it}$	0.012 (0.013)	-0.069 (0.050)
$\ln K_{it}$	0.385* (0.218)	0.442*** (0.228)	常数项	3.507*** (0.25)	2.828*** (0.30)
$t\times\ln K_{it}$	0.054*** (0.007)	0.052*** (0.006)	σ^2	0.019*** (0.001)	0.021*** (0.001)
$[\ln K_{it}]^2$	-0.1187*** (0.036)	-0.094** (0.042)	γ	0.245* (0.144)	0.387** (0.123)
$[\ln K_{it}]\times[\ln L_{it}]$	0.105*** (0.024)	0.077*** (0.027)	—	—	—
log 函数	269.688	253.854	LR 检验	311.225***	283.579***

注：括号内数值表示对于估计参数的标准差，***、**、*分别表示 1%、5%、10% 的显著性水平。

从表2对式（1）超越对数生产函数的估计结果来看，随着效率影响因素滞后阶数的延长，资本要素投入 $\ln K_{it}$ 的估计参数显著性逐渐增加，而劳动力要素投入 $\ln L_{it}$ 对应的估计参数显著性逐渐下降，分别计算资本和劳动的边际产出弹性，结果显示资本产出弹性逐渐增加，而劳动力产出弹性逐渐下降，说明在样本区间内拉动中国经济增长的动力仍以资本要素投入为主。另外，两种投入要素的交互项为正，且在1%的显著性水平上通过检验，意味着资本与劳动力之间存在较强的互补效应，资本在拉动经济增长的过程中也促进了就业水平的提高。

表2对式（2）的估计结果显示，核心变量商业文化资本 $\ln C_{M,it}$ 对经济增长效率的提高具有显著的促进作用，而且商业文化资本对增长效率的滞后效应也非常明显，这一结论和国内部分学者的研究具有相似之处[33]，表明商业精神对经济主体行为的影响是存在的，可以激励企业经营管理人员参与市场竞争和创新，通过改善企业与员工的生产效率，促进经济增长效率显著提高。变量 $[\ln C_{M,it}] \times [\ln C_{C,it}]$ 对应的回归系数为正，说明文化资本异质性条件下，儒教文化资本和商业文化资本之间存在显著的非协同效应，而且随着滞后阶数延长，非协同效应对增长效率的约束有增强趋势，其原因在于异质性文化资本的积累加剧了文化理念之间的冲突，造成市场主体决策和行动成本的增加[28]，增加了市场经济的管理运营成本，致使市场经济效率下降，抑制了经济增长效率的提高。另外，$[\ln C_{C,it}] \times [\ln h_{it}]$ 估计结果显示，核心变量儒教文化资本 $\ln C_{C,it}$ 通过人力资本 $\ln h_{it}$ 渠道也能够提高经济增长效率，表明儒教文化理念能够有效激励家庭成员强化人力资本积累，这与贾俊雪等学者所得结论相似[16]，而较高水平的人力资本又为技术创新以及个体劳动生产率的提高提供了支持，为进一步改善中国经济增长创造了微观基础。可见，加强传统儒教理念的继承和宣传，强化其对市场主体行为的约束，也是提高经济增长效率的有效途径之一。

控制变量中，政府研发支出 $\ln \mathrm{RD}_{it}$ 估计系数为负，表明其对经济增长效率有积极的促进作用，在科研方面的财政支出有其重要意义，进一步提高政府在研发和创新方面支出比例，加大政府部门对研发过程的支持力度，仍是未来提高经济增长效率的重要途径。外商直接投资 $\ln \mathrm{FDI}_{it}$ 也是提高经济增长效率的有利因素，因为FDI产生的技术外溢和扩散效应带来了技术效率的提高，而且从滞后模型来看，外商投资的技术溢出效应具有长期性，能够在较长的时间内对中国经济增长效率发挥积极作用。但是以贸易总额衡量的经济开放度 $open_{it}$ 与经济增长效率的关系并不显著，原因可能在于样本区间内各省份在推动贸易发展过程中过度关注贸易总量的增长，而忽视了贸易部门的技术外溢效应，政府在引导贸易发展过程中，需要注意提高贸易品技术含量，加快转变贸易增长方式，注重对产业链高端技术的引进与吸收，提高贸易部门的技术溢出和扩散速度，逐步使对外贸易成为提高经济增长效率的有利因素。

五、稳健性检验

（一）稳健性检验Ⅰ：文化资本的记忆“衰退效应”

前述实证分析过程中主要考虑经济主体对文化观念存在较小的记忆“衰退效应”，即经济主体一旦接受了某种特定的文化理念，就不会快速遗忘，相应的经济行为将会持续受该理念影响，例如，在折旧率为5%的情况下，经济主体的文化资本降至期初水平的1/2，即文化理念对经济主体行为的约束力下降一半，大约需要13年，而文化资本下降至期初的1/10水平则需要40余年，此时市场主体经济行为几乎不再受之前文化理念的约束。然而，在当前人口流动以及信息技术快速发展的背景下，国内外文化交流日益频繁，市场主体受到多元文化价值体系冲击的可能性逐渐增加，要使居民和企业的经济行为仅受到儒教文化观念或者商业精神理念的激励与约束，难度将进一步加大。因此，为了检验前述结论的稳健性，我们将文化资本折旧率调至20%，此时文化资本对经济主体行为的约束力下降一半仅需要3年，文化资本积累下降至期初1/10的水平不足10年，超过10年的话，经济主体的文化理念将发生较大转变。以这种处理方式来反映文化理念的快速变迁对经济发展的影响，基本上也适应当前中国代际文化观念的差异性转变情况①。沿用前述文化资本

① 从学界对“80后”“90后”“00后”等人群文化属性的分析来看，10年几乎是中国文化代际差异的分界线。

估计方法，对各省份文化资本存量重新进行估计，并利用 Frontier 4.1 软件对式（1）和式（2）重新进行估计，为简化分析，表 3 只报告了不包含影响因素滞后效应的估计结果①。

表 3 的估计结果显示，文化资本折旧率为 $\delta=20\%$ 时估计量 γ 和 σ^2 仍然显著，表明调整文化资本折旧率之后，随机前沿分析结果仍然有效。核心变量儒教文化资本和商业文化资本仍是提高经济增长效率的主要因素，而文化资本异质性对经济增长效率的非协同效应仍然存在，反映出多元文化理念之间是否有效融合和协同，与市场主体对文化理念的记忆“衰退效应”没有显著关系。同时，控制变量组中政府研发支出、FDI、对外开放水平等变量对增长效率的影响，也未因文化资本记忆衰退效应的变化而改变，与表 2 的分析结果一致。

（二）稳健性检验Ⅱ：随机生产函数调整

考虑到式（1）生产函数差异可能会影响到回归结果的稳健性，本文在传统 C－D 生产函数的基础上，利用随机前沿分析方法再对前述结论进行再检验。表 3 中分别给出了相应变量对应参数的估计结果，核心变量、控制变量与经济增长效率的相互关系仍与前述计量分析结果一致，此处不再赘述，进一步说明本文所得结论是稳健的。

表 3　稳健性检验结果

生产函数方程估计结果			技术无效率方程估计结果		
被解释变量	$\ln Y_{it}$		被解释变量	u_{it}	
解释变量	$\delta=20\%$	C－D 函数	解释变量	$\delta=20\%$	C－D 函数
常数项	7.777*** (1.632)	3.476*** (1.013)	$\ln C_{M,it}$	−0.381** (0.163)	−0.317* (0.185)
t	0.046 (0.055)	—	$[\ln C_{M,it}]\times[\ln C_{C,it}]$	0.052*** (0.015)	0.035* (0.021)
t^2	−0.012** (0.006)	—	$[\ln C_{C,it}]\times[\ln h_{it}]$	−0.151*** (0.029)	−0.084** (0.035)

① 稳健性检验结果显示，在文化资本折旧率为 20% 的条件下，效率影响因素滞后阶数变化并没有显著地改变各变量与技术效率之间的基本关系，故未列出其他相应结果。

续表

生产函数方程估计结果			技术无效率方程估计结果		
$\ln L_{it}$	-0.340 (0.282)	0.429*** (0.094)	$\ln RD_{it}$	-0.111*** (0.015)	-0.225*** (0.027)
$t\times\ln L_{it}$	-0.061*** (0.017)	—	$\ln FDI_{it}$	-0.064*** (0.014)	-0.0603*** (0.004)
$[\ln L_{it}]^2$	0.043 (0.062)	—	$open_{it}$	-0.016 (0.033)	-0.043 (0.205)
$\ln K_{it}$	0.356 (0.328)	0.278*** (0.057)	常数项	2.998*** (0.643)	3.283*** (1.201)
$t\times\ln K_{it}$	0.050*** (0.017)	—	σ^2	0.023*** (0.001)	0.035*** (0.004)
$[\ln K_{it}]^2$	-0.064 (0.059)	—	γ	0.328* (0.176)	0.106*** (0.011)
$[\ln K_{it}]\times[\ln L_{it}]$	0.157** (0.070)	—	—	—	—
log 函数	240.051	131.727	LR 检验	251.950***	483.129***

注：括号内数值表示对于估计参数的标准差，***、**、*分别表示1%、5%、10%的显著性水平。

六、主要结论与启示

在投资驱动模式不可持续、增长潜力下滑的“新常态”背景下，需要把经济增长的动力转移到提升经济增长效率层面上来，而中国儒教伦理文化资本和商业精神文化资本是影响经济增长效率的重要因素。本文从文化资本异质性视角，实证分析了儒教文化资本和商业文化资本与中国经济增长效率之间的关系，结论显示：第一，两种文化资本都是提高经济增长效率的有利因素，以儒教理念为特征的文化资本，通过激励经济主体提高人力资本水平促进经济增长效率，而以竞争和创新为理念的商业文化资本，通过激励市场主体参与竞争和创新，提高企业组织效率和市场效率，进而影响经济增长效率；

第二，文化资本异质性的客观存在，致使儒教文化资本和商业文化资本之间形成的非协同效应加剧了经济增长的管理运营成本，在一定程度上抑制了中国经济增长效率的提高。

依据上述结论可知，在投资规模、政府研发以及 FDI 等外部环境相同的条件下，儒教观念和商业文化理念的差异将是理解中国地区间经济增长效率差异的重要因素，而且异质性条件下两种文化资本之间能否有效形成协同效应，对于地区增长效率也具有重要意义。这也意味着在思想观念转变、文化体系转型的大背景下，为了发挥文化因素对增长效率的促进作用，各地区政策选取的方向应该是：首先，积极宣传传统优秀文化思想，加强传统儒教文化资本的积累，强化中华优秀文化对经济主体的激励作用，提升其对人力资本积累、技术创新等方面的积极作用；其次，需要政府和微观主体组织积极倡导与市场经济相适应的竞争、创新理念，强化商业精神价值理念对经济主体行为的影响；再次，各地区政府要注意处理不同文化资本之间的非协同效应，深入挖掘不同文化理念中有利于经济增长的成分，规避其中的不利因素，提高多元文化观念、文化体系之间的协同性，降低多元文化理念之间的冲突，有效节约经济增长成本，提高经济增长效率；最后，在财政预算有限的条件下，各级政府应加大对科研的支持力度，同时注意提高外商投资质量，改变贸易发展方式，把外资、外贸的技术溢出效应作为衡量对外开放政策的重要指标，最终为“新常态”经济增长提供长期动力保障。

参考文献

[1] Ang, J. B., Madsen, J. B., Islam, M. R. The Effects of Human Capital Composition on Technological Convergence [J]. *Journal of Macroeconomics*, 2011, 33 (3): 465 – 476.

[2] 匡远凤，彭代彦. 中国环境生产效率与环境全要素生产率分析 [J]. 经济研究，2012 (7): 62 – 74.

[3] Dritsaki, C., Stiakakis E. Foreign Direct Investments, Exports and Eco-

nomic Growth in Croatia: A Time Series Analysis [J]. *Procedia Economics and Finance*, 2014, 14 (14): 181 -190.

[4] 顾乃华，朱卫平. 府际关系、关系产权与经济效率——一个解释我国全要素生产率演进的新视角 [J]. 中国工业经济，2011 (2): 46 -57.

[5] Guiso, L. , Sapienza P. , Zingales L. People' s Opium? Religion and Economic Attitudes [J]. *Journal of Monetary Economics* , 2003, 50 (1): 225 -282.

[6] Maridal, J. H. Cultural Impact on National Economic Growth [J]. *The Journal of Socio - Economics*, 2013, 47 (2): 136 -146.

[7] Bourdieu, P. *The Forms of Capital* [M]// In J. Richardson (Ed.) Handbook of Theory and Research for the Sociology of Education. New York: Greenwood Press, 1986.

[8] Throsby, D. Cultural Capital [J]. *Journal of Cultural Economics*, 1999, 23 (1): 3 - 12.

[9] Cochrane, P. Exploring Cultural Capital and its Importance in Sustainable Development [J]. *Ecological Economics*, 2006, 57 (2): 318 -330.

[10] Bucci A. , Segre G. Culture and Human Capital in a Two - sector Endogenous Growth Model [J]. *Research in Economics*, 2011, 65 (4): 279 -293.

[11] 王云，龙志和，陈青青. 文化资本对我国经济增长的影响——基于扩展 MRW 模型 [J]. 软科学，2013, (4): 12 -16.

[12] 李萍，田坤明. 新型城镇化：文化资本理论视域下的一种诠释[J]. 学术月刊，2014 (3): 85 -93.

[13] Gorodnichenko, Y. , Roland G. Culture, Institutions and the Wealth of Nations [R]. NBER Working Paper, 2010, No. 16368.

[14] Petrakis, P. , Kostis P. Economic Growth and Cultural Change [J]. *The Journal of Socio - Economics*, 2013, 47 (2): 147 -157.

[15] 李宏彬，李杏，姚先国，张海峰，张俊森. 企业家的创业与创新精神对中国经济增长的影响 [J]. 经济研究，2009 (10): 99 -108.

[16] 贾俊雪，郭庆旺，宁静. 传统文化信念、社会保障与经济增长[J]. 世界经济，2011 (8): 3 -18.

［17］阮荣平，郑风田，刘力．信仰的力量：宗教有利于创业吗？［J］．经济研究，2014（3）：171－184.

［18］李娟伟，任保平．中国经济增长新动力：是传统文化还是商业精神？——基于文化资本视角的理论与实证研究［J］．经济科学，2013（3）：5－15.

［19］林毅夫．经济发展与中国文化的复兴［J］．北京大学学报（哲学社会科学版），2009（3）：5－10.

［20］黄少安，孙涛．非正式制度、消费模式和代际交叠模型——东方文化信念中居民消费特征的理论分析［J］．经济研究，2005（4）：57－65.

［21］叶德珠，连玉君，黄有光，李东辉．消费文化、认知偏差与消费行为偏差［J］．经济研究，2012（2）：80－92.

［22］朱承亮，师萍，安立仁．人力资本及其结构与研发创新效率——基于SFA模型的检验［J］．管理工程学报，2012（4）：58－64.

［23］Turró，A.，Urbano D. Ortiz M. P. Culture and Innovation：The Moderating Effect of Cultural Values on Corporate Entrepreneurship［J］. *Technological Forecasting & Social Change*，2014，88：360－369.

［24］Lau，C. M.，Ngo H. Y. The HR System，Organizational Culture and Product Innovation［J］. *International Business Review*，2004，13（6）：685–703.

［25］Tubadji，A. Nijkamp P. Altruism to Strangers for our Own Sake：Domestic Effects from Immigration［R］. Tinbergen Institute Discussion Paper，2012，No. 12－079/3.

［26］韦森．文化精神、制度变迁与经济增长——中国、印度经济比较的理论反思［J］．国际经济评论，2004（7－8）：60－63.

［27］魏钧，张勉，杨百寅．组织认同受传统文化影响吗——中国员工认同感知途径分析［J］．中国工业经济，2008（6）：118－126.

［28］黄凌云，杨娜，王珏．文化特征与冲突对中国企业OFDI投资策略影响研究［J］．经济科学，2014（3）：114－128.

［29］宋林飞．城市移民的文化矛盾与社会安全［J］．江苏社会科学，2005（5）：6－8.

[30] 傅晓霞，吴利学．前沿分析方法在中国经济增长核算中的适用性[J]．世界经济，2007（7）：56－66.

[31] Gaddis, S. M. The Influence of Habitus in the Relationship between Cultural Capital and Academic Achievement [J]. *Social Science Research*, 2013, 42 (1): 1－13.

[32] 周云波，武鹏，高连水．文化资本的内涵及其估计方案[J]．中央财经大学学报，2009（8）：91－96.

[33] 孟召宜，渠爱雪，仇方道．江苏区域文化资本差异及其对区域经济发展的影响[J]．地理科学，2012（12）：1444－1451.

产业结构升级能缩小城乡消费差距吗

——基于2000—2013年省际面板数据的实证研究[①]

金 烨 吴丰华

摘 要：本文运用2000—2013年中国省级面板数据和两步差分广义矩估计，从产业结构升级的两个方面，即地区整体产业结构升级和农村内部产业结构升级，对产业结构升级与城乡消费差距的关系进行实证研究。实证结果发现，地区整体产业结构升级和农村内部产业结构升级均有助于缩小城乡消费差距。此外，本文还分别检验了去直辖市样本以及东、中、西部产业结构升级对城乡消费差距的影响，结果发现，去直辖市样本与全样本的实证结果大体相符。而分地区的实证结果中，地区整体产业结构升级在东、中、西部地区都对城乡消费差距具有缩小作用；农村内部产业结构升级在东部地区有助于缩小城乡消费差距，在中部和西部地区却呈现出拉大城乡消费差距的趋势。据此，本文提出了相应的政策含义。

关键词：产业结构升级 城乡消费差距 省际面板数据 广义矩估计

作者简介：金烨（1996—），陕西商洛人，英国利兹大学金融学硕士研究生；吴丰华（1985—），陕西西安人，西北大学经济管理学院副教授、硕士生导师。

---

① 国家社科基金西部项目："近代以来中国城乡关系演进与新型城乡关系的形成研究"（14XJL013）；国家社科基金重大项目（16ZDA023）；2015年西北大学优秀青年学术骨干支持计划；西北大学"三大系列"研究项目。

一、引 言

改革开放以来，我国国民经济发展创造了“中国奇迹”，GDP年均增长率超过9%（林毅夫、陈斌开，2009），而2014年的国内生产总值为635910.0亿元，相比1978年的3650.2亿元，实现了174.21倍的增长。同时，人民生活水平也得到了大幅度提高。但是，与“经济高速发展、人民收入显著增加”相伴而生的却是居民收入和消费水平的不平等，尤其是我国特殊的二元经济结构下的城乡消费差距正逐渐扩大。进入21世纪后，我国城乡居民消费水平均得到了大幅提升。2000年，我国城镇和农村居民人均消费水平分别为6999元、1917元，2013年分别达到23609元、7773元，2000—2013年城镇和农村居民人均消费年增长率分别为2.37%和3.05%，农村人均消费增长率高于城市，但人均消费额却远低于城镇。同时，城镇居民消费水平与农村居民消费水平之间的差距也呈现出逐年扩大的趋势（见图1）。这种差距的扩大不仅包括消费绝对差值的扩大，还包括城乡消费相对比值的扩大（孙爱军，2013）。2001年以来，我国城镇居民的消费水平始终保持在农村居民消费水平的3倍以上，城乡居民消费比最高达到3.6∶1。

城乡居民消费差距的持续和扩大，对我国居民生活、经济发展和社会稳定具有较大的负面影响。第一，城乡居民消费差距的长期存在限制了农村居民的消费能力，农村居民消费结构较为单一，无法购买城镇居民能够享受的一系列较为高端的产品及服务，由此导致农村居民的生活水平与城镇居民生活水平相差较大。第二，居民的消费需求受其消费水平的限制，而城乡消费差距过大，将导致农村居民的消费需求严重不足，无法有效发挥消费需求对经济发展的促进作用，不利于经济的持续、稳定增长。第三，过大的城乡消费差距会导致城乡居民无法均等或公平地共享经济发展成果，容易导致农村居民的边缘化，不利于社会的安稳。由此，研究城乡消费差距及其影响因素具有重要的现实意义。

国内学者试图从城乡消费差距的影响因素入手，探究缩小城乡消费差距的方法和路径。其中，马成文（1998）认为，农村居民收入水平低、城镇居民福利性补贴、农村内部结构不合理、农村人口增长速度过快、城乡地理环境和消费观念差异是造成城乡居民消费差异的原因；孙爱军（2013）研究发现，人均GDP增长、城市化率提高、产业结构升级有助于缩小城乡消费差距，而城乡居民收入比扩大和政府财政支出增加则会扩大城乡消费差距；林毅夫和陈斌开（2009）着重考察了重工业优先发展战略对城乡消费不平等的影响，结果显示赶超程度越大，城乡消费差距越大；王笳旭（2015）从人口老龄化角度出发进行实证研究，结果显示人口老龄化对城乡居民消费差距具有显著的负效应；孙颖和刘宁宁（2015）分析了经济发展水平、产业结构、城镇化水平、金融发展水平等因素对城乡消费差距的影响，结果表明大力发展地区经济、优化产业结构、加快城镇化进程、发展农村金融、增强农村居民的信贷可获得性以及社会保障均有利于缩小城乡消费差距；邝小文（2012）重点研究了城市偏向的制度安排与城乡居民消费差距，认为要缩小城乡消费差距，必须从根本上改变城市偏向的制度安排，实现城乡居民基本权利的均等化。这些文献大都从经济发展水平、城乡差距等方面分析其对城乡消费差距的影响，但是较少有学者从产业结构升级的视角对城乡消费差距进行研究。因此，本文将采用2000—2013年我国30个省（自治区和直辖市）的面板数据，建立面板数据模型，从新的视角研究产业结构升级与城乡消费差距的关系。

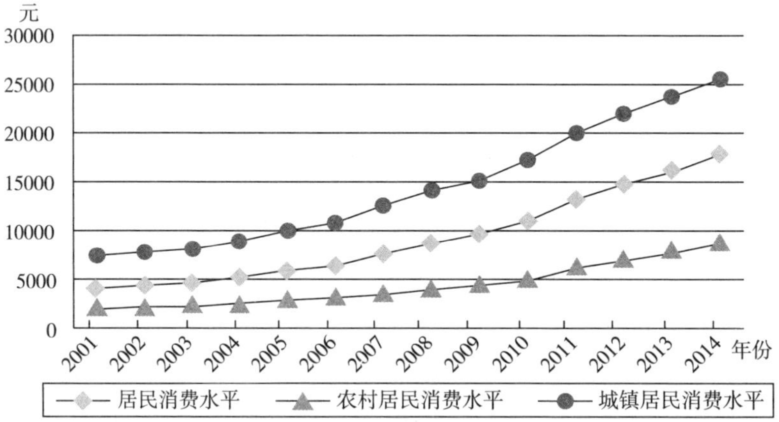

图1　1978—2014年我国城乡居民消费水平

资料来源：中经网统计数据库。

本文的创新有以下几点：一是从多个维度刻画产业结构升级，没有与以往的研究一样单纯从产业结构高级化的某一方面来反映产业升级，而是以“地区整体产业结构升级”和“农村内部产业结构升级”两个指标来共同刻画产业结构升级。一方面，通过“地区整体产业结构升级”来分析地区城乡整体的产业化过程对城乡消费差距的影响；另一方面，通过以农村劳动力的就业结构所反映的“农村内部产业结构升级”来探究农村产业结构升级对城乡消费差距的影响。二是在对省级面板数据进行实证分析的基础上，分别对东部、中部、西部三个地区的数据进行实证检验，试图比较三大经济区域产业结构等因素对城乡消费差距影响程度的异同，为不同地区缩小城乡消费差距、促进经济发展提供有针对性的政策建议。同时尝试剔除北京、天津、上海和重庆4个直辖市的数据后再次进行实证分析，以便更加准确地说明产业结构升级对城镇与农村地区消费差距的影响。

本文结构安排如下：第二部分进行了相关文献回顾；第三部分提出了本文的理论假说；第四部分说明了实证分析中的变量选取和数据来源，并构建了检验理论假说的计量模型；第五部分对实证结果进行分析说明，包括全样本的实证结果、去直辖市样本的实证结果以及东中西部地区分别的实证结果；第六部分是结论与政策含义。

二、文献回顾

（一）城乡消费差距的相关研究

城乡消费差距作为城乡经济二元结构背景下的热点问题，许多学者从不同角度研究了我国城乡居民消费差距的特征并给出了相应的对策建议。马成文（1998）认为，城乡居民消费差异的态势和特征主要包括：城镇居民消费水平高于农村居民且差距日趋扩大、农村居民恩格尔系数居高不下、农村居民营养水平低、农村居民居住面积优于城镇但居住质量有待改善、城镇居民家庭用品日趋现代化且精神文化生活较为丰富、农村居民自给性消费仍占相当比重。张利庠（2007）研究了二元结构下的城乡居民消费差异，发现在城乡消费环境方面，农村与城镇的基础设施在投资规模和水平方面存在巨大差别，这种差别在短期内难以改变；在城乡总体消费水平方面，自 1978 年以来，各年的农民消费增加额均低于城镇居民；在城乡消费结构方面，大量的工业品在城镇已经过时和过剩，但广大农村居民却难以购买到合意的商品或根本买不起；在城乡消费品的数量和质量方面，当前我国农村市场远未成熟，城乡市场分割严重，大量商业企业尚未延伸到农村，在农村销售的商品种类和数量都非常有限，如果考虑商品的性价比，农村消费品的价格甚至远远高于同类的城市消费品。高帆（2013）分别从消费数量、消费结构和地域特征的角度分析了我国城乡消费差距的特征，从消费数量的角度看，城乡居民消费支出的绝对数均呈持续增长态势，但城乡居民消费支出的差距却表现出阶段性变化态势；从消费结构的角度看，城乡居民消费结构均呈“恩格尔定律”所揭示的持续转化态势，但农村居民消费结构与城镇居民消费结构仍存在显著落差；从地域角度看，1978 年以来，我国各省份均存在城乡居民消费差距，且在空间层面显现出差异化特征。

这些文献都说明我国城乡消费差距长期存在，且消费差距已经对城乡居民的生活产生了较大的影响。因此，对城乡消费差距的研究具有很大的现实意义。

（二）影响城乡消费差距因素的相关研究

对城乡消费差距影响因素的研究已经较为成熟，一部分学者直接探究了城乡消费差距的影响因素，另一部分学者则从某些角度出发，着重研究了其对城乡消费差距的影响。其中，孙爱军（2013）在阐述 1978 年以来城乡消费差距现状的基础上，应用30 个省份 1996—2010 年的面板数据，通过系统广义矩估计，对影响城乡消费差距的因素进行实证分析，结果表明，经济发展水平、城乡收入比、城市化率、财政支出规模、产业结构、女性人口占总人口比重以及大专及以上文化程度的人口占 6 岁及以上人口的比重等因素都对城乡消费差距具有较显著的影响；林毅夫和陈斌开（2009）利用 1978—2004 年27 个省份的面板数据进行实证分析，研究结果显示重工业优先发展战略、市场化、经济开放、政府干预、农业生产支持程度和农业贷款都对城乡消费差距有影响；王笳旭（2015）证实了人口老龄化、城乡居民人均收入水平差距、城乡居民实际利率水平差距、城乡社会保障体制差异、城市化进程、人均GDP增长率以及政府财政政策都会影响城乡消费差距。

（三）产业结构升级对城乡消费差距影响的相关研究

以往文献中关于产业结构升级对城乡消费差距影响的研究较少，仅有范秀荣和贺本岚（2009）以农业部门增加值和非农业部门增加值之比反映产业结构差异；孙颖、刘宁宁（2015）以第三产业产值占GDP的比重衡量产业结构，认为优化产业结构有利于缩小城乡居民的消费差距；孙爱军（2013）用第三产业人口占总人口的比重刻画产业结构，认为产业结构升级的过程实质上是劳动力从附加值低的农业流向附加值更高的工业和服务业，因此随着产业结构的升级，城乡消费差距会逐渐缩小，两者正相关；徐敏、姜勇（2015）从时间维度和区域差异视角，运用空间面板计量经济模型，使用产业结构层次系数刻画产业结构升级水平，探讨产业结构升级对城乡消费差距的作用机理，结果表明，中国城乡消费差距存在显著的空间集聚性，产业结构升级能有效缩小城乡消费差距，但在不同时期、不同区域，作用效果存在差异。这些学者对产业结构升级这一变量的衡量指标各不相同，较少有学者能够比较深入地分析地区产业结构的合理化与高级化，以及农村内部产业化对城乡消费差距的影响。

因此，本文将从两个层面共同刻画产业结构升级：一是地区整体产业结构升级，即地区整体从生产力水平低、回报率低的农业部门向生产力水平高、回报率高的非农产业部门的升级过程；二是农村内部产业结构升级，即以劳动力就业结构表示的农村地区内部的产业结构升级过程。从这两个层面详细分析产业结构升级对城乡消费差距的影响机理。

三、产业结构升级对城乡消费差距的影响机理

（一）地区整体产业结构升级对城乡消费差距的影响分析

地区整体的产业结构升级过程中，地区整体的三次产业各自所占比重的

变化以及各个产业内部自身的优化升级都会对城乡消费差距产生影响。其一，三次产业产值比重的变化反映了产业结构的合理化和产业结构高级化过程，合理的产业结构能够提高资源配置效率、促进地区经济增长、改善居民生活水平，进而提高居民的消费水平。而产业结构的高级化过程中，第一产业向第二产业和第三产业的升级是从投资回报率低的部门向投资回报率高的部门转变的过程，进入非农业部门的从业人员将获得比农业部门从业人员更高的工资，其消费水平会随着收入水平的提高而提高，城乡消费差距会逐渐缩小。其二，产业内部的自我升级也是提高其自身产出效益的过程，产业的自我升级会促使其从业人员的工资水平提高，进而提高消费能力和消费水平，不同部门从业人员之间的消费差距也会随之缩小。基于此，本文提出**假说**1：

假说1：**地区产业结构升级能够缩小城乡消费差距。**

（二）农村内部产业结构升级对城乡消费差距的影响分析

农村内部的产业结构升级过程，包括农业自身产业化过程和农业向非农产业的升级过程。例如，通过农地流转、农业现代化、农业规模化等措施，将分散的农村资源有效集中，使一部分农村劳动力从农业当中分离出来，成为农业产业工人、农村服务业从业者等，或者通过开发农村旅游业、推广农副产品电商等措施，使农业从业人员更多地转移到非农产业，成为工资水平较高的非农产业从业人员，改变农村劳动力的就业结构。这种因农村劳动力的就业结构改变而带来的产业结构升级，将促使农村劳动力的收入水平增加，进而有助于提高其消费水平，缩小城乡居民的消费差距。基于此，本文提出**假说**2：

假说2：**农村产业化能够缩小城乡消费差距。**

四、变量选取与模型设定

（一）变量和数据

根据我们的研究目的，本文将重点关注产业结构升级与城乡消费差距之间的关系。城乡消费差距还受到诸如经济发展水平、城乡收入差距、城镇化水平、城乡居民储蓄差异、政府财政支农规模、交通基础设施水平、城乡义务教育水平差异、经济开放水平和城乡社会保障水平差异等因素的影响，我们将这些因素作为控制变量引入，进行实证研究。详细的变量设置与计算方法如表1所示。

表1　变量设置与计算方法

变量性质	变量名称		计算方法
被解释变量	城乡消费差距	*consumption*	城镇居民人均消费支出/农村居民人均消费支出
解释变量	地区整体产业结构升级	*industry*	地区第二、第三产业 GDP 总额/地区第一产业 GDP 总额
	农村内部产业结构升级	*ruralindustry*	农村从业人员中从事非农产业人数/农村从业人员
控制变量	经济发展水平	*develop*	人均 GDP
	城乡收入差距	*income*	城镇居民人均可支配收入/农村居民人均纯收入
	城镇化水平	*urban*	城镇人口数/总人口数
	城乡居民储蓄差异	*save*	城镇居民储蓄额/农村居民储蓄额
	政府财政支农规模	*agrisupport*	政府财政用于农业的支出/财政总支出
	交通基础设施水平	*transport*	区域（公路运营里程+铁路运行里程）/区域土地面积
	城乡义务教育水平差异	*edu*	城镇基础教育经费投入/农村基础教育经费投入
	经济开放水平	*open*	进出口总额/GDP 总额
	城乡社会保障水平差异	*hosinsurance*	城镇医疗保险覆盖率/农村医疗保险覆盖率

1. 被解释变量的指标选取与测度方法

本文的被解释变量是城乡消费差距（*consumption*），以城镇居民人均消费支出与农村居民人均消费支出之比来衡量。

2. 解释变量的指标选取与测度方法

我们选取两种指标用来反映产业结构升级对城乡消费差距的影响，分别是地区整体产业结构升级（*industry*）和农村内部产业结构升级（*ruralindustry*），并将“地区第二、第三产业 GDP 总额/地区第一产业 GDP 总额”和“农村从业人员中从事非农业人数/农村从业人员”作为描述地区整体产业结构升级、农村内部产业结构升级的指标。

3. 控制变量的指标选取与测度方法

本文主要选取经济发展水平、城乡收入差距、城镇化水平、城乡居民储蓄差异、政府财政支农规模、交通基础设施水平、城乡义务教育水平差异、经济开放水平以及城乡社会保障水平差异等多个变量作为控制变量，这些因素对城乡消费差距的影响已有大量文献研究，本文对于它们对城乡消费差距的影响机理推测大致如下：

（1）经济发展水平（*develop*）。本文选取“人均 GDP”作为不同省域经济发展水平的衡量指标。随着地区经济发展水平的提高，经济发达地区将会提供更多和更好的就业机会，居民收入水平与消费水平随之提高（王箬旭，2015）。同时，由于劳动力趋于向高工资地区流动，大量进城务工农村居民的收入水平提高，农村居民的生活重心也从农村转移到了城镇，其消费水平自然提高。因此可以认为，经济发展水平越高，居民消费水平越高，即经济发展水平有助于缩小城乡消费差距。

（2）城乡收入差距（*income*）。西方消费理论中比较主流的几种观点都认为，收入对消费起着不可忽视的决定性作用。其中凯恩斯的“绝对收入假说”认为，本期消费主要取决于本期收入，并且居民的收入水平越高，其边际消费倾向就越低；杜森贝的“相对收入假说”认为，居民在决定其消费时主要参考其他具有同等收入水平居民的消费，此外，本期消费不仅受到本期收入的影响，还受到以前时期已经达到的消费水平的影响；弗里德曼提出的“恒常收入”概念是指居民各期获得的收入可以分为恒常收入与暂时收入两部分，居民消费取决于恒常收入而非本期收入；莫迪利安尼的“生命周期假说”则强调居民会利用储蓄和借贷来平滑一生的消费路径。这些主流的消费理论都说明居民的消费行为在很大程度上取决于其收入水平，因此，城乡收入差距对城乡消费差距具有最直接、最主要的影响（孙爱军，2013）。本文认为，随着城乡收入差距的改变，城乡消费差距也会随之变动，并且由于收入水平的提高会改善居民的消费能力，城乡消费差距会随城乡收入差距的扩大而扩大。

（3）城镇化水平（*urban*）。城镇化水平对城乡消费差距的影响机理分为4个层次。首先，城镇化水平对居民的消费影响主要体现在对农村居民消费的影响上，城镇化为农村居民提供了非农就业机会，增加了农村居民的收入，进而提高了他们的消费水平，使城镇居民与农村居民的消费水平趋近。其次，本文用“城镇人口数/总人口数”来衡量地区城镇化水平，当地区的城镇人口数越多，即越多的农村居民转变为城镇居民时，余下的农村居民将会拥有更多的人均资源，其收入水平会相应提高，消费水平也会提高（徐敏、姜勇，2015）。再次，城镇化进程中，城镇居民的消费习惯和消费观念对农村居民具有一定的示范效应，农村居民的消费结构会逐渐与城镇居民趋同（廖直东、宗振利，2014）。最后，随着城镇化水平的提高，城镇市场与农村市场的相互融合会促使农村居民有更多机会与城镇居民共享相同档次的产品及服务，农村居民的消费水平会因此而逐渐提高。所以，本文认为，随着城镇化水平的提高，城乡居民的消费差距会趋于缩小。

（4）城乡居民储蓄差异（*save*）。微观经济学认为，人们会将收入分为两部分，即储蓄和消费，二者之间存在此消彼长的关系。但是，城乡居民的储蓄差异对城乡消费差距的影响方向还难以判断。因此，本文需要通过进一步的实证研究来分析城乡居民储蓄差异与城乡居民消费差距之间的具体关系。

（5）政府财政支农规模（*agrisupport*）。我国城乡经济发展的一个重要特征就是，农村经济发展落后于城镇经济，农业部门发展落后于工业部门，这一现象导致农村居民收入水平低于城镇居民收入水平，农村居民消费能力低于城镇居民消费能力，城乡居民消费差距长期持续。而能够推动农村经济发展的一大动力就是政府对农业生产和事业的支持，其中最直接的方式即政府财政支持。可以认为，政府财政支农规模扩大，农村居民消费水平将会得到提高，城乡居民的消费差距就会缩小。

（6）交通基础设施水平（*transport*）。居民消费是以各种物质基础设施为条件的，地区的交通基础设施水平决定着居民消费行为的便利性（樊纲、王小鲁，2004），可以认为，交通基础设施水平越高，居民消费条件越便利，居民消费水平会得以提高。但是，交通基础设施水平对城乡消费差距的具体影响方式还有待于进一步研究。

（7）城乡义务教育水平差异（*edu*）。受教育程度在一定程度上影响着居民所能从事的工作种类，一般来说，受教育程度越高的人越倾向于从事脑力劳动而非体力劳动，从而获得相对更高的收入，进而其消费水平也相应更高。而且，由于城镇地区与农村地区的师资力量、教育观念、教育环境与基础设施等条件存在着显著差异，城镇居民的受教育程度要普遍高于农村居民。因此，本文认为，城乡义务教育水平的差异会影响城乡消费差距。孙爱军（2013）以“大专及以上文化程度的人口占6岁及以上人口的比重”来衡量居民受教育程度，但由于农村居民中受过高等教育的人口比重相对较低，这一测度指标不能客观、真实地反映城乡受教育程度的差异。因此，本文选取“城乡义务教育水平差异”来衡量城乡受教育程度差异。

（8）经济开放水平（*open*）。现有的研究中，经济开放水平对城乡消费差距的影响主要为正效应，即经济对外开放的受惠区主要是城镇地区以及沿海开放城市（徐敏、姜勇，2015；林毅夫、陈斌开，2009），由于城镇地区集中了我国大部分的出口产业，承担了主要的消费，经济开放水平的提高将会更大程度地促进城镇居民收入水平的提高，而对农村居民影响不大，城乡消费差距会随着地区经济开放水平的提高而扩大。

（9）城乡社会保障水平差异（*hosinsurance*）。城乡社会保障体制不健全会促使居民预防性储蓄的增加（孙颖、刘宁宁，2015；王筎旭，2015），也会在一定程度上增加居民在社会保障方面的支出。由于储蓄与消费受收入水平的限制，且存在着此消彼长的关系，可以认为，社会保障水平的提高能够降低居民预防性储蓄水平，增加居民的其他消费支出，提高居民的消费能力。但是，当城乡社会保障水平差异程度扩大时，农村居民将进行更多的预防性储蓄，其消费水平会因一系列的不确定性而降低，城乡消费差距会扩大。

4. 实证数据说明

本文选取2000—2013年中国30个省（直辖市和自治区）的数据，由于西藏历史数据缺失，未将其纳入研究范围。所有数据来源于相应年份的《中国统计年鉴》《新中国60年统计资料汇编》以及《中国省域城乡发展一体化水平评价报告（2014）》。变量的描述性统计如表2所示。

表 2 变量的描述性统计

变　量		样本数	均值	最小值	最大值	标准差
被解释变量	*consumption*	420	3. 0579	1. 7382	5. 5705	0. 7168
解释变量	*industry*	420	14. 1927	1. 6378	165. 6667	25. 0291
	ruralindustry	420	0. 3627	0	0. 8616	0. 1848
控制变量	*develop*	420	23845. 92	2759	100105	18812. 63
	income	420	2. 9805	1. 8915	4. 7586	0. 5909
	urban	420	35. 7117	14. 46	90. 03	16. 2560
	save	420	7. 6865	0. 07215	34. 6019	6. 3534
	agrisupport	420	0. 0693	0. 0015	0. 2301	0. 0469
	transport	420	0. 6641	0. 0073	2. 5471	0. 4666
	edu	420	1. 1125	0. 1957	14. 8779	1. 0207
	open	420	0. 3213	0. 0357	1. 8429	0. 4339
	hosinsurance	210	0. 6434	0. 0216	20. 3946	1. 4713

其中，所有数据都是以 2000 年的不变价格计算的实际值。除经济发展水平（*develop*）之外，其他变量都是比值性数据，用当年的指标数据相除得到。本文通过“城镇医疗保险覆盖率/农村医疗保险覆盖率”来刻画城乡社会保障水平差异（*hosinsurance*）这一变量，由于数据可获得性的限制，本文中这一变量的数据范围为 2006—2012 年。

（二）模型设定

1. 模型构建

为了分析产业结构升级与城乡消费差距的关系，本文收集了中国 2000—2013 年的省级面板数据，并构造了如下的面板数据模型。

$$consumption_{it} = \alpha_0 + \alpha_1 industry_{it} + v_i + \varepsilon_{it} \quad (1)$$

$$consumption_{it} = \alpha_0 + \alpha_2 ruralindustry_{it} + v_i + \varepsilon_{it} \quad (2)$$

$$consumption_{it} = \alpha_0 + \alpha_1 industry_{it} + \sum_{j=1}^{9} \beta_j X_{j_{it}} + v_i + \varepsilon_{it} \quad (3)$$

$$consumption_{it} = \alpha_0 + \alpha_2 ruralindustry_{it} + \sum_{j=1}^{9} \beta_j X_{j_{it}} + \upsilon_i + \varepsilon_{it} \quad (4)$$

其中，下标 i 表示第 i 个省域，t 表示第 t（$t = 2000$，2001，…，2013）年，$consumption_{it}$ 表示城乡消费差距，$industry_{it}$ 表示地区整体产业结构升级，$ruralindustry_{it}$ 表示农村内部产业结构升级，$X_{j_{it}}$（$j = 1$，2，…，9）表示一系列控制变量，υ_i 为区域固定效应，ε_{it} 为随机误差项。模型（1）和模型（2）分别为地区整体产业结构升级、农村内部产业结构升级与城乡消费差距之间的简单回归模型，模型（3）和模型（4）分别在模型（1）和模型（2）的基础上引入了一系列的控制变量。

由于消费行为具有滞后性（孙爱军，2013），即居民的当期消费水平受其过去的“消费惯性”影响。同时为了避免模型因内生性导致估计有偏，引入城乡消费差距（$consumption$）的滞后一期变量 $consumption_{i,t-1}$，将城乡居民的“消费惯性”在城乡消费差距模型中具体化，从而将上述式（3）、式（4）面板数据模型扩展为动态面板数据模型，如式（5）、式（6）所示：

$$consumption_{it} = \alpha_0 + \alpha_1 industry_{it} + \alpha_3 consumption_{i,t-1} + \sum_{j=1}^{9} \beta_j X_{jit} + \upsilon_i + \varepsilon_{it} \quad (5)$$

$$consumption_{it} = \alpha_0 + \alpha_2 ruralindustry_{it} + \alpha_3 consumption_{i,t-1} + \sum_{j=1}^{9} \beta_j X_{jit} + \upsilon_i + \varepsilon_{it} \quad (6)$$

2. 实证分析方法

本文对未加入城乡消费差距滞后变量的模型（1）–模型（4）进行固定效应模型估计（FE）和随机效应模型估计（RE），并对两种模型进行了 Hausman 检验。同时，针对动态面板数据的估计方法，分别对模型（5）、模型（6）进行了两步差分广义矩估计（Twostep DiffGMM）和两步系统广义矩估计（Twostep SysGMM），并对比分析两种动态面板数据估计方法的有效性（Sargan 检验），从而有效降低动态面板数据估计结果的偏倚。

五、实证结果与分析

（一）全样本的实证结果分析

关于固定效应模型（FE）与随机效应模型（RE）的 Hausman 检验结果

显示，P 值为 0.0019，在 1% 的显著性水平下拒绝原假设，因此固定效应模型（FE）更能反映产业结构升级以及各控制变量与城乡消费差距之间相关关系的实际情况，这也说明我国各地区城乡居民消费差异具有明显的个体效应。另外，Twostep DiffGMM 和 Twostep SysGMM 两种估计方法的 Sargan 检验结果在 10% 的显著性水平下，二者都无法拒绝原假设，所以认为，本文选择的所有工具变量均有效。同时，这两种估计方法对扰动项自相关性的检验结果说明扰动项 ε_{it} 均无自相关性。但对比两种估计方法的标准差可知，Twostep DiffGMM 的标准差小于 Twostep SysGMM 的标准差，且 Twostep DiffGMM 估计结果中各个变量的显著性明显高于 Twostep SysGMM 的估计结果，因此，两步差分广义矩估计（Twostep DiffGMM）的估计结果作为最终结果更为准确。表 3 和表 4 中分别给出了面板数据模型（1）－模型(4）的固定效应估计（FE）结果和动态面板数据模型（5）、模型（6）的两步差分广义矩估计（Twostep DiffGMM）结果。

从表 3 和表 4 的估计结果可以发现：

（1）地区整体产业结构升级（*industry*）与农村内部产业结构升级（*ruralindustry*）对城乡消费差距均具有缩小的作用，假说 1 和假说 2 得以验证。随着地区整体产业结构的合理化和高级化，地区第二、第三产业 GDP 总额与地区第一产业 GDP 总额的比值越大，地区产业化程度越高，更多的农业部门从业人员进入非农产业部门，其收入水平的提高将引起消费水平的提高，城乡消费差距得到缩小。同时，以农村地区劳动力就业结构变化表示的农村内部产业结构升级过程中，农村从业人员中从事非农产业的比重越大，农村劳动力的工资水平就越高，进而有助于缩小城乡消费差距。而且，比较地区整体产业结构升级（*industry*）和农村内部产业结构升级（*ruralindustry*）两个解释变量对城乡消费差距（*consumption*）的影响可以发现，农村内部产业结构升级对城乡消费差距的缩小效应要远远大于地区整体产业结构升级对城乡消费差距的缩小效应。

（2）实证结果表明，我国城乡消费差距的滞后变量 $consumption_{i,t-1}$ 与当期城乡消费差距 $consumption_{it}$ 高度相关。无论是城镇居民还是农村居民都存在显著的消费惯性，这种惯性还会导致城乡消费差距呈现逐年扩大的趋势。

（3）我国城乡消费差距除了受到产业结构升级与居民消费惯性的影响之外，其他控制变量也起到了关键的作用。

表 3　全样本下地区产业结构升级的实证结果

模型 估计方法	(1) FE	(3)¹ FE	(3)² FE	(5)¹ Twostep DiffGMM	(5)² Twostep DiffGMM
常数项	3.1145*** (77.97)	0.1295 (0.38)	−0.8490 (−1.07)	−0.2465 (−0.30)	0.6857 (0.64)
L1.	—	—	—	0.5440*** (5.21)	0.6382*** (6.40)
industry	−0.0040* (−1.75)	−0.0065*** (−2.80)	−0.0075* (−1.66)	0.0097 (0.76)	−0.0009 (−0.19)
develop	—	−0.0000*** (−2.92)	−0.0000 (−1.24)	−0.0000 (−1.01)	0.0000 (0.22)
income	—	1.0842*** (10.47)	1.2888*** (7.33)	0.6646* (1.80)	0.3570 (1.17)
urban	—	−0.0052 (−0.68)	0.0090 (0.74)	−0.0107 (−0.47)	−0.0239 (−1.29)
save	—	0.0198*** (3.71)	0.0184* (1.87)	0.0254 (1.63)	0.0569** (2.44)
agrisupport	—	−0.2448 (−0.32)	−1.5279 (−1.62)	1.9903 (1.29)	1.6562 (1.13)
transport	—	−0.1085 (−1.05)	−0.2948 (−1.41)	−0.0664 (−0.20)	−0.1171 (−0.47)
edu	—	0.0003 (0.02)	0.0033 (0.15)	0.0052 (0.07)	0.0375*** (2.78)
open	—	−0.2098 (−1.04)	−0.0860 (−0.35)	−0.2774 (−0.53)	−0.1180 (−0.76)
hosinsurance	—	—	−0.0199 (−1.64)	—	0.0096 (0.33)
R^2	0.1174	0.5662	0.5421	—	—
AR（1）	—	—	—	0.0084	0.0005
AR（2）	—	—	—	0.6950	0.7475

续表

模型 估计方法	(1) FE	(3)¹ FE	(3)² FE	(5)¹ Twostep DiffGMM	(5)² Twostep DiffGMM
Sargan 值	—	—	—	0.2296	0.0603
样本容量	420	420	210	360	150

注：括号中的数值为 t 值，***、**和*分别表示在 1%、5%和 10%的显著性水平下通过检验。FE 和 Twostep DiffGMM 分别表示固定效应模型估计和两步差分广义矩估计。(3)¹和 (5)¹表示无城乡社会保障水平差异（*hosinsurance*）这一控制变量的实证结果，面板数据范围为 2000—2013 年；(3)²和 (5)²表示有城乡社会保障水平差异（*hosinsurance*）这一控制变量的实证结果，面板数据范围为 2006—2012 年。

表 4　全样本下农村产业化的实证结果

模型 估计方法	(2) FE	(4)¹ FE	(4)² FE	(6)¹ Twostep DiffGMM	(6)² Twostep DiffGMM
常数项	3.5053*** (28.30)	−0.3347 (−0.97)	−1.1392 (−1.38)	−0.7638 (−1.02)	0.7658 (0.70)
L1.	—	—	—	0.5985*** (3.06)	0.6316*** (6.28)
ruralindustry	−1.2333*** (−3.68)	−1.6910*** (−4.58)	−0.7525* (−1.81)	0.3881 (0.10)	−0.1558 (−0.27)
develop	—	−0.0000*** (−2.56)	−0.0000 (−0.80)	−0.0000 (−1.33)	−0.0000 (−0.27)
income	—	1.0924*** (10.77)	1.3254*** (7.51)	0.7149* (1.87)	0.3472 (1.13)
urban	—	−0.0068 (−0.90)	0.0095 (0.78)	−0.0082 (−0.24)	−0.0236 (−1.30)
save	—	0.0255*** (4.82)	0.0230** (2.37)	0.0292 (1.56)	0.0566** (2.45)
agrisupport	—	−1.0064 (−1.36)	−1.8383** (−1.97)	1.5632 (0.74)	1.7998 (1.10)
transport	—	−0.1908* (−1.84)	−0.3277 (−1.57)	−0.0166 (−0.05)	−0.1152 (−0.46)
edu	—	−0.0068 (−0.33)	0.0031 (0.14)	0.0051 (0.07)	0.0370*** (2.75)

续表

模型 估计方法	(2) FE	(4)[1] FE	(4)[2] FE	(6)[1] Twostep DiffGMM	(6)[2] Twostep DiffGMM
open	—	-0.2138 (-1.08)	-0.1725 (-0.75)	-0.3838 (-0.71)	-0.1098 (-0.76)
hosinsurance	—	—	-0.0221* (-1.83)	—	0.0089 (0.30)
R^2	0.2158	0.5160	0.5867	—	—
AR（1）	—	—	—	0.0373	0.0006
AR（2）	—	—	—	0.7071	0.7299
Sargan 值	—	—	—	0.2062	0.0596
样本容量	420	420	210	360	150

注：括号中的数值为 t 值，***、**和*分别表示在 1%、5% 和 10% 的显著性水平下通过检验。FE 和 Twostep DiffGMM 分别表示固定效应模型估计和两步差分广义矩估计。(4)[1]和（6)[1]表示无城乡社会保障水平差异（*hosinsurance*）这一控制变量的实证结果，面板数据范围为 2000—2013 年；（4)[2]和（6)[2]表示有城乡社会保障水平差异（*hosinsurance*）这一控制变量的实证结果，面板数据范围为 2006—2012 年。

第一，经济发展水平（*develop*）的提高有助于缩小城乡消费差距，这一实证结果与理论分析中的影响机理相符。随着地区经济发展水平的提高，农村居民可以获得与城镇居民接近的收入水平、享受与城镇居民相当的消费水平，因此，城乡居民消费差距会越来越小。

第二，城乡收入差距（*income*）对城乡消费差距有显著的正向影响，城乡收入差距的扩大会进一步拉大城乡消费差距。由于居民的收入水平是决定居民消费水平的主要因素，城乡居民收入差距也就是导致城乡消费差距的根本原因，只有有效缩小城乡居民收入差距才能从根本上缩小城乡居民消费差距。

第三，城镇化水平（*urban*）的提高有助于缩小城乡消费差距。城镇化过程中，农村居民的消费习惯会逐渐转变，城乡居民的消费差距就会逐渐缩小。同时，在一定程度上可以认为，农村人口转变为城镇人口的过程也是劳动力从农村向城市的转移过程，所以城镇化过程可以被看作一种产业升级过程，城镇化水平越高，农村居民的收入水平就越高，城乡收入差距越小，城乡居民的消费差距也就越小。

第四，城乡居民储蓄差异（*save*）的增加会扩大城乡消费差距。计量结果表明，当城镇居民的储蓄额大于农村居民时，城镇居民的消费水平高于农村居民，即城乡居民储蓄差异度越大，城乡消费差距也越大。这一现象可能的原因是，对于高收入人群来说，他们的储蓄额与消费额都会远远大于低收入人群，随着其收入的增加，他们拥有更多可以用来消费的资本，同样也会拥有更多可以进行储蓄的资本；而低收入人群为了维持日常生活所需，储蓄额只会占其收入的极少部分，而占收入极大部分的消费也因为基数过小而与高收入人群的消费水平相去甚远。这一储蓄上的差异会加剧消费差距的扩大。

第五，政府财政支农规模（*agrisupport*）的变动对城乡消费差距的影响并不显著。这一结果一方面说明了财政支农不会给农村地区带来较大的经济增长，财政支出的一大部分被用于城镇地区与非农产业，而农村地区与农业只能得到极少部分的财政支持，农村居民的收入水平不能得到较大提高，城乡消费差距也就不会发生显著的改变；另一方面说明了输血式的财政补贴政策和农村扶贫政策对农村居民的生活水平改善效果有限，这些支农政策还不足以缩小城乡居民之间的消费差距。因此，政府财政支农规模对城乡消费差距没有较为显著的影响。

第六，模型估计结果表明，交通基础设施水平（*transport*）的改善不仅能够提高居民消费水平，而且有助于缩小城乡消费差距。出现这一结果可能的原因是我国经济在经历了改革开放 30 多年的高速发展后，城镇地区的交通基础设施基本完善，当地区交通基础设施水平继续提高时，主要受惠地区将会是农村，农村居民消费水平的提高程度会大于城镇居民，由此，地区城乡居民的消费差距会逐渐缩小。

第七，城乡义务教育水平差异（*edu*）对城乡消费差距具有拉大作用。基础教育水平高的地区将会获得更多的人力资本，由此可获得的人力资本回报也将远远多于基础教育水平低的地区，二者收入水平的差异决定了其消费水平的差异。由于农村地区的师资力量与教育环境远远落后于城镇地区，城乡义务教育水平的差异将扩大城乡消费差距。

第八，实证结果表明，经济开放水平（*open*）的提高有助于缩小城乡消费差距。这一结果与以往文献的研究结果相反，可能的原因是经济开放会逐渐使农村地区受惠而达到缩小城乡消费差距的目的。本文的全样本模型估计结果显示，经济开放水平对城乡消费差距具有反向影响，即随着经济开放程度的提高，经济开放的受益地区会逐渐从城镇延伸到农村，农村的产业发展以及农村居民的生活都会受到正向激励，进而使农村居民的消费水平提高，城乡消费差距逐渐缩小。

第九，在全样本下的实证结果中，城乡社会保障水平差异（*hosinsurance*）对城乡消费差距的作用并不显著。

（二）去直辖市样本的实证结果分析

本文研究城乡消费差距，所选取的大部分变量都是表示城乡差异的比值性数据，但北京、天津、上海和重庆 4 个直辖市的数据无法完全表示城乡差异，存在较多极端值。因此，为了更加准确地说明各解释变量以及控制变量对城乡消费差距的影响，减少极端值影响，本文选择剔除 4 个直辖市的数据，构造去直辖市样本，对其重新进行实证分析，实证结果如表 5 和表 6 所示。

表 5 和表 6 的结果表明，地区整体产业结构升级（*industry*）与农村内部产业结构升级（*ruralindustry*）对城乡消费差距都具有缩小作用，与全样本的实证结果相符。比较去直辖市样本与全样本的实证结果发现，去直辖市样本的实证结果的显著性水平更高、数据拟合更好，且解释变量与控制变量对被解释变量的系数更大。这些都说明去直辖市样本的实证结果更有效，更能反映变量之间的真实关系。

表 5　去直辖市的地区产业结构升级的实证结果

模型 估计方法	(3)¹ FE	(3)² FE	(5)¹ Twostep DiffGMM	(5)² Twostep DiffGMM
常数项	0.2525 (0.72)	−1.6414* (−1.93)	−0.6821 (−0.53)	−0.8354 (−0.58)
L1.	—	—	0.5812* (1.76)	0.5374*** (3.86)
industry	−0.0369** (−2.07)	−0.0548** (−2.22)	0.0230 (0.74)	0.0227 (0.62)

续表

模型 估计方法	(3)[1] FE	(3)[2] FE	(5)[1] Twostep DiffGMM	(5)[2] Twostep DiffGMM
develop	-0.0000*** (-2.92)	-0.0000 (-1.61)	-0.0000 (-1.60)	0.0000 (0.55)
income	1.0399*** (9.04)	1.5822*** (8.60)	0.6170* (1.76)	0.8525*** (2.65)
urban	-0.0111 (-1.33)	0.0069 (0.51)	-0.0022 (-0.07)	-0.0138 (-0.49)
save	0.0214*** (3.90)	0.0006 (0.06)	0.0279* (1.73)	0.0284 (1.15)
agrisupport	0.4155 (0.49)	0.8240 (0.463)	2.2397 (0.96)	1.8101 (1.38)
transport	-0.2267* (-1.86)	-0.9776*** (-3.07)	-0.0572 (-0.17)	-0.7760 (-1.23)
edu	-0.0316 (-0.58)	-0.0258 (-0.47)	0.0681 (1.07)	0.0184 (0.39)
open	-0.2020 (-0.69)	-0.0565 (-0.17)	-0.7476 (-0.55)	0.2111 (0.47)
hosinsurance	—	-0.0194 (-1.55)	—	0.0049 (0.18)
R^2	0.5064	0.4753	—	—
AR(1)	—	—	0.0919	0.0023
AR(2)	—	—	0.3907	0.9184
Sargan 值	—	—	0.3918	0.0418
样本容量	364	182	312	130

注：括号中的数值为 t 值，***、**和*分别表示在 1%、5%和 10%的显著性水平下通过检验。FE 和 Twostep DiffGMM 分别表示固定效应模型估计和两步差分广义矩估计。(3)[1]和（5)[1]表示无城乡社会保障水平差异（*hosinsurance*）这一控制变量的实证结果，面板数据范围为 2000—2013 年；（3)[2]和（5)[2]表示有城乡社会保障水平差异（*hosinsurance*）这一控制变量的实证结果，面板数据范围为 2006—2012 年。

表 6　去直辖市的农村产业化的实证结果

模型 估计方法	(4)[1] FE	(4)[2] FE	(6)[1] Twostep DiffGMM	(6)[2] Twostep DiffGMM
常数项	-0.1818 (-0.53)	-1.5502* (-1.82)	-0.5675 (-0.49)	-0.6910 (-0.53)
L1.	—	—	0.6040 (1.28)	0.5612*** (3.67)
ruralindustry	-1.8332*** (-4.56)	-0.7937* (-1.86)	-0.3616 (-0.06)	0.0126 (0.02)
develop	-0.0000*** (-3.14)	-0.0000 (-0.90)	-0.0000 (-0.83)	0.0000 (0.84)
income	1.0733*** (9.98)	1.5766*** (8.54)	0.6508** (1.92)	0.8394*** (2.57)
urban	-0.0090 (-1.13)	0.0073 (0.53)	-0.0045 (-0.12)	-0.0143 (-0.54)
save	0.0242*** (4.48)	0.0040 (0..39)	0.0261 (1.44)	0.0304 (1.17)
agrisupport	0.0914 (0.11)	0.4542 (0.40)	2.0150 (0.74)	1.2941 (0.74)
transport	-0.3066** (-2.56)	-0.9643*** (-3.02)	-0.1018 (-0.25)	-0.7367 (-1.21)
edu	-0.0196 (-0.37)	-0.0198 (-0.36)	0.0479 (0.74)	0.0206 (0.44)
open	-0.2980 (-1.05)	-0.0375 (-0.11)	-0.6825 (-0.41)	0.2125 (0.47)
hosinsurance	—	-0.0202 (-1.60)	—	0.0055 (0.21)
R^2	0.4394	0.4968	—	—
AR（1）	—	—	0.2356	0.0024
AR（2）	—	—	0.6609	0.9319
Sargan 值	—	—	0.4060	0.0481
样本容量	364	182	312	130

注：括号中的数值为 t 值，***、**和*分别表示在 1%、5%和 10%的显著性水平下通过检验。FE 和 Twostep DiffGMM 分别表示固定效应模型估计和两步差分广义矩估计。(4)[1]和（6）[1]表示无城乡社会保障水平差异（*hosinsurance*）这一控制变量的实证结果，面板数据范围为 2000—2013 年；（4）[2]和（6）[2]表示有城乡社会保障水平差异（*hosinsurance*）这一控制变量的实证结果，面板数据范围为 2006—2012 年。

（三）分地区的实证结果分析

本文对东部、中部和西部地区的产业结构升级与城乡消费差距分别进行实证分析，结果如表 7 所示，可以发现，各个解释变量与控制变量对城乡消费差距的影响在东部、中部、西部 3 个地区之间存在差异。其中，衡量产业结构升级的两个指标中，城乡整体的产业结构升级在东部、中部和西部地区都呈现出缩小城乡消费差距的趋势，这与全样本实证结果相符。其中，西部地区整体产业结构升级对城乡消费差距的缩小程度最大，其次是中部地区，东部地区整体产业结构升级对城乡消费差距的缩小程度最小。这与东部、中部、西部 3 个地区经济发展水平相符，东部地区经济发展水平和产业结构升级程度高，因此产业结构进一步升级的过程将不会对其城乡消费差距造成显著的缩小作用；而经济发展水平相对最为落后的西部地区，其产业结构较为基础和单一，地区整体的产业结构升级将会显著缩小城乡消费差距。总之，城乡整体的产业结构升级在东部、中部和西部地区都有利于其城乡收入差距的缩小，进一步实现城乡消费差距的缩小，证明了假说 1。

而农村内部产业结构升级（*ruralindustry*）过程中，劳动力就业结构的升级在东部地区有效地缩小了城乡消费差距，在中部和西部地区却拉大了城乡消费差距。造成这种现象可能的原因是，东部是东部、中部、西部 3 个地区中经济最为发达的地区，而中部和西部本身的经济发展水平则处于相对落后状态。中部和西部的农村地区产业结构相对较为单一，农村产业结构的高级化程度要落后于东部地区，这时中部和西部地区农村从业人员非农比例提高，劳动力在农村内部向非农产业的转移所能够获得的报酬增长率就较低，中部和西部地区的农民收入水平不会因为其农村内部劳动力结构升级而出现较大的提高，城乡居民的消费差距就会呈现暂时性的扩大趋势。

表7 分地区的地区产业结构升级的实证结果（未加入城乡社会保障水平差异）

地区	东部		中部		西部	
模型 估计方法	(3) FE	(5) Twostep DiffGMM	(3) FE	(5) Twostep DiffGMM	(3) FE	(5) Twostep DiffGMM
常数项	0.2664 (0.58)	-37.5459** (-2.30)	5.5239*** (5.35)	0.0000 (0.00)	-0.5340 (-0.84)	0.2127 (0.02)
L1.	—	2.1907** (2.08)	—	-2.8195 (-0.88)	—	-0.5730 (-1.10)
industry	-0.0069*** (-4.50)	-0.0024 (-0.48)	-0.0761*** (-2.70)	0.1575 (0.39)	-0.1606*** (-2.61)	-0.4110 (-1.21)
develop	-0.0000*** (-5.52)	0.0004** (2.38)	-0.0001*** (-6.00)	-0.0006 (-1.45)	-0.0000* (-1.80)	0.0000 (0.34)
income	1.0330*** (5.83)	17.9755** (2.28)	-0.3635 (-1.23)	-8.7232 (-1.37)	0.9949*** (5.75)	2.5460 (1.01)
urban	0.0054 (1.46)	-0.0713** (-2.16)	-0.0002 (-0.01)	1.5868 (1.35)	-0.0120** (-2.14)	-0.0026 (-0.43)
save	-0.0002 (-0.02)	0.0495** (2.28)	-0.0827*** (-2.89)	-0.0297 (-0.67)	0.0326*** (4.79)	-0.0232 (-0.85)
agrisupport	1.4264 (1.28)	-232.6036** (-2.36)	2.8024 (1.43)	0.0000 (0.00)	-0.2356 (-0.20)	13.1305* (1.89)
transport	-0.0765 (-0.76)	-9.6541*** (-2.57)	-0.2757 (-1.01)	-1.6730** (-1.98)	-0.5294** (-2.24)	-4.9221** (-2.41)
edu	0.0259 (0.70)	-0.4419** (-2.27)	-0.2420 (-1.58)	-22.3106 (-1.51)	-0.0490 (-1.53)	-0.0715 (-0.91)
open	-0.3538*** (-2.68)	3.3465** (2.17)	-1.5521 (-1.03)	0.0000 (0.00)	2.1285** (2.01)	-3.4988 (-0.74)
R^2	0.3738	—	0.2036	—	0.4430	—
AR（1）	—	0.0000	—	0.0000	—	0.5205
AR（2）	—	0.0000	—	0.0000	—	0.6481
Sargan 值	—	1.0000	—	0.0000	—	1.0000
样本容量	154	132	112	96	154	132

注：括号中的数值为 t 值，***、**和*分别表示在1%、5%和10%的显著性水平下通过检验。FE 和 Twostep DiffGMM 分别表示固定效应模型估计和两步差分广义矩估计。以上结果都表示无城乡社会保障水平差异（*hosinsurance*）这一控制变量的实证结果，面板数据范围为2000—2013年。

经济发展水平（*develop*）的提高在东部、中部和西部都有助于缩小城乡消费差距，与全样本下的分析结果相同。其中，西部地区经济发展水平对城乡消费差距的缩小作用远远大于东部和中部地区。因为西部地区经济发展水平相对落后，随着人均 GDP 的提高，居民收入水平会得到显著提高，城乡消费差距缩小的程度也就更大。

表 8　分地区的地区产业结构升级的实证结果（加入城乡社会保障水平差异）

地区	东部		中部		西部	
模型 估计方法	(3) FE	(5) Twostep DiffGMM	(3) FE	(5) Twostep DiffGMM	(3) FE	(5) Twostep DiffGMM
常数项	0.8204 (0.41)	-11.1521** (-2.07)	5.3812*** (4.58)	0.0000 (0.00)	-3.2160 (-1.25)	0.0394 (0.00)
L1.	—	1.0634*** (3.30)	—	-1.7299 (-1.35)	—	0.9145*** (9.91)
industry	-0.0017 (-0.29)	-0.0083 (-0.80)	-0.0511*** (-2.54)	-0.0554 (-0.63)	0.1616** (1.92)	-0.0343 (-0.29)
develop	0.0000 (0.39)	-0.0000* (-1.69)	-0.0000*** (-3.39)	0.0000 (0.54)	-0.0000 (-1.55)	-0.0000** (-2.13)
income	1.6947*** (4.31)	2.2150* (1.86)	0.3298 (0.93)	5.1839** (2.00)	1.4115*** (3.80)	-0.5585 (-0.40)
urban	-0.0431 (-1.39)	0.1595 (1.64)	-0.0291** (-1.97)	-0.1940** (-1.94)	0.0498 (1.04)	-0.1905*** (-2.59)
save	-0.0082 (-0.36)	0.0641 (1.08)	0.0149 (0.67)	-0.1426 (-1.15)	0.0135 (0.92)	-0.0006 (-0.02)
agrisupport	1.5757 (0.70)	-30.8095 (-1.47)	3.0042** (2.00)	0.0000 (0.00)	-1.2854 (-0.64)	0.0000 (0.00)
transport	-0.1016 (-0.46)	0.0000 (0.00)	-0.1155 (-0.27)	1.0309 (1.31)	-2.0176** (-2.55)	-9.3394*** (-2.69)
edu	0.0362 (0.69)	0.2145* (1.71)	-0.0383 (-0.40)	0.0000 (0.00)	-0.0092 (-0.25)	-0.1074*** (-2.56)

续表

地区	东部		中部		西部	
模型估计方法	(3) FE	(5) Twostep DiffGMM	(3) FE	(5) Twostep DiffGMM	(3) FE	(5) Twostep DiffGMM
open	-0.1144 (-0.51)	-2.6956 (-1.41)	-1.5404 (-1.18)	0.0000 (0.00)	0.9983 (0.76)	-3.1782 (-1.53)
hosinsurance	-0.0145 (-1.34)	0.0673** (1.97)	-0.1031 (-1.57)	4.2966** (2.02)	-0.3207 (-1.52)	0.4044 (0.57)
R^2	0.3470	—	0.5599	—	0.0284	—
AR（1）	—	0.0000	—	0.0000	—	0.0000
AR（2）	—	0.0000	—	0.0000	—	0.0000
Sargan 值	—	0.0000	—	0.0000	—	0.0000
样本容量	77	55	56	40	77	55

注：括号中的数值为 t 值，***、**和*分别表示在1%、5%和10%的显著性水平下通过检验。FE 和 Twostep DiffGMM 分别表示固定效应模型估计和两步差分广义矩估计。以上结果表示有城乡社会保障水平差异（*hosinsurance*）这一控制变量的实证结果，面板数据范围为2006—2012年。

表9　分地区的农村产业化的实证结果（未加入城乡社会保障水平差异）

地区	东部		中部		西部	
模型估计方法	(4) FE	(6) Twostep DiffGMM	(4) FE	(6) Twostep DiffGMM	(4) FE	(6) Twostep DiffGMM
常数项	0.6981 (1.43)	23.1192** (2.43)	3.6211*** (3.63)	0.0000 (0.00)	-1.5290** (-2.46)	-6.4591 (-1.57)
L1.	—	6.4082** (2.53)	—	-1.0135 (-0.41)	—	3.1395* (1.63)
ruralindustry	-1.4842*** (-2.94)	-115.2929** (-2.48)	4.4045*** (3.91)	0.0000 (0.00)	2.0961*** (4.40)	-22.0389 (-0.88)
develop	-0.0000** (-2.28)	0.0001** (2.01)	-0.0001*** (-6.29)	-0.0003* (-1.71)	0.0000 (0.32)	-0.0001 (-1.56)
income	1.0782*** (5.77)	1.6155 (0.51)	0.1087 (0.41)	3.3243* (1.86)	1.2621*** (8.73)	-1.1295 (-0.71)

续表

地区	东部		中部		西部	
模型 估计方法	(4) FE	(6) Twostep DiffGMM	(4) FE	(6) Twostep DiffGMM	(4) FE	(6) Twostep DiffGMM
urban	0.0036 (0.94)	0.1223** (2.52)	-0.0022 (-0.10)	0.4280*** (2.60)	-0.0098* (-1.84)	-0.0067 (-0.39)
save	0.0029 (0.32)	-0.0421 (-1.48)	-0.0519* (-1.82)	0.1723 (1.10)	0.0377*** (5.65)	0.1811*** (2.84)
agrisupport	1.2670 (1.09)	101.0207** (2.38)	2.1716 (1.17)	1.4751 (0.08)	-0.6759 (-0.61)	10.8832 (0.41)
transport	0.0174 (0.16)	0.9765 (0.72)	-0.3330 (-1.26)	6.8298 (1.25)	-0.3697* (-1.83)	15.8386** (2.24)
edu	-0.0106 (-0.28)	0.2181* (1.80)	-0.0560 (-0.36)	-4.4065 (-1.13)	-0.0509* (-1.68)	0.4081* (1.71)
open	-0.2061 (-1.52)	-2.1392 (-1.52)	-1.0354 (-0.71)	0.0000 (0.00)	2.4353** (2.39)	1.9684 (0.60)
R^2	0.3768	—	0.0766	—	0.4999	—
AR (1)	—	0.0000	—	0.0000	—	0.8925
AR (2)	—	0.0498	—	0.0000	—	0.7726
Sargan 值	—	1.0000	—	0.0000	—	1.0000
样本容量	154	132	112	96	154	132

注：括号中的数值为 t 值，***、**和*分别表示在 1%、5%和 10%的显著性水平下通过检验。FE 和 Twostep DiffGMM 分别表示固定效应模型估计和两步差分广义矩估计。以上结果都表示无城乡社会保障水平差异（*hosinsurance*）这一控制变量的实证结果，面板数据范围为 2000—2013 年。

表 10　分地区的农村产业化的实证结果（加入城乡社会保障水平差异）

地区	东部		中部		西部	
模型 估计方法	(4) FE	(6) Twostep DiffGMM	(4) FE	(6) Twostep DiffGMM	(4) FE	(6) Twostep DiffGMM
常数项	1.2422 (0.80)	-11.1764** (-2.22)	5.5743*** (4.33)	0.0000 (0.00)	-4.6508* (-1.82)	0.0000 (0.00)

续表

地区	东部		中部		西部	
模型 估计方法	(4) FE	(6) Twostep DiffGMM	(4) FE	(6) Twostep DiffGMM	(4) FE	(6) Twostep DiffGMM
L1.	—	0. 9709*** (3. 56)	—	-0. 0543 (-0. 12)	—	0. 8921*** (3. 40)
ruralindustry	-0. 9078 (-0. 82)	0. 0000 (0. 00)	0. 1017 (0. 12)	0. 0000 (0. 00)	1. 1870** (1. 93)	0. 3997 (0. 14)
develop	0. 0000 (1. 02)	-0. 0000 (-1. 40)	-0. 0000*** (-2. 99)	-0. 0000 (-1. 32)	-0. 0000 (-0. 89)	-0. 0000** (-2. 09)
income	1. 7315*** (4. 41)	2. 2272** (1. 98)	0. 4682 (1. 23)	1. 3046 (1. 53)	1. 7078*** (4. 79)	-0. 5178 (-1. 04)
urban	-0. 0423* (-1. 79)	0. 1499* (1. 69)	-0. 0272 (-1. 67)	-0. 0460 (-1. 36)	0. 0651 (1. 38)	-0. 1879*** (-3. 31)
save	-0. 0098 (-0. 44)	0. 0611 (0. 96)	0. 0318 (1. 39)	0. 0237 (0. 43)	0. 0216 (1. 50)	0. 1879 (0. 01)
agrisupport	1. 4933 (0. 66)	-27. 4956 (-1. 63)	3. 1062* (1. 90)	0. 0000 (0. 00)	-2. 8526 (-1. 43)	-2. 2788 (-0. 21)
transport	-0. 1382 (-0. 63)	0. 1828 (0. 32)	0. 1785 (0. 40)	1. 0382 (1. 20)	-1. 2595* (-1. 80)	-9. 3880*** (-3. 81)
edu	0. 0342 (0. 66)	0. 2377 (1. 28)	-0. 0272 (-0. 26)	0. 0000 (0. 00)	-0. 0042 (-0. 12)	-0. 1113** (-2. 46)
open	-0. 1852 (-0. 78)	-2. 3785 (-1. 52)	-0. 3986 (-0. 30)	-2. 5211 (-1. 50)	0. 7410 (0. 56)	-3. 3253 (-0. 87)
hosinsurance	-0. 0144 (-1. 34)	0. 0627** (1. 98)	-0. 1083 (-1. 53)	2. 1285** (2. 17)	-0. 1870 (-0. 87)	0. 4554 (0. 66)
R^2	0. 3439	—	0. 6974	—	0. 1469	—
AR（1）	—	0. 0000	—	0. 0000	—	0. 0000
AR（2）	—	0. 0000	—	0. 0000	—	0. 0000
Sargan 值	—	0. 0000	—	0. 0000	—	0. 0000
样本容量	77	55	56	40	77	55

注：括号中的数值为 t 值，***、**和*分别表示在 1%、5% 和 10% 的显著性水平下通过检验。FE 和 Twostep DiffGMM 分别表示固定效应模型估计和两步差分广义矩估计。以上结果都表示有城乡社会保障水平差异（*hosinsurance*）这一控制变量的实证结果，面板数据范围为 2006—2012 年。

城乡收入差距（*income*）在东部、中部、西部3个地区都对城乡消费差距具有显著的扩大效应，与全样本下的实证结果相符。

城镇化水平（*urban*）在东部会拉大城乡消费差距，而在中部和西部地区则会缩小城乡消费差距。出现这种结果可能的原因是，东部地区的城镇化进程已经达到较高水平，留在农村地区的劳动力获得收入进而提升消费水平的能力更低。而且，东部地区的城镇地区收入水平相对更高，这种城乡收入水平的巨大差距限制了其城乡消费差距的缩小。因此，东部地区呈现出城镇化水平拉大城乡消费差距的情况。而中西部地区的城镇化进程还处于相对初始的阶段，随着城镇化水平的提高，农村居民的收入水平可以获得较大的提高，城乡消费差距就会缩小。

城乡居民储蓄差异（*save*）在东部和中部地区会缩小城乡消费差距，在西部地区会拉大城乡消费差距。这说明，由于东部和中部地区本身的经济发展水平、生活水平较高，人们已经形成了较为稳定的消费。这时居民就可能因为其收入水平提高、消费水平相对稳定而拥有更多的可储蓄收入，城乡居民储蓄差异度增大，但其消费差距并不会扩大，反而可能由于其他原因而缩小。而在相对落后的西部地区，人们生活水平较低，需要将其绝大部分的收入用来维持消费，尤其是农村居民可储蓄收入占其总收入的比例很小甚至为零。因此，当城乡居民消费储蓄差异度增大时，说明城镇居民的收入水平提高，可储蓄收入增加，其消费水平自然也会提高，城乡消费差距就会拉大。

政府财政支农规模（*agrisupport*）对城乡消费差距的影响在东部、中部、西部3个地区都不显著。这一结果进一步证实了政府的财政支农政策不会给农村地区带来较大的经济增长，农村居民的收入水平不能得到较大提高，城乡消费差距也不会发生显著改变。

交通基础设施水平（*transport*）在东部地区对城乡消费差距的影响不显著，而在中部和西部地区会缩小城乡消费差距。原因在于，东部地区发展程度高，地区交通基础设施较为完善，所以地区交通基础设施水平的变化不会对城乡消费差距产生显著影响。而中部和西部地区发展程度相对较低，地区交通基础设施水平较低。当交通基础设施水平提高时，地区的消费条件将会得到较大的改善，居民消费水平提高，城乡消费差距缩小。

城乡义务教育水平差异（*edu*）在东部地区会拉大城乡消费差距，在中部和西部地区会缩小城乡消费差距。我国中部和西部地区的教育水平要相对低于东部地区，因此，中部和西部地区受教育程度的提高将会更大程度地增加居民收入。农村居民的受教育程度提高，其收入水平会获得较大的提高，城乡居民的消费差距也就呈缩小的趋势。

经济开放水平（*open*）的提高在东部和中部地区均有助于缩小城乡消费差距，但在西部地区却会拉大城乡消费差距，原因在于西部地区地处内陆，不是经济对外开放主要的受益地区，经济开放集中在城镇地区。所以，西部地区的经济开放水平一旦提高，城镇居民的受惠程度会远远高于农村居民，城乡消费差距会拉大。

固定效应模型估计下，城乡社会保障水平差异（*hosinsurance*）在东部、中部、西部地区对城乡消费差距的影响都不显著。但在差分广义矩估计下，城乡社会保障水平差异都显著拉大了城乡消费差距，这一结论补充了全样本下的实证结果，证明了城乡社会保障水平的差异程度越大，城乡消费差距就会越大。

六、结论与政策含义

本文利用我国2000—2013年30个省（自治区和直辖市）的省级动态面板数据模型分析了产业结构升级对城乡消费差距的影响。实证分析发现，无论是在全样本分析还是东部、中部、西部的分样本分析，产业结构升级的两个指标（地区整体产业结构升级和农村内部产业结构升级）都能够有效地缩小城乡消费差距，验证了两个理论假说。另外，各个控制变量对城乡消费差距也分别具有不同的影响。这些实证分析结果对缩小我国城乡消费差距具有一定的参考意义。

具体来说，本文可得出以下结论和政策启示：

（1）产业结构升级可有效缩小我国城乡消费差距。从本文设定的产业结构升级的两个指标来考虑，地区整体产业结构升级和农村内部产业结构升级都能够有效地缩小城乡消费差距。因此，地区经济发展应该考虑从两个方向出发：一是通过实现地区整体的产业结构升级，使地区产业发展能够实现资源的合理配置与高效利用，从而实现地区经济在“高质量”下稳步增长；二是要重视农村内部的产业结构升级，通过农业产业化和农村地区非农产业的开发，实现农村劳动力由附加值较低的农业产业向附加值更高的非农产业流动，通过农村居民收入水平的提高来促进其消费水平的提高，进而缩小城乡消费差距。例如，通过农地流转、农业现代化、农业规模化等措施，将分散的农村资源有效集中，使一部分农村劳动力从农业当中分离出来，成为农业产业工人、农村服务业从业者等，这种农村劳动力的就业结构转变对于缩小城乡消费差距具有重要意义。农村内部产业结构升级对于经济较为发达的东部地区已经凸显出缩小城乡消费差距的趋势，中部和西部地区应该加强对农村内部产业结构升级的重视程度，通过农村产业升级带动地区经济发展，提高农村居民生活水平，缩小城乡居民消费差距。

（2）从影响城乡消费差距的其他因素看，经济发展水平的提高、城镇化水平的提高、交通基础设施水平的改善，以及经济开放水平的提高都有助于缩小城乡消费差距；而城乡收入差距的扩大、城乡居民储蓄差异程度的增大、城乡义务教育水平差异的增大，以及城乡社会保障水平差异的扩大都会拉大城乡消费差距。因此，从根本上讲，政府首先应该加快改革城乡二元经济结构，努力打破城乡障碍，促进生产要素在城镇与农村之间自由流动。其次，加强基础设施建设，可以为地区经济发展、对外开放建立良好的物质基础与市场环境，促进“城镇地区带动农村地区、发达地区带动落后地区、优势产业带动弱势产业”，减小农村居民与城镇居民的物质生活水平的差异程度，进而缩小城乡消费差距。具体可以从改善基础设施、加大对农业发展的财政支持力度、缩小城乡教育不平等程度等问题入手，为农村地区发展注入更多动力，均衡发展城镇与农村经济，缩小城乡消费差距。

参考文献

[1] Anand, S., R. Kanbur. The Kuznets Process and the Inequality Development Relationship [J]. *Journal of Development Economics*, 1993 (1): 25-52.

[2] JEH Davidson, DF Hendry, F. Srba, S. Yeo. Econometrics Modelling of the Aggregate Time – Series Relationship between Consumers' Expenditure and Income in the United Kingdom [J]. *The Economic Journal*, 1978 (88): 661 –692.

[3] Roodman, D. How to do xtabond2: An Introduction to Difference and System GMM in Stata [J]. *The Stata Journal*, 2009 (9): 86 –136.

[4] Sarani Saha, Poulomi Roy & Saibal Kar. Public and Private Sector Jobs, Unreported Income and Consumption Gap in India: Evidence from Micro – data [J]. *The North Amerian Journal of Economics and Finance*, 2014 (7): 285 –300.

[5] 白永秀，吴丰华，周江燕，吴振磊. 中国省域城乡发展一体化水平评价报告 [M]. 北京：中国经济出版社，2014.

[6] 樊纲，王小鲁. 消费条件模型和各地区消费条件模型 [J]. 经济研究，2004 (5).

[7] 范秀荣，贺本岚. 中国城乡居民消费差距指数分析与对策建议 [J]. 西北农林科技大学学报，2009 (3).

[8] 方福前. 中国居民消费需求不足原因研究 [J]. 中国社会科学，2009 (2).

[9] 高帆. 我国城乡消费差距变动：特征、成因及转折点分析 [J]. 学术研究，2013 (10).

[10] 胡若痴. 二元经济结构下我国农村消费的情况、制约因素与对策研究 [J]. 消费经济，2010 (1).

[11] 康绍祥，汪浩瀚，徐建军. 流动性约束下我国居民消费行为的二元结构与地区差异 [J]. 数量经济技术经济研究，2010 (3).

[12] 邝小文. 城市偏向与城乡居民消费差距 [J]. 消费经济，2012 (5).

[13] 廖直东，宗振利. 收入不确定性、乡城移民消费行为与城镇化消费效应——基于微观数据的审视 [J]. 现代财经，2014 (4).

[14] 李武. 基于凯恩斯消费函数的我国城乡居民消费差异实证分析[J]. 统计研究，2007 (6).

[15] 林毅夫，陈斌开．重工业优先发展战略与城乡消费不平等——来自中国的证据［J］．浙江社会科学，2009（4）．

[16] 刘厚莲．人口城镇化、城乡收入差距与居民消费需求——基于省际面板数据的实证分析［J］．人口与经济，2013（6）．

[17] 刘辉煌，李峰峰．动态耦合视角下的收入分配、消费需求与经济增长［J］．中国软科学，2013（12）．

[18] 罗楚亮．经济转轨、不确定性与城镇居民消费行为［J］．经济研究，2004（4）．

[19] 马成文．我国城乡居民消费差异分析［J］．消费经济，1998（1）．

[20] 潘文轩．我国城乡居民消费行为的差异性及其政策含义［J］．统计研究，2010（8）．

[21] 孙爱军．中国城乡居民消费差距的现状及其影响因素分析——基于1996—2009年省际面板数据的实证研究［J］．北京工商大学学报，2013（2）．

[22] 孙凤，王玉华．中国居民消费行为研究［J］．统计研究，2001（4）．

[23] 孙颖，刘宁宁．城镇化进程中城乡居民消费差距影响因素分析［J］．商业经济研究，2015（12）．

[24] 王锋．我国农村消费市场发展现状、制约因素及其拓展对策［J］．农村经济，2009（3）．

[25] 王红梅，吕阳．城乡二元经济结构下的消费需求比较分析［J］．中国特色社会主义研究，2010（3）．

[26] 王笳旭．人口老龄化对我国城乡居民消费差距的影响研究——基于省际动态面板数据的实证分析［J］．当代经济科学，2015（5）．

[27] 王子敏．基于空间溢出视角的城乡消费差距问题研究［J］．农业技术经济，2012（2）．

[28] 武晓霞．省际产业结构升级的异质性及影响因素——基于1998—2010年28个省区的空间面板计量分析［J］．经济经纬，2014（1）．

[29] 徐敏，姜勇．中国产业结构升级能缩小城乡消费差距吗？［J］．数量经济技术经济研究，2015（3）．

[30] 杨华磊，周晓波. 中国城乡及省际人均收入、人均消费数据中凸显的唯象法则 [J]. 数经济研究，2012 (1).

[31] 杨汝岱，陈斌开. 高等教育改革、预防性储蓄与居民消费行为[J]. 经济研究，2009 (8).

[32] 臧旭恒，裴春霞. 转轨时期中国城乡居民消费行为比较研究 [J]. 数量经济技术经济研究，2007 (1).

[33] 张利庠. 二元结构下的城乡消费差异分析及对策 [J]. 中国软科学，2007 (2).

灾害冲击、国家救助与经济增长
——兼论中国财政救灾的政策效果

赵仁杰　何爱平

摘　要：灾害冲击如何影响经济增长，一直是经济学家争论不休的话题，但有关中国的经验研究却明显不足。利用四川省2003—2013年181个县（区）的数据，本文研究了汶川地震对灾区经济增长的影响以及国家救助振兴灾区的作用。结果表明，第一，地震灾害在当期显著地降低了受灾地GDP和人均GDP，对动态效应的检验结果表明，控制了国家救助政策后，地震对灾区的长期经济增长仍然具有不利影响。第二，灾后的国家救助能够有效推动受灾地的经济增长，其作用机制主要体现在提高灾区固定资产投资水平、改善交通条件、推进城市化和工业化进程等方面。第三，国家救助对受灾地第三产业、民营经济和人力资本积累的作用并不明显。究其原因，其中既有灾害对人口及就业结构本身的影响，也与国家救助政策的偏向有关。在以国家救助推动灾后重建的同时，还应该通过政策改进引导救助资金向第三产业和民营经济倾斜，促进灾后的经济结构调整和人力资本积累，这有助于提高灾害救助资金的使用效率，最大限度地降低灾害对经济发展的长期不利影响。

关键词：灾害冲击　国家救助　经济增长　汶川地震

作者简介：赵仁杰（1991—），陕西洛南人，上海财经大学公共经济与管理学院2017级财政学专业博士研究生；何爱平（1967—），河南济源人，西北大学经济管理学院教授。

一、引 言

当今世界面临的一个重大挑战在于如何应对20世纪70年代以来日益频繁的自然灾害对人类经济社会发展带来的冲击，并且，迎接这一挑战的关键在于正确认识和评估灾害冲击对经济增长和社会福利的长期影响（Jeroen，2016；Jeroen and Kay，2014）。由于媒体的普及，灾害造成的当期影响能很快让大众意识到，如死亡、伤痛和物质资本的毁坏。然而，随着时间的流逝和灾后救助项目的实施，灾害冲击的长期影响在人们的认识中会越来越模糊，难以为日后的灾害应对提供足够的经验支撑和知识积累（Guglielmo & Sauro，2014），这不利于提高人类应对灾害的能力。因此，在灾害过去的数年之后重新研究灾害冲击对经济发展的作用、评估灾害救助政策的效果，成为经济学家们的一项重要工作，也是经济学研究一直关注的重点问题。

从 Albala－Bertrand（1993）的开创性研究开始，关于灾害对经济增长的直接影响总共形成了30多项可供比较的研究成果，提供了数千个估计结果（Jeroen & Kay，2014）。但即便如此，现有文献对这一问题的认知至今仍未达成一致。一些研究认为自然灾害作为一种负向冲击，会对受灾地的物质资本、人力资本和制度环境造成不利影响，从而对经济增长产生明显的减值效应（Rasmussen，2004；Noy，2009；Loayza et al.，2012；Brollo et al.，2013）。但另外一些研究指出，自然灾害对经济增长不仅没有阻碍作用，反而会通过颠覆性创造（Creative destruction）加速受灾地资本投资，促进经济增长（Skidmore & Toya，2002；Cuaresma et al.，2008；Cavallo et al.，2013）。除此之外，还有学者认为由于数据选取和自然灾害类型不同（Gabriel and Jasmin，2014；杨萍，2012），以及不同受灾地制度背景等因素的影响（Guglielmo & Sauro，2014），灾害冲击对经济增长的影响是动态变化的，在研究时应该具体分析，区别对待。

总体上，支持灾害冲击推动经济增长的文献主要强调了灾后大规模救助可以帮助受灾地迅速扩大资本投资、完善基础设施（Okuyama，2003；Hallegatte & Dumas，2009），推动企业设备更新和技术升级（Fischer & Newell，

2008）。但也有文献指出，灾后救助对受助地经济发展的作用取决于救助资金的使用效率和救助项目的合理性。在约束机制欠缺和制度设计不完善的背景下，外部救助不仅难以推动受助地经济增长，反而会助涨其非生产性消费，降低政府公共产品的实际投入占比，加剧政府腐败和破坏激励机制，使得受助地区陷入救助陷阱（Boone，1996；Clement et al.，2012）。可见，即使对于灾后救助政策的效应，现有研究也存在较大分歧。中国是世界上自然灾害最严重的国家之一，也具有强有力的国家灾害救助制度。但从上述文献可以发现，现有研究大多以发达国家或者非洲为研究对象，有关中国灾害冲击、国家救助与经济增长关系的实证研究严重不足。而国内的相关研究大多采用时间序列数据或省级数据，运用单差法研究自然灾害与经济增长的关系（贾美芹，2013；王晓丽、栾希，2013；闫绪娴，2014；唐彦东等，2014），所得出的结论难以克服由于受灾地经济发展本身的差异所导致的估计偏差。同时，为了识别灾害对经济增长的净影响，还需要充分考虑国家灾害救助的作用（Guglielmo & Sauro，2014）。但现有关于汶川地震对经济增长的研究并未有效控制国家救助的效应。因此，从中国应对巨大灾害的经验出发，采用更为科学的方法研究灾害冲击对经济增长的影响，评估灾害救助政策的效应，不仅可以完善现有关于灾害冲击与经济增长的文献，还能够为准确认识和改进中国的“举国救灾”模式提供实证支撑。

本文正是基于上述两个方面的考虑，试图以改革开放以来破坏力最大的汶川大地震为例，基于双重差分方法研究灾害冲击对经济发展的影响。本文的发现和贡献主要体现在：第一，利用四川省 181 个县（区）2003—2013 年的面板数据，运用双重差分倾向得分匹配法（Difference in Difference - Propensity Score Matching，PSM - DID），科学评估灾害冲击对经济增长的作用。本文发现灾害不仅会对当期经济增长产生不利影响，从长期动态效应来看，地震灾害仍然对灾区经济增长具有显著的负向作用，本文的研究支持了灾害冲击是一种“减值经济”的结论（何爱平，2006）。第二，基于受灾地财政支出数据，我们构造了灾害救助变量，并将此作为国家救助因素进行控制。结果发现，如果不考虑国家救助的作用，灾害对经济增长的不利影响会被低估，中国的“举国救灾”模式确实有助于推动受灾地经济恢复。第三，进一步研究国家救助政策的作用机制，本文发现以财政投入为主要手段、灾后重建为主要目标的国家救助能有效提升受灾地的固定资产投资、交通条件、城市化和工业化水平，但对第三产业和民营经济的影响并不明显。究其原因，既有灾害对人口及就业结构本身的影响，也与国家救助政策的偏向有关。通过政策改进引导救助资金向第三产业和民营经济倾斜，在国家救助中更加注重灾害对经济结构的不利影响，对于推动受灾地灾后经济发展、提升中国灾害应对能力具有重要意义。

本文后续部分安排如下：第二部分是文献述评；第三部分介绍本文的数据、变量和描述性统计；第四部分主要是实证方法与识别策略；第五部分交代实证结果及其解释；第六部分进行稳健性检验；第七部是结语。

二、文献评论

自然灾害如何影响经济产出和增长轨迹，经济学理论对灾害冲击的短期和长期经济后果得出了怎样的结论，在过去的近半个世纪以来，这些问题似乎成为困扰经济学家的重症。在新古典经济增长模型中，地震灾害被设定为一种对资本积累的负向冲击，会导致受灾地经济发展偏离原有轨迹，在短期内出现快速的经济下滑（Guglielmo & Sauro，2014）。从新古典增长理论的这一假定出发，学者们通过大量实证研究来验证灾害冲击对经济发展的不利影响，并试图在全球范围内找到经验证据。

Rasmussen（2004）以加勒比地区为例，通过对比分析指出自然灾害会使得受灾地经济产出下降 2.2%，灾后的大规模重建也难以使受灾地的经济产出恢复到灾前水平。从全球突发事件的样本来看，严重的地理灾害会对经济增长产生毁灭性打击，甚至会对整个经济运行系统产生不利影响，这种间接影响会使得受灾地在数年之内难以恢复经济增长（Cavallo & Noy，2010）。欧洲的洪水灾害、美国的飓风灾害都对公司和个人的资本投资产生负向作用，自然灾害降低了人们对资本投资的收益预期，使得受灾地企业面临较高的融资成本，对企业生产和经济增长带来不利影响（Leiter et al.，2009；Strobl，2011）。除此之外，来自非洲等经济落后地区的研究表明，灾害冲击会对人力资本积累产生不利影响，这一机制会在长期影响灾区经济发展。Beegle et al.（2005）运用坦桑尼亚的家庭调查数据发现，为了抵御农业灾害对家庭收入的冲击，家庭会选择让儿童更早地加入农业生产。自然灾害对学校等教育设施的毁坏会加剧教育资源的紧张程度，导致受灾地居民的平均受教育水平下降（Checchi & Penalosa，2004）。即使政府通过灾后重建提供了良好的教育条件，但灾害冲击导致了大量的人口流出，受灾地人口数量和质量出现明显下降，人力资本水平难以改善（Donner & Rodriguez，2008）。并且，灾害冲击对受灾地居民人力资本积累的不利影响会通过代际遗传持续下去（Caeuso & Miller，2015）。因此，无论是从短期的物质资本毁坏，还是长期的资本投资、人力资本积累角度来看，灾害冲击都会对经济发展产生不利影响。

但是，对灾害冲击阻碍经济增长持反对观点的学者认为，上述研究仅仅关注了灾害冲击本身的负向作用，并未充分考虑灾后救助政策的作用，特别是国家大规模救助的效应。Albala - Bertland（1993）最早从实证层面提出灾后救助和经济社会的恢复机制能够有效降低灾害对经济系统的负向冲击，自然灾害不会对经济发展产生不利影响。随后，大量学者基于熊彼特的“创造性破坏”理论，指出灾害冲击为改变原有的资本积累和技术水平提供了机会（Okuyama，2003；Fischer & Newell，2008），灾后大规模救助投入能够有效改善受灾地的资本投资水平和基础设施条件，政府政策支持会激励企业开发新技术（Hallegatte & Dumas，2009），灾害冲击对经济发展的影响是一种正向的颠覆性创造（Cuaresma et al.，2008；Cavallo et al.，2013）。即使灾害冲击造成人口外流和人力资本下降，但如果政府能够通过灾后救助为受灾地提供更好的生存条件和教育资源，满足劳动力知识学习和技术提升的需求，从长期来看，受灾地的人口数量和质量不仅没有显著下降，反而会逐渐提高（Skidmore & Toya，2002；Heylen & Pozzi，2007）。因此，灾害冲击对经济发展无论是在短期还是长期不仅不会产生负向作用，反而会成为受灾地区快速发展的机遇。

在上述两种观点的争论中，一个核心问题在于灾后的国家救助能否真正发挥作用。因此，在研究灾害冲击对经济发展的影响时，还需要单独识别国家救助政策的作用（Guglielmo & Sauro，2014）。然而，由于数据限制等原因，很多关于灾害与经济发展的研究都未充分考虑这一点，国内的相关研究更是如此。即使在包含了国家救助的文献中，关于救助对地区经济发展作用的认识也并不一致。大部分研究认为，国家救助确实会对受灾地及落后地区的物质资本投入、基础设施建设和公共服务产生积极影响，甚至提高地区的技术水平和对外贸易（Hatemi & Irandoust，2005；Bhavana，2010）。但是，以资本投入为主的救助政策也会给受助地的制度环境造成不利影响。资本投入增加的同时也意味着政府财政支配权力的扩张，在缺乏约束机制的条件下，公共部门扩张会导致非生产性消费增加，并对非公共部门形成挤压（Boone，1996；Clement et al.，2012）。具体到灾害救助上，以财政投入为主的国家救助存在政策偏向，更多地关注基础设施建设和建筑物恢复，对经济结构和制度环境等关注不够，这可能会导致灾害救助政策推动灾区经济发展的作用受限。

通过文献梳理可以发现，本文的研究与两大类文献直接相关。第一类文献是关于自然灾害与经济发展的关系。本文试图通过考察汶川大地震 5 年后灾区的经济发展，为这一支文献的研究结论提供来自中国的经验证据支撑。第二类文献是关于国家救助政策的讨论。本文基于财政支出数据构造了地震后的国家救助变量，并将其纳入对灾害冲击影响经济发展的分析中。同时，重点分析以财政投入为主要形式的灾害救助政策发挥效应的作用机制，在总结其政策绩效的同时发现其存在的问题，提出政策改进建议。

三、数据、变量与描述性统计

本文以汶川大地震为例，利用四川省 181 个县（区）2003—2013 年的面板数据，研究灾害冲击对经济增长的直接影响和动态效应，并基于财政支出数据构造国家救助变量，分析灾害救助对受灾地经济增长的作用，识别国家救助发挥作用的具体途径。本文所用到的数据来源于历年《四川统计年鉴》和《中国区域经济统计年鉴》。关于县级灾区变量的设置，本文根据国家 2008 年的《汶川地震灾害范围评估报告》中公布的四川省 39 个重灾县（名单）和 10 个四川省确定的重灾县和以及 3 个攀—会重灾县名单，设置地震灾区变量。各变量的具体含义与计算方法如表 1 所示。

表1　主要变量的含义及计算方法

变量性质	变量名称	具体含义	计算方法
被解释变量	ln*gdp*	地区实际 GDP	地区实际 GDP 取对数
	ln*pergdp*	地区实际人均 GDP	地区实际人均 GDP 取对数
核心解释变量	*earthquake*	汶川地震	虚拟变量（0，1）
	ln*aid*	国家救助	（实际财政支出－潜在财政支出）取对数
控制变量	*thirdindustry*	第三产业占比	地区第三产业产值/地区 GDP
	industry	工业化	地区第二产业产值/地区 GDP
	urban	城市化	地区非农业人口/总人口×100
	edu	教育水平	普通高等学校在校人数/地区总人口×10000
	ln*fisical*	财政支出水平	地区财政支出总额取对数
	far	固定资产投资水平	地区固定资产投资额/地区国内生产总值
	private	民营经济发展	地区民营经济产值/地区国内生产总值
	traffic	交通条件	地区公路里程数/地区行政面积
	ln*pop*	人口数	地区年末总人口

为了度量地区经济发展，按照文献中的普遍做法，本文将地区实际 GDP 的对数值 ln*gdp* 和地区实际人均 GDP 对数值 ln*pergdp* 作为被解释变量。其中，各县（区）名义 GDP 的数据来源于《四川统计年鉴》，考虑到数据的可比性，本文以 2003 年为基年，利用 GDP 增长率测算得到实际 GDP 数据。地区人均 GDP 的数据用地区实际 GDP 除以当年地区年末总人口得到，所有原始数据均来源于历年《四川统计年鉴》。汶川地震虚拟变量（*earthquake*），借鉴已有文献，在本文的样本范围内，如果该县（区）在 2008 年及以后属于汶川地震重灾区，则赋值为 1；否则为 0。后文的稳健性检验中，采用双重差分倾向得分匹配方法时，指定县（区）变量为个体 ID，使用 Logit 估计倾向得分，进行基于倾向得分的核匹配（Kernel Matching）。为了控制其他因素的影响，我们还选取了一系列控制变量，包括政府财政支出（ln*fisical*）、固定资产投资水平（*far*）、城市化率（*urban*）、地区工业化（*industry*）和第三产业比重（*thirdindustry*）、每万人高等教育在校人数（*edu*）、民营经济发展（*private*）、地区交通

条件（*traffic*）和年末总人口（ln*pop*）等。表 2 是各变量的描述性统计结果。

表 2　主要变量描述性统计

变量名称	最大值	最小值	均值	标准差
ln*gdp*	15. 178	8. 971	12. 624	1. 392
ln*pergdp*	11. 584	7. 647	9. 178	0. 772
earthquake	1	0	0. 298	0. 458
ln*rescue*	13. 187	0	3. 418	3. 980
far	6. 621	0. 096	0. 786	0. 685
ln*fisical*	13. 744	5. 878	11. 148	0. 995
industry	0. 811	0. 006	0. 342	0. 191
thirdindustry	0. 851	0. 094	0. 322	0. 110
urban	100	4. 6	34. 629	22. 095
edu	4366. 417	30. 151	520. 869	265. 896
private	0. 894	0. 098	0. 508	0. 079
traffic	17. 094	0. 032	0. 877	0. 802
ln*pop*	5. 091	0. 875	3. 481	1. 024

这里需要重点说明的是本文的灾害救助变量。大量文献指出，以财政资金投入为主要方式的灾害救助会直接对受灾地经济增长和居民收入、消费产生影响（Raschky & Schwindt，2012；Guglielmo & Sauro，2014；卓志、段胜，2012；卢晶亮等，2014；张文彬等，2015）。并且，灾害救助往往在灾害发生后立即产生。在研究灾害冲击对经济增长的影响时，如果不能有效控制救助因素的信息，可能会导致估计结果的偏差。以汶川地震为例，灾害发生后的当年，中央财政就下拨 417. 94 亿元救助款，在随后的 3 年灾后重建中，各级政府更是投入资金 1. 7 万亿元，如此大规模的资金投入必然会影响到识别灾害对经济增长的净效应。除此之外，研究国家救助对受灾地经济增长的影响具有更加重要的意义，控制救助变量有助于更加清楚地研究灾害与救助分别对经济增长的作用。遗憾的是，迄今为止国家和各级政府均未公布关于汶川地震各受灾县（区）获得灾害救助的详细数据。但是，如前文所述，汶川地

震后国家救助主要采取财政资金投入的形式，各地区灾后的财政支出状况在很大程度上反映了它们得到的国家救助力度，为此，我们基于财政支出数据测算国家救助变量。首先，我们根据各地区 2003—2007 年的实际财政支出，测算这 5 年内地区财政支出的平均增长率。其次，基于这一增长率，我们以 2007 年为基年，计算各地区在 2008—2013 年的潜在财政支出数据，这一数据反映了没有灾害冲击时财政支出的潜在状况。最后，将受灾地 2008—2013 年实际财政支出减去潜在财政支出，其差值就是本文中受灾地灾后获得国家救助的力度。

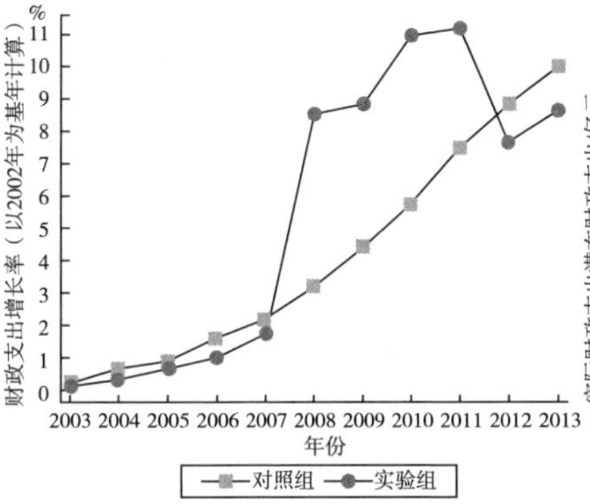

图 1　2003—2013 年财政支出增长率

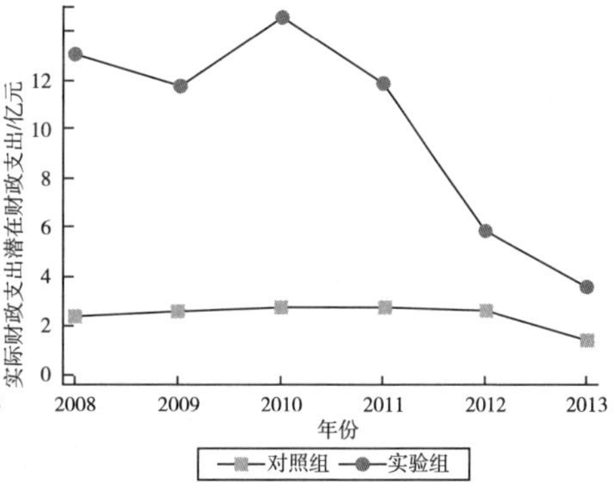

图 2　实际财政支出减潜在财政支出

那么，本文基于财政支出数据测算国家救助力度是否合理呢？图 1 显示了以 2002 年财政支出为基准，对照组和实验组的财政支出增长率情况。可以发现，在汶川地震之前，实验组财政支出增长率始终低于对照组，并与对照组保持相对统一的增长趋势，但是到了 2008 年之后，试验组财政支出增长率迅速提高，直到 2012 年三年灾后重建政策到期后，实验组财政支出增长率又重新回落。这表明受灾地确实在灾后获得了大量的财政投入，并且与国家救助政策相一致，财政支出信息可以反映国家灾害救助状况。图 2 是实际财政支出与潜在财政支出的差值。可以发现，2008 年以后对照组实际财政支出状况仅仅略高于以前 5 年平均增长率计算而来的潜在支出，其程度和趋势并不明显。但对于实验组，这一差值则非常大，其趋势也符合国家救助政策的现实状况。因此，我们可以认为实验组在 2008 年以后实际财政支出与潜在财政支出的差值可以反映其获得国家救助的力度，后文中我们就将此变量作为国家救助政策的度量指标。主要变量的描述性统计结果如表 2 所示。

四、计量模型与估计方法

自然灾害可以被看作是影响地区经济发展的外在冲击，在评价这种外部冲击的影响时，使用双重差分法（Difference in Difference）进行分析更为有效（Ashenfelter & Card，1985；Gruber & Poterba，1994）。借鉴已有文献（张文彬等，2015），结合 2008 年国家年公布的《汶川地震灾害范围评估报告》。汶川大地震中，四川省共 51 个重灾县（区），其中有 10 个极重灾区（县），本文将 2008 年被确认为地震重灾县的样本作为灾害冲击的实验组，其他非重灾县样本则构成对照组。然后，进一步将 2003—2013 年 181 个县（区）划分为 4 个子样本，即地震前的实验组、地震后的实验组、地震前的对照组和地震后的对照组。通过设置 du 和 dt 两个虚拟变量将上述 4 组子样本区别开来，其中，变量 du 在实验组的赋值是 1，在控制组的赋值是 0，即 $du=1$ 代表被认定为重灾区的样本，$du=0$ 代表非重灾区样本；变量 dt 在地震前是 0，地震之后的赋值是 1，即 $dt=0$ 代表地震之前的年份，$dt=1$ 代表地震之后的年份。根据上述的样本界定，可以将双重差分法的基准回归模型设定如下

$$Y_{it} = \beta_0 + \beta_1 du_{it} + \beta_2 dt_{it} + \beta_3 du_{it} \times dt_{it} + \beta_4 rescue_{it} + \beta_5 X_{it} + \varepsilon_{it} \qquad (1)$$

其中，下标 i 和 t 分别表示第 i 个县（区）的第 t 年；β_1度量了重灾县（区）自身的效应，β_2代表了时间趋势效应，β_3则度量了灾害冲击对经济增长的影响，如果地震给受灾地经济发展造成了不利影响，则β_3的系数应该显著为负，反之则为正。$rescueit$ 表示第 i 个受灾县 t 年获得的国家救助，如果国家救助有助于推动受灾地经济发展，那么β_4的系数应该显著为正。X 是一系列控制变量，ε 是随机扰动项，被解释变量 Y 度量了受灾县（区）的经济发展，具体指标包括实际 GDP 对数值和实际人均 GDP 的对数值。

表 3　双重差分模型各参数含义示意表

	地震前 $dt=0$	地震后 $dt=1$	*Difference*
受灾地区（处理组，$du=1$）	$\beta_0+\beta_1$	$\beta_0+\beta_1+\beta_2+\beta_3$	$\Delta Y_t=\beta_2+\beta_3$

续表

	地震前 $dt=0$	地震后 $dt=1$	*Difference*
其他地区（对照组，$du=0$）	β_0	$\beta_0+\beta_2$	$\Delta Y_0=\beta_2$
Difference in difference			$\Delta\Delta Y_0=\beta_3$

表3中明确了双重差分模型中各参数的具体含义，根据式（1），对于地震重灾区（即 $du=1$ 的样本），在地震灾害前后，其经济发展状况分别是 $\beta_0+\beta_1$ 和 $\beta_0+\beta_1+\beta_2+\beta_3$，可见地震前后受灾地区经济发展的变化为 $\Delta Yt=\beta_2+\beta_3$，这一变化包含了灾害冲击和其他因素的共同作用。同样，对于其他非重灾区（对照组，即 $du=0$ 的样本）来说，地震前后的经济发展水平分别是 β_0 和 $\beta_0+\beta_2$，可以发现，非重灾区的县（区）在地震灾害前后经济发展的变化是 $\Delta Y_0=\beta_2$，这个差异并没有包含地震灾害对地区经济增长的影响。因此，用实验组在地震前后经济发展水平的差异 $\Delta Yt=\beta_2+\beta_3$ 减去实验组在地震前后经济发展水平的差异 $\Delta Y_0=\beta_2$，就可以得到地震灾害对受灾地区经济发展的净影响 $\Delta\Delta Y=\beta_3$，这是本文运用双重差分方法估计的重点。如果地震真的降低了受灾地的经济发展水平，那么 β_3 应该显著为负。并且，如果国家救助政策对灾区经济发展产生了推动作用，在控制了救助政策的效应后，β_3 的绝对值应该显著增大。

除此之外，灾害冲击对经济发展的影响可能存在长期效应（Guglielmo and Sauro，2014），即随着时间的推移，灾害冲击对经济增长的短期影响可能逐渐消失，也可能在长期内仍然存在。因此，地震对受灾地长期经济发展的影响会存在动态效应。也就是随着国家灾害救助和灾后重建政策的实施，地区经济发展的要素不断完善，地震对灾区经济发展带来的不利影响会逐渐消失。为了检验这一推测，我们将模型（1）变形如下：

$$Y_{it} = a_0 + a_1 du_{it} + a_2 dt_{it} + \sum a_k du_{it} \times dt_{itj}^{k} + \sum aj \times X + \varepsilon_{it} \qquad (2)$$

其中，$du_{it}\times dt_{it}^{k}$ 表示汶川地震重灾区受到灾害冲击的第 k 年的年度哑变量（$k=-3, -2, 0, \cdots, 5$）。例如，在汶川地震发生的前两年，那么在2006年时 $k=1$，变量 $du_{it}\times dt_{it}^{1}=1$；在其余年份则赋值为0。因此，系数 ak 度量了在地震灾害发生的第 k 年灾害冲击对受灾地经济发展的影响。同时，在进行动态效应检验时还需要控制其他控制变量。

本文所利用的双重差分方法具有一个重要前提，即在没有汶川地震时，地震重灾县（区）与非重灾县的经济增长随时间的变动趋势并不存在系统性差异。然而，从地震重灾区与其他地区的经济发展现实来看，地震越严重的地区其自然地理和经济发展条件往往较差，原有的经济发展水平可能更低。因此，双重差分方法所要求的共同趋势假设很有可能难以满足。针对这一问题，Heckman et al.（1997、1998）提出采用双重差分倾向得分匹配估计（PSM－DID）方法来解决面板数据下影响处理变量的不可观测因素不随时间变动的情况，确保双重差分方法的估计结果更加符合共同趋势假设。具体来说，在未受到地震灾害的对照组中找到某个县（区）j，使得 j 与受到地震灾害的处理组中的县（区）i 的可观测变量尽可能相似（匹配），即 $X_i \approx X_j$，匹配后的处理组和对照组受地震灾害的概率相近，就能够相互比较。具体操作中，本文首先根据处理组变量与控制变量估计倾向得分，一般运用 Logit 回归实现；然后再计算地震重灾区中每个县（区）其结果变量在地震前后的变化，对于地震重灾区中的每个县（区）i，计算与其相匹配的全部非地震重灾区的县（区）在地震前后的变化；最后，将地震重灾区的县（区）在地震前后的变化减去匹配后非地震重灾区县（区）的变化就得到灾害冲击的平均处理效应（ATT），而平均处理效应可以有效度量灾害冲击对地震重灾区经济发展的实际影响，也是本文利用 PSM－DID 进行检验的根据。

五、计量结果与实证分析

1. 灾害冲击对受灾地经济发展的直接影响

本文首先检验汶川地震对受灾地经济发展的直接影响。地震灾害具有突发性、自然性特征，对此可以将地震灾害看作是对特定地区经济发展的“准自然试验”。因此，根据模型（1），本文首先利用双重差分方法来研究地震对受灾地经济发展的影响。回归结果如表 4 所示。

表 4　灾害冲击对经济发展的直接影响

	(1)	(2)	(3)	(4)	(5)	(6)
	lngdp	lnpergdp	lngdp	lnpergdp	lngdp	lnpergdp
du	0.254*** (2.590)	0.172*** (3.192)	0.267*** (4.706)	0.163*** (4.136)	0.237*** (4.392)	0.155*** (4.420)
dt	0.715*** (9.862)	0.644*** (16.135)	-0.711*** (-12.906)	0.446*** (11.624)	-0.258*** (-2.851)	0.884*** (15.026)
du × *dt*	-0.125 (-0.940)	-0.089 (-1.216)	-0.270*** (-3.787)	-0.103** (-2.084)	-0.116** (-2.059)	-0.055** (-2.399)
lnrescue					0.010 (0.289)	0.531** (2.122)
industry			1.975*** (12.862)	2.139*** (20.003)	2.039*** (12.833)	2.151*** (20.827)
structure			0.593** (2.249)	2.054*** (11.192)	0.715*** (2.640)	2.124*** (12.071)
ln*fisical*			0.796*** (28.732)	0.005 (0.258)	0.800*** (28.205)	0.009 (0.514)
traffic			0.330*** (13.623)	0.079*** (4.681)	0.290*** (11.970)	0.053*** (3.383)
urban			0.015*** (11.390)	0.014*** (15.317)	0.014*** (10.546)	0.013*** (15.066)
private			2.245*** (11.899)	0.136 (1.032)	2.245*** (11.246)	0.187 (1.443)
edu			0.000* (1.914)	0.001*** (10.436)	0.000** (2.015)	0.001*** (11.035)
far			-0.260*** (-10.583)	0.039** (2.265)	-0.265*** (-10.274)	0.019 (1.161)
ln*pop*			0.408*** (6.844)	-0.047 (-1.125)	0.462*** (7.758)	-0.063 (-1.635)

续表

	(1)	(2)	(3)	(4)	(5)	(6)
	lngdp	lnpergdp	lngdp	lnpergdp	lngdp	lnpergdp
常数项	12.178***	8.743***	-0.767*	6.799***	-1.319***	6.666***
	(227.183)	(296.378)	(-1.852)	(23.584)	(-3.188)	(24.786)
N	1989	1978	1554	1554	1357	1357
R^2	0.063	0.152	0.803	0.713	0.815	0.745

注：①括号中为t值；②*、**、***分别表示显著性水平为10%、5%和1%。

表4的结果表明，在加入其他控制变量后，第3、第4列的结果显示地震灾害确实对受灾地的GDP和人均GDP产生了显著的负向作用，灾害冲击是一种“减值经济”。第3和第4列的回归并未控制国家救助的效应，而汶川地震的国家救助在地震发生后就立即展开，因此，交互项 $du \times dt$ 还可能包含着国家救助的政策效应。理论上，如果国家救助有助于推动灾后地区经济增长，那么在控制了救助政策后，灾害冲击对经济发展的不利影响会更大。然而，在第5和第6列加入国家救助政策后，交互项的系数并未明显增大。这一结果可能由于两方面的原因：一方面，基于财政投入的国家救助可能与当期的经济发展程度存在直接关系，我们的回归也存在着由于这种反向因果导致的误差；另一方面，国家救助政策要发挥作用，可能存在一定的时滞，当期的救助政策可能会对之后的经济发展产生显著作用，却难以在当期发挥明显效应。为了检验这一猜想，我们采用国家救助政策的滞后2期变量作为其代理变量，根据公式（1）重新进行回归，结果如表5所示。

表5　灾害冲击、国家救助对经济发展的直接影响

	(1)	(2)	(3)	(4)
	lngdp	lnpergdp	lngdp	lnpergdp
du	0.256**	0.187***	0.280***	0.155***
	(2.048)	(2.764)	(3.917)	(3.215)
dt	0.509***	0.475***	-0.796***	0.349***
	(5.940)	(10.237)	(-12.169)	(7.896)

续表

	(1)	(2)	(3)	(4)
	ln*gdp*	ln*pergdp*	ln*gdp*	ln*pergdp*
du × *dt*	-0.374** (-2.014)	-0.306*** (-3.050)	-0.489*** (-4.914)	-0.268*** (-3.993)
ln*rescue*L2.	0.041*** (2.879)	0.034*** (4.391)	0.029*** (4.025)	0.027*** (5.626)
industry			2.100*** (12.237)	2.145*** (18.507)
structure			0.761** (2.568)	2.064*** (10.310)
ln*fisical*			0.793*** (25.284)	-0.009 (-0.435)
traffic			0.310*** (11.915)	0.060*** (3.385)
urban			0.014*** (9.649)	0.013*** (13.172)
private			2.168*** (10.034)	2.447*** (10.565)
edu			0.000* (1.778)	0.001*** (8.213)
far			-0.274*** (-10.061)	0.010 (0.556)
ln*pop*			0.382*** (5.272)	-0.096*** (-3.269)
常数项	12.302*** (180.080)	8.850*** (239.005)	5.924*** (17.651)	6.682*** (19.845)
N	1519	1512	1231	1231
R^2	0.040	0.104	0.790	0.691

注：①括号中为 t 值；②*、**、***分别表示显著性水平为 10%、5%和 1%。

可以发现，在控制了滞后两期的国家救助政策后，与表 4 中第 3、第 4 列的回归系数相比，灾害冲击对经济发展的不利影响确实显著增大了。这表明汶川地震确实对受灾地的经济发展产生了负向冲击，而国家基于财政投入的救助政策则有助于推动受灾地 GDP 和人均 GDP 提升，并且灾害救助政策要发挥作用会存在一定的时滞，这也与国家救助政策的实际运行状况和现有关于国家救助政策相关文献的研究结论较为一致。控制变量的信息表明，工业化、城市化水平提升对于经济发展具有重要作用，交通条件改善和人力资本积累有助于推动地区经济增长，财政支出的提升能够显著提升 GDP，但对人均 GDP 并无显著作用。在经济结构方面，产业结构优化和民营经济发展会显著促进地区经济发展，优化经济结构是推动受灾地灾后经济长期增长的重要抓手。

2. 灾害冲击对经济发展的长期动态影响

表 4 和表 5 反映的都是灾害冲击对经济发展的直接影响。然而，大量文献的研究表明，自然灾害对经济增长的影响在长期和短期存在较大差异，并且会随着时间推移和灾后救助政策的不断完善出现动态变化。因此，为了进一步识别灾害冲击对经济发展的长期动态影响，我们根据式（2）估计地震对受灾地 GDP 和人均 GDP 的动态效应。表 6 的回归结果表明，在不控制国家救助变量时，地震灾害对灾区 GDP 和人均 GDP 的不利影响并不存在动态变化趋势，即随着时间变化，灾害冲击对经济发展显著的负向作用会逐渐消失。但是，这一结果在加入国家救助变量后发生了明显变化。当我们单独控制了国家救助的效应后，发现即使在汶川地震后的 5 年内，地震灾害对受灾地经济发展也一直存在着明显的不利影响，并且随着时间推移，这一负向作用甚至会逐渐增大。而国家救助本身对地区经济发展仍然具有显著的提升作用，其余控制变量的信息并无明显变化。动态效应检验的结果进一步支持了表 5 的结论：汶川地震本身会对受灾地经济发展产生不利影响，但国家救助同样会起到积极作用，当我们不单独控制国家救助的效应时，灾害冲击与国家救助的作用会混杂在一起，难以准确评估灾害冲击和国家救助各自对受灾地经济发展的影响。因此，加入国家救助变量，不仅有助于更加准确地估计灾害对经济发展的影响，同样也有助于理解国家灾害救助的作用。

表 6　灾害冲击影响经济发展的动态效应

	(1)	(2)	(3)	(4)	(5)	(6)
	lngdp	lnpergdp	lngdp	lnpergdp	lngdp	lnpergdp
du	0.257*	0.174**	0.400**	0.218**	0.588***	0.159**
	(1.827)	(2.262)	(2.262)	(2.279)	(6.046)	(2.390)
dt	0.715***	0.644***	0.509***	0.475***	−0.838***	0.350***
	(9.843)	(16.108)	(5.928)	(10.215)	(−12.845)	(7.841)
$dt^{-3} \times du$	−0.019	−0.017	−0.229	−0.032	−0.132	0.003
	(−0.084)	(−0.140)	(−0.770)	(−0.200)	(−0.557)	(0.028)
$dt^{-2} \times du$	0.019	0.022	−0.203	−0.013	0.163	−0.033
	(0.083)	(0.179)	(−0.727)	(−0.089)	(1.119)	(−0.326)
$dt^{-1} \times du$	−0.016	−0.019	−0.311	−0.117	−0.345**	0.019
	(−0.070)	(−0.151)	(−1.073)	(−0.750)	(−2.070)	(0.176)
$dt^{0} \times du$	−0.077	−0.037	−0.499*	−0.287*	−0.693***	−0.208**
	(−0.325)	(−0.289)	(−1.738)	(−1.852)	(−4.704)	(−2.069)
$dt^{1} \times du$	−0.202	−0.148	−0.504*	−0.322**	−0.801***	−0.263***
	(−0.853)	(−1.138)	(−1.830)	(−2.167)	(−5.628)	(−2.704)
$dt^{2} \times du$	−0.089	−0.041	−0.480*	−0.296*	−0.933***	−0.240**
	(−0.377)	(−0.319)	(−1.696)	(−1.935)	(−6.405)	(−2.414)
$dt^{3} \times du$	−0.134	−0.122	−0.572**	−0.386**	−0.688***	−0.313***
	(−0.567)	(−0.941)	(−2.035)	(−2.542)	(−4.841)	(−3.219)
$dt^{4} \times du$	−0.134	−0.133	−0.512*	−0.390**	−0.809***	−0.321***
	(−0.565)	(−1.023)	(−1.827)	(−2.576)	(−5.559)	(−3.225)
$dt^{5} \times du$	−0.132	−0.066	−0.540*	−0.329**	−0.953***	−0.262***
	(−0.557)	(−0.512)	(−1.915)	(−2.165)	(−6.470)	(−2.601)
ln*rescue*L2.			0.041***	0.033***	0.028***	0.027***
			(2.850)	(4.322)	(4.029)	(5.503)
industry					2.097***	2.152***
					(12.327)	(18.506)

续表

	(1)	(2)	(3)	(4)	(5)	(6)
	lngdp	lnpergdp	lngdp	lnpergdp	lngdp	lnpergdp
structure					0. 750** (2. 554)	2. 073*** (10. 326)
ln*fisical*					0. 827*** (26. 115)	-0. 010 (-0. 468)
traffic					0. 303*** (11. 705)	0. 060*** (3. 403)
urban					0. 014*** (9. 664)	0. 013*** (13. 098)
private					2. 106*** (9. 823)	2. 362*** (11. 677)
edu					0. 000* (1. 831)	0. 001*** (8. 170)
far					-0. 269*** (-9. 941)	0. 011 (0. 582)
ln*pop*					0. 375*** (5. 220)	0. 026 (0. 522)
常数项	12. 178*** (226. 743)	8. 743*** (295. 873)	12. 302*** (179. 699)	8. 850*** (238. 492)	7. 791 (23. 594)	6. 690*** (19. 720)
N	1989	1978	1519	1512	1231	1231
R^2	0. 063	0. 153	0. 041	0. 104	0. 796	0. 691

注：①括号中为 t 值；②*、**、***分别表示显著性水平为 10%、5%和 1%。

动态效应的回归结果也为本文运用双重差分方法的合理性提供了有力支撑。双重差分方法的使用前提是当不存在外部政策冲击时，处理组和对照组并不存在随时间变化的系统性差异。动态效应检验结果表明，在汶川地震的前三年、前两年，处理组和对照组的实际 GDP 并不存在明显差异，实际人均 GDP 在地震发生的前三年内也均不存在显著差异。这表明，地震灾害对于本文的处理组和对照组而言完全是一种外生的冲击，运用双重差分方法评价灾害冲击对经济发展的影响是合理的。

3. 国家救助推动受灾地经济发展的机制检验

前文的研究表明，灾害冲击确实会对经济发展产生不利影响，而国家救助则有助于推动受灾地 GDP 和人均 GDP 增长。那么，进一步的问题在于国家救助是通过何种路径对受灾地经济恢复产生作用的。厘清这一问题，不仅可以进一步验证上述结论的稳健性，同时更能够为我们准确认识国家灾害救助的作用机理、完善国家灾害救助政策提供经验支撑。表 7 显示了灾害冲击和国家救助政策对经济发展各要素的具体影响。

表 7　灾害冲击与国家救助对经济发展的作用机制

	(1)	(2)	(3)	(4)	(5)	(6)	(7)
	traffic	*urban*	ln*fisical*	*industry*	*structure*	*private*	*educate*
du	-0.116**	-2.756**	0.108**	0.008	-0.004	-0.010	81.527***
	(-2.059)	(-2.013)	(2.234)	(0.570)	(-0.531)	(-1.204)	(4.288)
dt	0.254***	-0.196	1.297***	0.072***	-0.022***	0.060***	24.282
	(5.632)	(-0.181)	(34.134)	(6.871)	(-3.635)	(10.031)	(1.615)
du × *dt*	-1.347***	-19.746*	-1.989***	-0.110*	-0.082*	-0.110*	-172.869
	(-2.920)	(-1.738)	(-5.007)	(-1.671)	(-1.891)	(-1.921)	(-1.104)
ln*rescue*	0.126***	2.076**	0.212***	0.249*	-0.010*	0.006	17.270
	(3.023)	(2.016)	(5.894)	(1.809)	(-1.846)	(1.025)	(1.216)
常数项	0.730***	24.170***	10.328***	0.294***	0.336***	0.473***	479.137***
	(23.387)	(32.306)	(392.464)	(40.267)	(80.909)	(105.799)	(45.962)
N	1713	1766	1768	1766	1766	1418	1757
R^2	0.037	0.055	0.543	0.040	0.017	0.093	0.029

注：①括号中为 t 值；②*、**、***分别表示显著性水平为 10%、5%和 1%。

可以发现，地震灾害对所有与经济发展相关的因素均产生了不利影响。国家救助有助于改善受灾地灾后的交通条件，增加地区财政总支出，提高地区的城市化水平和工业化水平，而这些变量对经济发展均有正向作用。因此，国家救助主要通过影响这些因素促进了受灾地灾后的经济发展。但其余变量的回归结果表明，国家救助并未对受灾地区的第三产业、民营经济发展和人力资本水平产生显著的提升作用，甚至会对第三产业发展产生不利影响。那么，国家救助为什么难以对经济结构优化和人力资本积累产生促进作用呢？一些研究指出，严重的灾害冲击会对居民的迁移和就业行为产生影响，特别是对高素质劳动力和就业灵活性强的部门更加明显（Donner & Rodriguez，2008；Neumayer & Plumper，2007），而第三产业劳动力素质和就业灵活度要高于第一、第二产业，民营经济的就业灵活度也高于国有经济。因此，国家救助没有能够改善受灾地的经济结构，可能与灾害冲击对个体行为造成的影响有关。而另外一些研究则认为，在以灾后重建为目标的国家救助中，政府往往更加注重对基础设施和房屋建筑等硬资本的恢复，对经济结构和制度建设等软环境的关注不够，导致救助出现“软硬脱离”的局面（Booth，2011；Clement et al.，2012）。因此，经济结构调整缓慢和人力资本积累不足也可能是国家救助政策本身的问题。表 8 给出了对这两类观点的实证检验。

表 8　国家救助为什么没有改善经济结构和人力资本水平

	(1)	(2)	(3)	(4)	(5)	(6)
	总就业人口	一产就业人口	二产就业人口	三产就业人口	第三产业产值	建筑业产值
du	0.098	-0.016	0.005	0.010	0.186**	-0.332*
	(1.354)	(-1.389)	(0.666)	(1.196)	(2.030)	(-1.878)
dt	0.003	-0.021**	0.016**	0.023***	0.678***	1.063***
	(0.059)	(-2.277)	(2.505)	(3.632)	(9.358)	(7.055)
$du \times dt$	-3.133***	-0.116**	-0.110*	-0.084*	-3.040***	-3.133***
	(-5.265)	(-2.059)	(-1.671)	(-1.898)	(-4.017)	(-5.265)
ln*rescue*	0.289***	-0.013	0.013**	0.004	0.257*	0.582***
	(5.351)	(-1.548)	(2.235)	(0.630)	(1.827)	(4.601)
常数项	2.850***	0.328***	0.095***	0.147***	11.146***	9.288***
	(72.210)	(52.013)	(21.778)	(33.133)	(222.168)	(90.689)

续表

	(1)	(2)	(3)	(4)	(5)	(6)
	总就业人口	一产就业人口	二产就业人口	三产就业人口	第三产业产值	建筑业产值
N	1766	1757	1752	1754	1767	1647
R^2	0.018	0.005	0.032	0.037	0.073	0.063

注：①括号中为 t 值；②*、**、***分别表示显著性水平为 10%、5% 和 1%。

表 8 中，为了识别灾害本身对居民就业的影响，我们选择了总就业人口和分产业就业人口作为被解释变量。可以发现，自然灾害显著地降低了受灾地的总就业人口和分产业就业人口，国家救助则有助于提高地区总就业人口，但是在就业结构上，救助仅仅会显著提升第二产业就业人口，对第一、第三产业就业人口的影响并不显著。因此，地震灾害对就业人口本身的冲击可能导致灾后救助政策难以对第三产业、民营经济和人力资本产生显著的提升作用。除此之外，国家救助虽然对第三产业和建筑业产值均有提升作用，但对比其系数和显著性水平可以发现，救助对建筑业发展的作用要明显大于第三产业，这从侧面验证了与灾后重建密切相关的产业会得到更多的政策支持，国家灾害救助政策的确存在灾后重建偏向。因此，地震灾害后的国家救助没有对经济结构优化和人力资本积累产生推动作用，既有灾害冲击本身的原因，也与国家救助自身的政策偏向相关。通过政策改进，加强国家灾后救助对第三产业和民营经济的支持，推进经济结构优化，将更加有助于救助政策发挥效应。

六、稳健性检验

1. 基于 PSM－DID 方法的稳健性检验

虽然动态效应的检验结果表明在地震发生之前处理组和对照组的经济发展水平并不存在显著差异，但为了进一步降低双重差分方法的估计偏误，本文采用 PSM－DID 方法进行稳健性检验。首先，通过 *earthquake* 对所有控制变量进行 Logit 回归，得到倾向得分，结果表明 ln*rescue*、*private*、*gov*、ln*fisical*、 *traffic*、*edu*、*urban* 都对被解释变量 *earthquake* 具有显著影响，其中，*private*、*traffic* 和 *urban* 水平低表明重灾区的经济增长确实落后于其他地区，需要运用 PSM 方法进行匹配。其次，PSM－DID 方法要求在匹配前后各变量在处理组和控制组的分布是平衡的。有效性检验的结果表明，在匹配前后，除工业化水平外其余变量在匹配前后并无显著变化，符合 PSM－DID 方法的使用条件。基于核匹配（Kernel Matching）的估计结果如表 9 所示，在运用 PSM－DID 方法进行稳健性检验后，灾害冲击对地区 GDP、人均 GDP 增长仍然具有显著的不利影响。这一结果表明，在克服了处理组和对照组变动趋势的系统性差异后，表 4 和表 5 基于双重差分方法的估计结果是稳健的。

表 9　灾害冲击对受灾地经济发展的影响：PSM－DID 稳健性检验

	control	*treated*	Diff（BL）	*control*	*treated*	Diff（FU）	Diff－In－Diff
ln*gdp*	12.227	12.520	0.294	13.016	13.081	0.065	－0.228
标准误			0.100			0.094	0.137
t 值			2.92			0.69	－1.660
P>|t|			0.004 ***			0.487	0.097 *
ln*pergdp*	8.727	8.915	0.189	9.491	9.502	0.010	－0.178
标准误			0.069			0.052	0.079
t 值			3.190			0.200	－2.260
P>|t|			0.001 ***			0.842	0.024 **

注：括号中为 t 值；*、**、***分别表示显著性水平为 10%、5% 和 1%。在 ln*gdp*、ln*pergdp* 两个指标下，参与匹配的样本数分别为 1248、1240，其中对照组样本分别为 707、725，处理组样本分别为 541、515，R^2 分别为 0.081、0.190。

2. 分样本回归结果

除受到双重差分方法共同趋势假设的影响外，本文的结论还可能受到样本选择偏误的影响。首先，在总样本的选择上，不同于（张文彬等，2015）只选择了以县为名称的县级行政单位，本文的受灾地样本还包括了区。这虽然扩大了样本容量，但从县域经济发展的现实来看，以区命名的县级行政单位往往毗邻城市，经济社会发展水平较高，而在 52 个重灾县中只包含 7 个区，基于全样本的回归可能人为地扩大了处理组和对照组的差别，导致估计偏误。为此，本文首先剔除了包含区的样本，其次进一步剔除县级市样本，对表 5 的结果进行稳健性检验。如表 10 所示，即使在剔除了区样本和县级市样本后，在县样本中，地震灾害仍然会对地区经济发展产生显著的不利影响，而国家救助有助于推动受灾地灾后经济恢复。

表 10　灾害冲击、国家救助对经济发展的影响：分样本回归

	县样本（含县级市）	县样本（含县级市）	县样本	县样本
	ln*gdp*	ln*pergdp*	ln*gdp*	ln*pergdp*
du	0.283***	0.137**	0.220**	0.086
	(3.504)	(2.478)	(2.490)	(1.460)
dt	−0.851***	0.378***	−0.775***	0.429***
	(−11.335)	(7.326)	(−9.901)	(8.186)
du × *dt*	−0.464***	−0.223***	−0.432***	−0.211***
	(−4.182)	(−2.931)	(−3.551)	(−2.588)
ln*rescue*L2.	0.027***	0.027***	0.025***	0.026***
	(3.458)	(5.007)	(2.885)	(4.508)
industry	2.156***	2.036***	1.736***	1.828***
	(11.437)	(15.720)	(8.166)	(12.830)
structure	0.330	1.765***	−0.654*	1.211***
	(0.974)	(7.592)	(−1.706)	(4.715)
ln*fisical*	0.810***	−0.062**	0.755***	−0.092***
	(22.434)	(−2.504)	(19.357)	(−3.525)
traffic	0.287***	0.052***	0.284***	0.045**
	(10.223)	(2.700)	(9.869)	(2.329)
urban	0.017***	0.020***	0.019***	0.021***
	(6.195)	(10.554)	(5.882)	(9.801)
private	2.393***	0.254	2.316***	0.240
	(9.744)	(1.506)	(8.949)	(1.382)
edu	0.000	0.001***	0.000	0.001***
	(1.068)	(8.003)	(1.090)	(8.611)

续表

	县样本(含县级市)	县样本(含县级市)	县样本	县样本
	lngdp	lnpergdp	lngdp	lnpergdp
far	-0.242***	-0.007	-0.234***	-0.001
	(-8.513)	(-0.356)	(-8.072)	(-0.074)
ln*pop*	0.382***	0.089*	0.454***	0.060
	(5.117)	(1.731)	(5.799)	(1.143)
常数项	-0.790	6.874***	-0.245	7.554***
	(-1.453)	(18.398)	(-0.429)	(19.752)
N	964	964	863	863
R^2	0.796	0.634	0.785	0.628

注：①括号中为 t 值；②*、**、***分别表示显著性水平为 10%、5%和 1%。

七、结论与启示

1. 结　论

本文以 2008 年汶川大地震为例，利用四川省 181 个县（区）2003—2013 年的面板数据，运用双重差分方法系统评价灾害冲击以及国家灾害救助对经济发展的长期影响。我们发现：第一，自然灾害会显著降低受灾地实际 GDP 和人均 GDP，并且在控制了国家救助的效应后，这一负向作用在地震后的 5 年内仍然显著存在。第二，基于财政支出数据构造国家灾害救助变量，本文发现以财政投入为主要方式的国家救助能够有效促进受灾地的经济恢复，这一效应主要通过改善受灾地交通条件、扩大财政支出、提高城市化和工业化水平等途径发挥作用。第三，灾害冲击对受灾地的经济结构和人力资本产生了不利影响，但国家救助在优化灾区经济结构、提升灾区人力资本水平方面表现乏力。进一步研究发现，这一结果既源于灾害冲击对居民自身行为的影响，同时也与国家救助政策偏向灾后基础设施重建、忽视经济结构调整和人力资本开发等相关。

2. 贡献与启示

本文的研究可以带来以下理论贡献和政策启示。

首先，在理论上，灾害冲击对经济增长的作用一直存在很大争议，但实证文献中关于中国经验的研究却相对不足，大量来自欧美国家和非洲地区的研究结论是否符合中国的现实是理论上亟待解决的问题。本文以中国汶川大地震为例，运用更为科学的评价方法研究了灾害冲击对经济增长的影响，为现有文献关于灾害经济影响的争论提供了来自中国的经验证据。其次，对于灾后的外部救助政策，现有研究并未达成一致结论。由于灾害与救助近乎同步，且受到救助数据的限制，现有关于灾害冲击与国家救助的文献大多单独考察其对经济增长的作用，这容易导致两者间的效应混淆。本文结合中国灾后国家救助的经验，基于受灾地财政支出数据构造了国家救助变量，将其纳入灾害冲击对经济增长的分析中，发现灾害会对经济增长产生负向作用，而国家救助则具有正向影响，研究结论为现有关于外部救助政策的讨论提供了来自中国的证据支撑。最后，本文进一步分析了灾后国家救助政策推动受灾地经济增长的作用机制，为完善中国灾后国家救助政策提供了实证基础。

根据本文的实证研究结果，结合中国灾害应对的具体实践，本文对完善中国灾害救助的政策启示主要有：

（1）国家应继续加大防灾减灾投入，完善政府主导的灾害救助制度。中国是世界上自然灾害最为严重的国家之一，灾害救助也一直是政府工作的重要内容。在过去的 30 多年里，以政府为主导的国家救助在灾害应对中发挥了积极作用。特别是汶川地震期间，中国政府救灾的及时性、强力度和重投入更是让全世界见证了“中国力量”。但与此同时，有关中国政府主导救灾模式的长期效果也存在很多争议。本文通过实证研究，发现中国以政府为主导的灾害救助政策对于推动受灾地经济恢复和长期发展具有重要作用，在提高国家灾害应对能力的过程中，应该进一步加大政府的防灾减灾投入，提高灾害救助资金的使用效率，充分发挥中国“举国救灾”制度的优越性。

（2）合理规划救助资金的部门分配，加大对结构调整的支持力度。长期以来，中国国家灾害救助的主旨是灾后重建和生产恢复，即通过政府的大规模财政投入，推动受灾地的居民住房建设、道路交通改善和其他基础设施水平提升。然而，以政府为主导、灾后重建为目标的国家救助往往会使得救助政策带有明显的部门倾向，国有经济、基建类产业获得的政策支持力度较大。

本文的实证研究也表明，汶川地震后的国家救助虽然促进了基础设施建设和城市化、工业化进程，但对民营经济和第三产业发展的影响并不明显。从促进受灾地长期经济发展的角度出发，在进一步实施国家救助的过程中，引导救助资金向民营经济和第三产业倾斜，注重对经济结构调整和产业结构优化等方面的政策支持，有助于更好地发挥国家灾害救助政策的效应。

（3）提高本地人力资本投资，加大外部人才引进力度。本文的研究发现，自然灾害对受灾地的就业人口、就业结构和人力资本等产生了不利影响，国家救助在提升人力资本水平、留住本地人才等方面表现乏力。国家灾害救助在推动受灾地硬件设施恢复重建的过程中，并未有效促进地区软环境建设，软件跟不上硬件的情况比比皆是，在很多地区甚至出现了“有房没人”的状况①。因此，在进一步完善国家救助政策的过程中，应进一步加强对人本身的关注，通过加大人力资本投资和政策支持，鼓励本地居民接受教育培训，提升受灾地居民的人力资本水平。同时，加强对外部人才引进的支持力度，通过为其提供更好的发展条件、吸引更多的优秀人才进入灾区工作，为受灾地的长期发展提供不竭动力。

3. 研究局限性与展望

由于数据来源限制，本文的研究还存在以下局限性，有待今后进一步完善。

（1）变量测度局限。受数据限制，现有关于中国自然灾害与经济增长的研究都未有效控制国家救助政策的效应，虽然本文首次基于财政支出数据构造了国家救助变量，并且该变量与汶川地震国家财政救助政策的整体状况较为一致，但与受灾县获得的真实灾后救助数据仍可能存在一定偏差。同时，该变量虽然包含了部分社会救助、国外援助的信息②，但与单独控制社会救助、国外援助变量相比仍存在一定的误差。在后续研究中，需要进一步收集社会救助和国外援助的相关数据，将其与政府救助相结合作进一步分析。

---

① 在汶川地震8周年之际，四川省住建厅副厅长、汶川地震灾后重建总规划师邱健指出：“汶川地震灾后重建，软件跟不上硬件比比皆是，”［EB/OL］. http：//oicwx. com/detail/953325.

② 清华大学邓国胜教授公布的“汶川地震善款流向”研究报告显示，汶川地震社会慈善捐款近八成进入政府财政专户，用于灾后重建支出［EB/OL］. 中国新闻网，http：//www. chinanews. com/gn/2016/05－13/7870214. shtml.

（2）内生性问题。虽然可以将地震灾害对经济增长的影响看作是一个自然试验，并且在文中我们对处理组和对照组的共同趋势进行了一系列稳健性检验，但也可能地震灾区的经济发展条件本身就相对较差，从而影响到其经济增长。然而，由于县级面板数据的限制，我们尚无法对此进行更为细致的检验，由此导致的内生性问题需要在后续研究中探索新的解决方案。

参考文献

[1] Albala - Bertland, J. M. Natural Disaster Situations and Growth: A Macroeconomic Model for Sudden Disaster Impacts [J]. *Journal of World Development*, 1993, 3 (9): 1417 - 1434.

[2] Ashenfelter, Orley, Card David. Using the Longtitudinal Structure of Earnings to Estimate Effects of Training Programs [J]. *Review of Economics and Statistics*, 1985, 67 (4): 648 - 660.

[3] Beegle, K., Dehejia, R. H., Gatti, R. Child Labor and Agriculture Shocks [J]. *Journal of Development Economics*, 2005, 81 (1): 80 - 96.

[4] Bhavan, T., Changsheng Xu, Chunping Zhong. Growth Effect of Aid and Its Volatility: An Individual Country in South Asian Economics [J]. *Business and Economic Horizon*, 2010, 3: 1 - 9.

[5] Boone, Peter. Politics and Effectiveness of Foreign Aid [J]. *European Economic Review*, 1996, 40: 289 - 329.

[6] Brollo, F., Nannicini, T., Perotti, R., Tabellini, G. The Political Resource Curse [J]. *American Economic Review*, 2013 (103): 1759 - 1796.

[7] Cavallo, E., Galiani, S., Noy, I., Pantano, J. Catastrophic Natural Disasters and Economic Growth [J]. *Review of Economics and Statistics*, 2013 (95): 1549 - 1561.

[8] Cavallo, E., Noy, I. The Economics of Natural Disasters: A Survey [J]. IDB Working Paper Series IDB - WP - 124. Washington, D. C.: IMF. 2010.

[9] Checchi, D, Penalosa, C. G. Risk and the Distribution of Human Capital [J]. *Economic Letters*, 2004 (8): 53 -61.

[10] Clemens, M. A., Radelet, S., Bhavnani, R. R., Bazzi, S. Counting Chickens When They Hatch: Timing and The Effects of Aid on Growth [J]. *The Economic Journal*, 2012 (122): 590 -617.

[11] Cuaresma, J. C., Hlouskova, j., Obersteiner, M. Natural Disasters As Creative Destruction? Evidence From Developing Countries [J]. *Economic Inquiry*, 2008 (46): 214 -226.

[12] David Booth. Aid, Institutions and governance: What Have We Learned? [J]. *Development Policy Review*, 2011 (29): 5 -26.

[13] Donner, W., Rodriguez, H. Population Composition, Migration and Inequality [J]. *Social Forces*, 2008, 82 (2): 1089 -1114.

[14] Fischer, C., Newell R. G. Environmental and Technology Policies for Climate Mitigation [J]. *Journal of Environmental Economics and Management*, 2008, 55 (2): 142 -162.

[15] Gabriel Felbermayr, Jasmin Groschl. Naturally Negative: The Growth Effects of Natural Disasters [J]. *Journal of Development Economics*, 2014 (111): 92 -106.

[16] German Caruso, Sebastian Miler. Long Run Effects and Intergenerational Transmission of Natural Disasters: A Case Study on the 1970 Ancash Earthquake [J]. *Journal of Development Economics*, 2015 (117): 134 -150.

[17] Gruber, J., J. Poterba. Tax Incentives and the Decision to Purchase Health Insurance: Evidence from the Selfemployed [J]. *Quarterly Journal of Economics*, 1994, 109 (3): 701 -733.

[18] Guglielmo Barone, Sauro Mocetti. Natural Disasters, Growth and Institutions: A Tale of Earthquakes [J]. *Journal of Urban Economics*, 2014 (84): 52 -66.

[19] Hallegatte, S., Dumas, P. Can Natural Disasters Have Positive Consequences? Investigating the Role of Embodied Technical Change [J]. *Ecological E-*

conomics, 2009, 68 (3): 777 -786.

[20] Hatemi, A., Irandoust. A. Foreign Aid and Economic Growth New Evidence from Panel Cointegration [J]. *Journal of Development Economics*, 2005 (30): 71 -80.

[21] Heckman, J., H. Ichimura, P. E. Todd. Matching As an Econometric Evaluation Estimator: Evidence from Evaluating a Job Training Program [J]. *Review of Economic Studies*, 1994, 64 (4): 605 -654.

[22] Heckman, J., H. Ichimura, P. E. Todd. Matching As an Economic Evaluation Estimator [J]. *Review of Economic Studies*, 1998, 65 (2): 261 -294.

[23] Heylen, F., Pozzi, L. Crises and Human Capital Accumulation [J]. *Canadian Journal of Economics*, 2007, 40 (4): 1261 -1285.

[24] Jeroen Klomp. Economic Development and Natural Disasters: A Satellite Data Analysis [J]. *Global Environmental Change*, 2016 (36): 67 -88.

[25] Jeroen Klomp, Kay Vaclckx. Natural Disasters and Economic Growth: A Meta -analysis [J]. *Global Environmental Change*, 2014 (26): 183 -195.

[26] Leiter, A. M., Oberhofer, H., Raschky, P. A. Creative Disasters? Flooding Effects on Capital, Labor and Produc - tivity within European Firms [J]. *Environmental and Resource Economics*, 2009, 43 (3): 333 -350.

[27] Loayza, N., Olaberria, E., Rigolini, J., Christiaensen, L. Natural Disasters and Growth: Going Beyond the Averages [J]. *World Development*, 2012 (40): 1317 -1336.

[28] Neumayer, E., T. Plumper. The Gendered Nature of Natural Disasters: The Impact of Catastrophic Events on the Gender Gap in Life Expectancy, 1981 -2002 [J]. *Annals of the Association of American Geographers*, 2007, 91 (3): 551 -566.

[29] Noy, I.. The Macroeconomic Consequences of Disasters [J]. *Journal of Development Economics*, 2009 (88): 221 -231.

[30] Okuyama, Y. *Economics of Natural Disasters: A Critical Review* [M]. Morgantown, WV: West Virginia University, 2003.

［31］ Paul A. Raschky A.，Manijeh Schwindt. On the Channel and Type of Aid：The Case of International Disaster Assistance ［J］. *European Journal of Political Economy*，2012，28：119－131.

［32］ Rasmussen，T. N. *Macroeconomic Implications of Natural Disasters in Caribbean* ［M］. Washingtion，D. C.：International Monetary Fund. 2004.

［33］ Skidmore，M.，Toya，H.. Do Natural Disasters Promote Long－run Growth ［J］. *Economic Inquiry*，2002（40）：664－687.

［34］ Strobl，E. The Economic Growth Impact of Hurricanes：Evidence from U. S Coastal Countries ［J］. *Review of Economics and Statistics*，2011，93（2）：575－589.

［35］ 何爱平．区域灾害经济研究［M］．北京：中国社会科学出版社，2006．

［36］ 贾美芹．略论我国自然灾害对宏观经济增长的影响——基于内生经济增长理论视角［J］．经济问题，2013（8）．

［37］ 卢晶亮，冯帅章，艾春荣．自然灾害及政府救助对农户收入与消费的影响：来自汶川大地震的经验［J］．经济学（季刊），2014（2）．

［38］ 唐彦东，于汐，刘春平．汶川地震对阿坝州经济增长影响理论与实证研究［J］．自然灾害学报，2014（5）．

［39］ 王晓艺，栾希．自然灾害对吉林省经济增长的影响［J］．当代经济研究，2013（11）．

［40］ 闫绪娴．灾害损失与经济增长：基于中国 2002—2011 年的省际面板数据分析［J］．宏观经济研究，2014（5）．

［41］ 杨萍．自然灾害对经济增长的影响——基于跨国数据的实证分析［J］．财政研究，2012（12）．

［42］ 张文彬，李国平，彭思奇．汶川震后重建政策与经济增长的实证研究［J］．软科学，2015（1）．

［43］ 卓志，段胜．防减灾投资支出、灾害控制与经济增长——经济学解析与中国实证［J］．管理世界，2012（4）．

异质性需求、网络化供给与价值链升级

张亚斌

摘　要：信息化革命为企业捕捉模块化分解产生的大量异质性需求和在全球范围内实现网络化供给，进而为异质性企业的价值链升级创造了得天独厚的条件。本文通过构建并阐释异质性需求与网络化供给协同促进价值链升级的理论机理，揭示出信息科技变革与内外市场通达性是该发展机制自我强化的重要基础；通过测度“一带一路”沿线各国异质性需求程度，借助SNA方法测算并可视化沿线国家的网络化供给能力；利用面板数据构建计量模型验证了这一重要发展机制。结论表明，异质性需求与网络化供给机制能够显著促进各国价值链升级；信息商务应用、对外开放程度与金融服务能力等对各国价值链升级具有显著的正向效应；对外开放水平的正向作用最为明显。最后，针对上述研究结论提出了相应的对策建议。

关键词：异质性需求　网络化供给　价值链升级　“一带一路”

作者简介：张亚斌（1987—），陕西咸阳人，西北大学经济管理学院2014级国际贸易学专业博士研究生。

一、引　言

进入21世纪，以大数据、云计算、物联网和移动互联网为主导的信息化革命拉开了全球新一轮生产组织方式变革的序幕。传统生产、流通、消费通过商业组织模式创新变得更加“信息化”“碎片化”“扁平化”和“无界化”，从而为企业捕捉模块化分解产生的大量异质性需求和在全球范围内实现网络化供给创造了得天独厚的条件。更重要的是，参与模块化分工的异质性企业在“背靠背”的竞争中既满足了异质性需求，又实现了规模经济，而且还通过知识溢出和技术迭代加快了价值链升级。因此，异质性需求的网络化供给是促进全球价值链升级的重要发展机制。

二、文献综述与理论机制

理论界对模块化生产网络的研究大致是沿着“多样性偏好”“规模经济”“范围经济”“模块化思想”“异质性需求”和“网络化组织”的脉络渐次推进。信息化加速了模块化分解并衍生出大量异质性需求，网络化供给为满足大量异质性需求和企业加快实现价值链升级提供了全新路径。

（1）多样性偏好和规模经济的两难选择孕育了模块化技术并推动其趋向成熟。张伯伦（1958）在垄断竞争理论中强调，消费者追求多样性偏好带来的更大效用，而生产者受专业化生产带来的规模经济约束，因此，消费种类和分工程度由市场规模内生决定。Dixit 和 Stiglitz（1977）采用存在多样性偏好的垄断竞争模型，论证了企业内部规模经济与多样性生产之间的均衡问题。规模经济与技术外溢是由市场规模引发的企业内部和外部经济的重要基石（Krugman，1998）。随着市场扩张和要素集聚，企业多样性产品供给也出现了一定范围的经济性（Panzar，1981）。模块化思想正是在生产系统不断扩张中孕育而生（Simon，1996；Baldwin et al.，1997），在一定程度上实现了异质性产品多样化组合的范围经济与标准化零部件专业生产的规模经济（Pine，1992），并在模块化创新导向下逐渐趋向成熟。

（2）共同规制和虚拟契约构成了网络化供给的坚实基础。为同时满足不断上升的市场响应压力和保持供给弹性，一方面，模块化企业通过外包非规模经济的价值链环节而专注和强化核心竞争力，以此确保规模经济和巩固价值链战略环节（Gereffi，2001）；另一方面，模块化企业因共同规则和关系契约而内在联结成灵活虚拟的网络化组织（侯若石，2004；曹虹剑，2010；马莉莉，2013），通过协同生产既保持了模块化企业相对较高的供给弹性和独立性，又实现了企业间相对平等的价值共享，从而为模块化企业价值链升级奠定了组织基础。

（3）基于模块化组织的异质性需求和网络化供给对全球价值链升级具有革命性意义。首先，位于全球价值链不同模块上的企业可以在全球范围内寻求、匹配和重组附加值更高的模块，提高技术含量和产品品质，并且实现不同模块生产所需的最优生产规模，即扩大规模经济的边界。其次，同一模块的异质性企业在“背靠背”的全球市场竞争中实现优胜劣汰，倒逼企业走向以技术创新、迭代和积累为核心的价值链升级。再次，异质性企业衍生出更大规模的异质性需求，推动网络化组织形成自我累积强化发展机制（马莉莉，2013；张亚斌，2015）。最后，处于产品研发设计、加工制造和市场营销等不同价值链环节的模块化企业，构成具有统一功能的“开放式协同创新组织”，使原本异质性模块通过开放式协同创新逐渐趋向“通用化”，在降低战略价值模块生产企业主导和控制能力的同时，极大地增强了异质性模块在全球价值链中的市场适应能力。

（4）不同模块和相同模块间的技术溢出效应促进企业实现全球价值链升级。与实现规模经济相同，技术溢出也是企业参与模块化分工的重要动因，同时也是促进企业价值链升级的重要路径。在市场信息不充分的情况下，不同价值链模块的企业间按照一定的联系规则和虚拟契约共享异质性需求信息，降低了企业的信息不对称程度，直接或间接地获得了其余价值链模块企业的技术溢出。相同价值链模块企业间往往会通过产业空间集聚降低交易成本和形成技术溢出的外部性，提升自身的市场竞争力；技术领先型价值链模块企业会通过技术溢出途径被追赶型企业引进、模仿、吸收和创新，有利于新思想、新创新、新技术、新知识等沿着全球价值链自上而下地传播、扩散和应用。因此，网络化组织能够通过技术溢出效应促进和加快企业价值链升级。

（5）信息科技变革为提升异质性需求与网络化供给内在协同提供了不竭动力。大数据、云计算、物联网等信息科技变革能够实现对大量消费者与生产者异质性需求的“精准预测”，不仅有利于提高企业生产效率和消费者盈余，而且为全球价值链中不同模块企业提供价值定位。由于能够显著提升信息传递效率、市场通达程度和敏捷响应能力，信息科技变革时代的网络化组织成员交易效率将大幅提升，传统需求与供给决策脱节形成的“长鞭效应”，以及“长尾市场”中更大规模的异质性需求达到更高的协同匹配效率，在很大程度上降低了全球价值链各个环节的信息不对称程度和企业生产经营风险，为消费者剩余最大化、网络化组织帕累托最优以及企业价值链升级提供了技术基础和不竭动力。

三、主要解释变量的测度

1. 异质性需求测度

根据本文的研究目标，我们将异质性需求界定为本国企业在参与产品内分工时对散布在全球各地企业生产的异质产品的进口需求。由于目前学术界鲜有文献对异质产品需求测度展开系统而深入的研究，可供参考借鉴的研究并不多见，本文尝试采用目前发展经济学中较为常见的出口产品多样化指数近似替代，即将出口产品专业化指数改进为进口产品多样化指数，用其替代各国在产品内分工体系下的异质性需求。

为了尽可能地体现异质性，我们选择了 UN COMTRADE 数据库中 BEC 分类下 17 种商品进口数据，借鉴 AlMarhubi（2000）和 Naqvi 等（2005）使用最多的标准化赫芬达指数的研究方法，对测度出口商品专业化 Gini - Hirschman 系数公式进行适当改进，用于测度各国对进口商品的异质性需求。改进后的具体出口商品异质性测度指数如下：

$$Hetero_{it} = 1 - \frac{\sqrt{\sum_{i=1}^{n}\left(\frac{X_{it}}{X_t}\right)^2} - \sqrt{\frac{1}{n_t}}}{1 - \sqrt{\frac{1}{n_t}}} \tag{1}$$

其中，$Hetero_{it}$表示第 t 期进口商品多样化水平，X_{it}与 X_t分别表示第 t 期第 i 种商品的进口额和所有商品总进口额，n 为所有进口商品的种类。该异质性指数取值位于 0 ~ 1，该值越接近于 1，表示进口商品多样化程度越高，即该国进口商品异质性程度越高。具体测度结果如表 1 所示。

表1 "一带一路"沿线各国进口商品异质性比较

国 家	2000	2007	2014	国 家	2000	2007	2014
阿尔及利亚	0. 8468	0. 8046	0. 8345	卢森堡	0. 8715	0. 9698	0. 8937
澳大利亚	0. 8619	0. 8801	0. 8978	马达加斯加	0. 7558	0. 7495	0. 7678
奥地利	0. 8528	0. 8513	0. 8477	马来西亚	0. 6205	0. 7160	0. 7914
阿塞拜疆	0. 8467	0. 8383	0. 7670	马耳他	0. 6807	0. 8396	0. 5848
巴林	0. 7856	0. 5864	0. 5037	蒙古	0. 8569	0. 6647	0. 7636
孟加拉国	0. 6528	0. 8040	0. 7375	莫桑比克	0. 8779	0. 9502	0. 8104
比利时	0. 8308	0. 8290	0. 8371	缅甸	0. 6384	0. 6183	0. 6680
文莱	0. 5682	0. 3439	0. 8893	荷兰	0. 9163	0. 9653	0. 9479
保加利亚	0. 9114	0. 8362	0. 6831	新西兰	0. 8687	0. 8915	0. 9020
柬埔寨	0. 8034	0. 8216	0. 7242	尼日利亚	0. 9385	0. 7472	0. 9427
中国	0. 7004	0. 7587	0. 8333	挪威	0. 8535	0. 8207	0. 8498
克罗地亚	0. 8455	0. 8453	0. 8501	阿曼	0. 9047	0. 7794	0. 8216
塞浦路斯	0. 8930	0. 8669	0. 8509	巴基斯坦	0. 8038	0. 8281	0. 7975
捷克	0. 7837	0. 7949	0. 8143	菲律宾	0. 6538	0. 6609	0. 8276
丹麦	0. 8545	0. 8552	0. 7127	波兰	0. 7929	0. 8160	0. 8296
埃及	0. 2796	0. 6625	0. 8130	葡萄牙	0. 8689	0. 8824	0. 8720
埃塞俄比亚	0. 8030	0. 8005	0. 8022	卡塔尔	0. 8454	0. 7570	0. 7312
芬兰	0. 8677	0. 8865	0. 9145	罗马尼亚	0. 7556	0. 8120	0. 8150
法国	0. 8526	0. 8629	0. 8836	俄罗斯	0. 9908	0. 8684	0. 8594
德国	0. 9191	0. 8858	0. 8835	沙特阿拉伯	0. 8776	0. 8278	0. 8235
希腊	0. 8920	0. 8825	0. 8424	新加坡	0. 6975	0. 7637	0. 7526
匈牙利	0. 7939	0. 8552	0. 8537	斯洛伐克	0. 8060	0. 8269	0. 8375
印度	0. 7251	0. 7479	0. 7193	南非	0. 8637	0. 8935	0. 8848
印度尼西亚	0. 8799	0. 9074	0. 8875	西班牙	0. 8796	0. 8902	0. 8881
伊朗	0. 7348	0. 9043	0. 7235	斯里兰卡	0. 6761	0. 7520	0. 7608
爱尔兰	0. 8230	0. 8989	0. 8775	瑞典	0. 8873	0. 8793	0. 9044
以色列	0. 8377	0. 8279	0. 8473	瑞士	0. 8130	0. 8013	0. 6325

续表

国 家	2000	2007	2014	国 家	2000	2007	2014
意大利	0.8443	0.8463	0.8417	坦桑尼亚	0.8419	0.7618	0.7990
日本	0.9017	0.8792	0.8844	泰国	0.7348	0.7363	0.7721
约旦	0.9175	0.8402	0.8539	土耳其	0.8219	0.7900	0.8282
哈萨克斯坦	0.8412	0.8154	0.8451	乌克兰	0.7670	0.8379	0.8439
肯尼亚	0.8536	0.8577	0.8908	阿联酋	0.8429	0.8156	0.7886
韩国	0.7856	0.8017	0.8240	英国	0.9096	0.9345	0.9283
科威特	0.4484	0.8231	0.8713	越南	0.7512	0.6472	0.6897
吉尔吉斯斯坦	0.8764	0.8959	0.8907	赞比亚	0.7587	0.8271	0.8230

2. 网络化供给测度

我们认为，各国在产品内分工体系下的网络化供给能力主要体现为其在全球生产网络中的位置和能力。参照 Granovetter（1973）、Brown 和 Konrad（2001）等的研究，我们采用社会网络分析方法（Social Network Analysis，SNA）对各国的网络化供给能力进行全方位刻画。具体而言，“一带一路”沿线各国的网络化供给能力主要包括该国在区域出口贸易网络中所处的网络度数中心度、网络个体权力和网络中间中心度 3 个层面。

网络度数中心度作为衡量网络中各节点直接关系的局部中心指数，可反映一国在贸易网络中自身的交易能力。网络中心性越高，意味着该国能够利用自身较高的网络供给能力实现本国价值链升级。沿着 Freeman（1979）的方法，我们选择点度数（Degree）作为衡量国家个体在贸易网络中的度数中间度，点度数越大，与该国进行双边贸易的国家越多，反映出该国的贸易广度越高。

网络个体权力是反映网络中某个体对其他个体的影响程度，或其他个体对某个体的依赖性程度，可以使用中心度的综合水平来量化。本文采用标准化权力（Normalized Power）指标衡量网络中的个体权力。网络个体权力越大，意味着处于网络中的节点权力等级越高，越有能力影响和决定其他个体权力，或越多的其他个体处于该个体的从属地位。

网络中间中心度反映个体在多大程度上居于其他两个行动者之间，扮演着“掮客”或者“中间人”角色，因而是一种相对控制能力指数。贸易网络中的个体中间中心度越小，该个体对其他行动者的控制程度越低，从而处于贸易网络的边缘。本文选取中间度（Betweenness）作为衡量网络中间中心度的指标，中间度越高的国家，越有能力控制其他国家的价值链升级进程。

接下来利用 UCINET 6.0，基于 2000—2014 年“一带一路”沿线各国双边出口贸易矩阵对各国在网络供给中的度数中间度、个体权力和中间中心度分别进行测度，将输出的部分测度结果整理在表 2 和表 3 中。为了更加直观地刻画沿线各国的网络化供给特征，我们采用 NetDraw 2.0 绘制 2000 年和 2014 年供给网络，如图 1 和图 2 所示。

图中，两个国家之间的连线表示双边贸易超过设定的阈值，由于国家双边贸易关系非常庞杂，为了提高图形的可读性，我们分别在图 1 和图 2 中略掉了双边贸易额小于极值 5.00% 与 6.67% 的国家个体及相互关系，保留了大多数较强的网络关系。图中每个国家节点标签中的倒三角、菱形、圆形分别表示其所属的亚洲、欧洲和非洲地理位置；选用黑色、灰色、白色分别表示发达国家、发展中国家和转型国家；利用线条的粗细表示双边贸易关系的紧密程度；为了提升可读性，我们在不影响整体效果的情况下对部分节点的位置稍作调整，但其相对位置在很大程度上仍能客观反映其在网络化供给中的“中心—外围”地位。

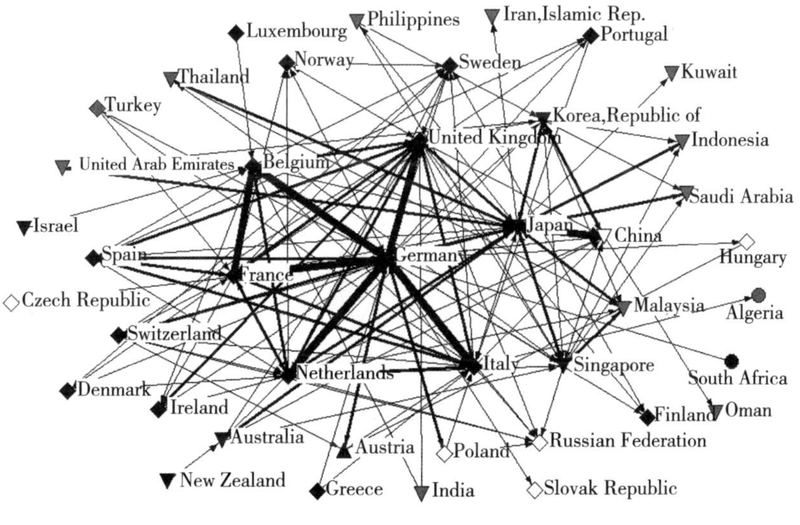

图 1　2000 年“一带一路”沿线各国网络化供给图谱

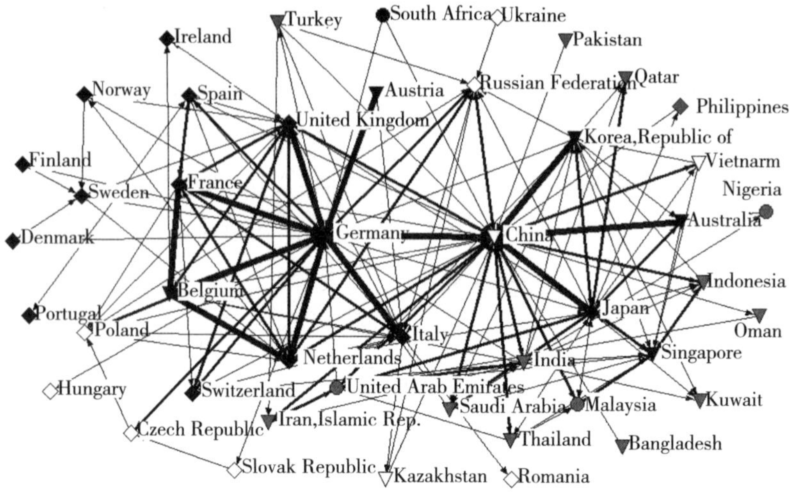

图 2　2014 年“一带一路”沿线各国网络化供给图谱

表 2　“一带一路”沿线亚洲各国网络化供给比较

国　家	Degree			Power			Between		
	2000	2007	2014	2000	2007	2014	2000	2007	2014
澳大利亚	1. 422	1. 713	2. 367	5. 087	5. 109	5. 708	6. 035	3. 176	2. 669
阿塞拜疆	0. 046	0. 214	0. 271	0. 106	0. 294	0. 423	1. 506	1. 047	1. 646
巴林	0. 137	0. 151	0. 195	0. 318	0. 345	0. 448	1. 658	1. 311	1. 841
孟加拉国	0. 192	0. 224	0. 463	0. 646	0. 609	1. 225	3. 545	1. 473	1. 889
文莱	0. 098	0. 111	0. 127	0. 130	0. 149	0. 203	0. 240	0. 338	0. 718
柬埔寨	0. 040	0. 061	0. 166	0. 162	0. 206	0. 469	1. 400	1. 543	1. 377
中国	3. 552	8. 286	13. 482	12. 154	21. 064	32. 909	6. 675	3. 176	2. 669
印度	0. 971	2. 256	3. 790	3. 894	8. 086	11. 509	6. 675	3. 176	2. 669
印度尼西亚	1. 193	1. 412	1. 886	3. 039	4. 014	5. 687	6. 675	3. 176	2. 669
伊朗	0. 684	1. 187	1. 181	1. 334	2. 381	2. 952	2. 311	2. 879	1. 710
以色列	0. 603	0. 439	0. 536	2. 499	1. 589	1. 670	3. 146	1. 459	1. 641

续表

国家	Degree			Power			Between		
	2000	2007	2014	2000	2007	2014	2000	2007	2014
日本	7.615	6.510	6.270	26.120	20.303	20.742	6.675	3.176	2.669
约旦	0.074	0.139	0.199	0.320	0.519	0.740	4.058	1.981	2.332
哈萨克斯坦	0.163	0.649	0.793	0.510	1.379	1.341	2.429	1.804	1.535
韩国	3.199	3.880	4.866	11.760	11.800	14.242	6.675	3.176	2.669
科威特	0.411	0.639	0.799	0.602	0.716	0.884	4.480	1.877	1.789
吉尔吉斯斯坦	0.013	0.065	0.085	0.048	0.247	0.302	0.888	0.227	0.485
马来西亚	1.894	1.684	2.201	7.130	5.344	6.518	6.427	3.176	2.470
蒙古	0.016	0.031	0.074	0.054	0.088	0.171	0.263	0.511	0.762
缅甸	0.070	0.095	0.245	0.267	0.215	0.733	1.469	0.771	0.387
新西兰	0.285	0.293	0.365	1.080	1.006	1.079	5.710	2.858	2.488
阿曼	0.294	0.333	0.562	0.516	0.684	1.070	4.559	2.425	1.505
巴基斯坦	0.271	0.388	0.504	1.078	1.434	1.741	6.042	2.945	2.470
菲律宾	0.873	0.621	0.829	3.492	2.190	2.865	4.104	2.677	2.669
卡塔尔	0.277	0.578	1.166	0.274	0.845	0.899	0.951	1.782	2.336
沙特阿拉伯	1.439	2.061	2.574	2.583	2.951	4.595	4.032	2.784	2.336
新加坡	2.950	2.860	3.408	10.885	8.152	9.497	6.241	2.837	2.669
斯里兰卡	0.150	0.135	0.210	0.586	0.446	0.694	4.294	2.579	2.669
坦桑尼亚	1.036	0.057	1.493	0.185	0.213	0.269	3.323	2.101	1.631
泰国	1.342	1.577	2.276	3.518	4.777	5.294	6.475	3.176	2.640
土耳其	1.009	1.632	1.703	4.062	5.712	6.132	4.849	3.176	2.499
阿联酋	5.219	2.264	3.992	3.607	4.978	5.320	5.857	2.702	1.940
越南	0.370	0.635	1.690	1.249	2.070	5.034	4.427	1.772	2.092
阿尔及利亚	0.397	0.469	0.621	0.784	1.042	1.616	2.209	0.996	0.964
奥地利	1.634	1.913	1.660	6.678	6.240	5.386	6.030	3.176	2.669
比利时	4.626	5.005	4.488	15.662	14.950	12.488	6.675	3.176	2.669
保加利亚	0.136	0.274	0.362	0.558	0.997	0.949	4.743	2.750	2.422

续表

国家	Degree			Power			Between		
	2000	2007	2014	2000	2007	2014	2000	2007	2014
克罗地亚	0. 130	0. 229	0. 168	0. 589	0. 861	0. 609	4. 142	2. 416	1. 610
塞浦路斯	0. 144	0. 193	0. 098	0. 662	0. 751	0. 362	3. 502	2. 985	1. 677
捷克	0. 749	1. 423	1. 626	3. 231	4. 697	4. 586	5. 807	2. 750	2. 669
丹麦	1. 082	1. 107	0. 996	4. 145	3. 721	3. 149	6. 675	3. 176	2. 669
埃及	0. 328	0. 401	0. 599	1. 500	1. 479	2. 210	6. 176	2. 750	2. 085
埃塞俄比亚	0. 022	0. 042	0. 096	0. 093	0. 159	0. 330	0. 672	1. 072	0. 735
芬兰	0. 994	1. 021	0. 703	3. 480	3. 414	2. 356	6. 675	2. 858	2. 122
法国	7. 592	6. 802	6. 036	28. 839	23. 097	20. 254	6. 675	3. 176	2. 122
德国	12. 392	13. 770	12. 761	44. 886	38. 430	35. 455	6. 675	3. 176	2. 122
希腊	0. 734	0. 792	0. 517	3. 264	2. 997	1. 697	5. 037	2. 480	2. 473
匈牙利	0. 754	1. 149	1. 020	3. 169	3. 692	3. 141	5. 240	3. 176	2. 488
爱尔兰	1. 876	1. 294	1. 042	4. 584	3. 523	2. 199	6. 030	3. 176	2. 669
意大利	5. 480	5. 787	4. 640	20. 973	19. 189	14. 235	5. 574	2. 933	2. 122
肯尼亚	0. 075	0. 106	0. 182	0. 303	0. 388	0. 669	1. 893	1. 902	1. 720
卢森堡	0. 266	0. 334	0. 259	1. 112	1. 049	0. 867	4. 057	2. 707	1. 874
马达加斯加	0. 026	0. 028	0. 033	0. 098	0. 098	0. 101	1. 016	1. 231	1. 054
马耳他	0. 101	0. 090	0. 151	0. 449	0. 344	0. 564	1. 887	1. 548	1. 309
莫桑比克	0. 027	0. 050	0. 105	0. 120	0. 145	0. 372	0. 619	0. 398	0. 979
荷兰	6. 129	7. 027	7. 147	20. 873	19. 370	18. 241	6. 675	3. 176	2. 669
尼日利亚	0. 272	0. 416	0. 883	0. 693	1. 025	1. 481	2. 803	1. 988	1. 373
挪威	1. 290	1. 483	1. 365	2. 974	2. 904	2. 527	5. 471	3. 176	2. 669
波兰	1. 044	1. 923	2. 186	4. 640	6. 872	7. 108	3. 710	3. 176	2. 669
葡萄牙	0. 933	0. 825	0. 689	4. 100	3. 134	2. 368	4. 431	3. 176	2. 669
罗马尼亚	0. 300	0. 667	0. 728	1. 230	2. 485	2. 394	5. 037	2. 609	2. 669
俄罗斯	1. 904	3. 478	3. 653	3. 492	8. 466	7. 931	6. 215	3. 176	2. 669
斯洛伐克	0. 329	0. 728	0. 828	1. 280	2. 334	2. 425	4. 263	1. 958	1. 693

续表

国家	Degree			Power			Between		
	2000	2007	2014	2000	2007	2014	2000	2007	2014
南非	0.620	0.813	0.866	2.348	2.758	2.847	5.037	2.750	2.669
西班牙	3.556	3.946	3.084	14.699	14.817	9.769	6.675	3.176	2.669
瑞典	1.968	1.828	1.567	6.986	5.894	4.723	6.675	3.176	2.669
瑞士	2.164	2.174	2.788	8.875	7.576	7.598	6.675	3.176	2.669
乌克兰	1.199	0.759	2.812	2.176	2.571	2.720	4.525	3.176	2.383
英国	6.153	6.321	5.192	25.841	23.238	20.673	4.295	3.176	2.144
赞比亚	0.031	0.062	0.099	0.104	0.119	0.182	2.442	0.664	0.954

四、实证分析

1. 模型构建

本节运用2000—2014年“一带一路”沿线70国面板数据对前文理论逻辑进行实证检验。为了重点检验异质性需求与网络化供给的协同发展机制对全球价值链的促进作用，我们分别选取异质性需求和网络化供给作为计量模型的核心解释变量；选择信息科技应用、对外开放度和金融服务水平等可能影响全球价值链升级的重要因素作为模型控制变量，以此为基础构建符合本文理论逻辑的计量模型，表达式如下：

$$\begin{aligned}\ln GVC_{it} = \alpha + \beta_1 Hetero_{it} + \beta_2 Degree_{it} + \beta_3 Power_{it} + \beta_4 Between_{it} + \\ \sum_j \lambda_j Control_{ijt} + \mu_{it} + \varepsilon_{it}\end{aligned} \tag{2}$$

其中，GVC为被解释变量全球价值链地位，*Hetero*为前文测算的异质性需求变量，*Degree*，*Power*和*Between*分别为前文测算的网络度数中心度、个体权力和中间中心度。*Control*为控制变量集，μ_{it}为不可观测的个体固定效应，β与λ分别表示核心解释变量和控制变量的弹性系数，α、ε_{it}分别表示截距项和随机扰动项，下标i和t分别表示国家和时间。

2. 变量与数据

被解释变量全球价值链地位与核心解释变量数据源于前文测算，时间跨度均为2000—2014年。如前文所述，由于异质性需求与网络化供给协同发展和信息科技应用具有千丝万缕的联系，信息科技不仅能通过提升二者的协同效应间接促进价值链升级，而且可以直接促进一国价值链升级。因此，我们在控制变量中引入信息科技应用变量，这里用信息科技产品贸易额（ICTtrade）近似替代，数据源自联合国贸易和发展会议数据库（UNCTADstat）。一国经济对外开放政策在很大程度上决定了关税水平、外商投资及对外投资成本、内外市场发展潜力，因此，采用各国总出口额占国内生产总值比重表示贸易依存度，以此作为对外开放度（*Openss*）变量的衡量指标，数据来源同上。金融发展同样可能是影响价值链升级的重要因素，这里用各国银行体系对国内私人部门信贷额占国内生产总值百分比反映其金融服务能力（*Banking*），数据来源同上。

3. 结果与解释

为简化起见，具体国家名称省略。Hausman检验结果显示固定效应模型估计结果优于随机效应模型，因此，基于固定效应模型，采取逐步回归方法，依次将核心变量及控制变量纳入模型进行实证检验。在控制一系列变量进行检验后我们发现，除网络个体权力变量显著性有所变动外，其他变量均呈现出较为稳定的显著性水平，从而表明模型构建和计量结果具有较高的稳健性。具体计量结果如表3所示。

表3 计量模型估计结果

解释变量及常数项		模型（1）	模型（2）	模型（3）	模型（4）	模型（5）	模型（6）
核心变量	*Hetero*	0.712***	0.711***	0.769***	0.770***	1.036***	1.013***
		(4.66)	(4.66)	(5.05)	(5.04)	(6.56)	(6.36)
	Degree	0.136***	0.180***	0.144***	0.145***	0.154***	0.158***
		(7.17)	(5.71)	(4.39)	(4.37)	(4.75)	(4.84)
	Power		0.065***	0.043***	0.043***	0.054***	0.047***
			(4.08)	(3.62)	(3.51)	(4.39)	(3.73)
	Between			−0.013	−0.008	−0.021	−0.015
				(−0.74)	(−0.96)	(−1.09)	(−1.13)

续表

解释变量及常数项		模型（1）	模型（2）	模型（3）	模型（4）	模型（5）	模型（6）
控制变量	*ICTtrade*				0.005 （1.49）	0.001** （2.17）	0.000* （1.70）
	Openss					0.868*** （5.62）	0.870*** （5.60）
	Banking						0.058** （1.93）
_cons		9.779*** （77.46）	9.813*** （76.94）	9.992** （73.44）	9.988*** （68.31）	10.480*** （62.19）	10.194*** （45.83）
R^2 – within		0.2650	0.2680	0.2803	0.2746	0.3092	0.3151
模型		FE	FE	FE	FE	FE	FE
观测值		1050	1050	1050	1050	1050	1050

注：括号中的数字为 t 值；***、**、* 分别表示在 1%、5%、10% 的置信水平上通过显著性检验。

计量结果显示：

第一，异质性需求变量弹性系数与理论预期符号相符，表明各国进口国外产品的异质性程度对其价值链升级能够产生明显的正向促进作用，从而验证了我们提出的判断，在国际产品内分工下，企业通过模块化层层分解，产生规模不断攀升的异质中间需求，而异质中间产品需求的满足往往依赖于从国外进口，在满足异质品需求的同时通过专业化生产实现规模经济和范围经济，为推动本国企业价值链升级奠定坚实基础。

第二，网络度数中心度和网络个体权力对价值链升级的贡献显著为正，意味着特定国家在供给网络中的度数中心度和网络个体权力越大，就能够与越多国家建立起贸易关系，不仅通过拓展产品内分工广度奠定了模块化企业规模经济与范围经济基础，而且能够通过影响更多其他国家的分工演进决定其他国家企业的网络个体权力，因此对本国价值链升级产生的促进作用也就越大。对网络中间中心度的测度结果与理论预期相反，但在可接受水平上并不显著，原因可能在于，随着时间推移供给网络个体关系逐渐趋向分散，大部分国家的中间中心度随时间逐渐降低，抵消了个体层面的正向效应，因而其对价值链地位的影响尚待探索。

第三，在引入对外开放度变量后，信息科技产品贸易对一国价值链升级的正向效应趋于显著，信息科技产品贸易越发达，意味着一国信息产品比较优势和商务应用水平越高，表明信息科技主导的新兴生产方式变革正加速促进全球价值链升级，各国企业通过利用大数据、云计算和物联网等信息科技减少企业信息不对称和交易成本，同时展开异质性需求挖掘、大规模定制生产与全球供应链内在协同，有利于加速助推本国价值链升级。

第四，对外开放度呈现出非常显著的正向效应，意味着一国内外市场通达性和便利性越高，越有利于通过更大的市场实现规模经济并专注自身核心竞争力，同时越有利于其企业参与模块化分工并网络化供给协同发展机制，利用“开放式创新网络组织”在全球范围内寻求、匹配和重组附加值更高的模块，弥补产品价值链条中“木桶效应”模块，提高企业出口技术含量和商品品质，对各国价值链升级产生积极影响。

第五，金融服务能力对价值链升级产生较为显著的促进效应。金融服务促进储蓄向投资转化并使资金流向效率更高部门，金融服务可得性与便利性越高，企业对外投资和进出口贸易所需的直接或间接融资成本就越低；同时，资本与技术创新互促融合发展使最优生产技术不断涌现，仿效资本密集型和技术密集型生产环节的融资约束，有利于加快企业资本积累和技术创新。

五、结论与政策建议

本文构建计量模型，实证检验了理论分析部分提出的异质性需求与网络化供给协同发展对全球价值链升级的促进机制，并得到了较为显著的量化研究结论。第一，尝试构建并阐释异质性需求与网络化供给协同促进价值链升级的理论机理，揭示出信息科技变革与内外市场通达性是该发展机制自我强化的重要基础。第二，通过构建出口商品异质性指数测度了“一带一路”沿线各国异质性需求程度，借助社会网络分析方法工具测算并可视化沿线国家的网络化供给能力。第三，利用面板数据构建计量模型验证了这一重要发展机制，结论表明异质性需求与网络化供给机制能够显著促进各国价值链升级。

第四，信息商务应用、对外开放程度与金融服务能力等重要影响因素对各国价值链升级具有显著的正向效应，其中对外开放水平的正向作用最为明显。

基于研究结论，本文提出如下政策建议：首先，“一带一路”沿线国家应该努力构建和融入促进本国价值链升级的异质性需求与网络化供给协同机制；为了加快这一重要发展机制在本国衍生并不断累积强化，政府应注重构建国家级工程大数据实验室和信息基础设施建设等公共服务平台，为本国传统企业与新兴网络化供给机制融合提供商业支持和公共服务。其次，利用“一带一路”互联互通战略机遇，积极与沿线国家开展投资贸易自由化和便利化合作，扩大对外开放力度，加快信息通信科技等在企业生产方式变革中的商业应用，加快本国信息产业与制造业的深度融合，积极利用内外双重市场和资源提供的“开放式创新网络组织”促进本国价值链升级。最后，沿线国家金融服务技术创新应由传统的松散型、有边界、小规模模式转向网络型、无边界和全球化的模式转型；重点支持技术创新融资约束较强的本国私人部门，助推其积极参与并融入全球模块化分工网络，有选择地引进和吸收国外高端生产环节，通过外包非核心环节和技术积累提升自身核心竞争力，为企业价值链升级奠定坚实基础。

参考文献

[1] Panzar, J. C., Willig, R. D. Economies of Scope [J]. *American Economic Review*, 1981, 71 (2): 268 -272.

[2] Simon, H. The Architecture of Complexity: Hierarchic Systems [C]. MIT Press, 1996: 183 -216.

[3] Pine II, B. J. *Mass Customization: The New Frontier in Business Competition* [M]. Boston: Harvard Business School Press, 1992: 121 -125.

[4] Gereffi, G., Kaplinsky, R. The Value of Value Chains: Spreading the Gains from Globalisation [C]. IDS Bulletin. 2001.

[5] 侯若石. 全球生产组织方式变化与企业社会责任 [J]. 珠江经济,

2004 (Z1): 4 - 10.

[6] 曹虹剑. 网络经济时代模块化组织治理机制研究 [M]. 北京: 经济科学出版社, 2010.

[7] 马莉莉, 张亚斌. 网络化时代的公共服务模块化供给机制 [J]. 中国工业经济, 2013 (9): 95 - 107.

[8] 张亚斌, 马莉莉. 大数据时代的异质性需求、网络化供给与新型工业化 [J]. 经济学家, 2015 (8): 44 - 51.

[9] Fahim AlMarhubi. Export Diversification and Growth: An Empirical Investigation [J]. *Applied Economics Letters*, 2000, 7 (9): 559 - 562.

土地流转促进农民工收入提高：理论分析与实证研究

张　雷

摘　要： 本文首先对学界关于土地流转与农民工收入关系的文献进行梳理和评述，从理论角度分析土地流转怎样影响农民工的收入，然后构建数理模型，并提出土地流转能够促进农民工收入增长的假说。接下来，对土地流转促进农民工收入增长的机制进行计量分析，并通过华阴市土地流转促进农民工收入增长的案例，具体说明土地流转促进农民工收入增长的效果，最后得出研究结论。

关键词： 土地流转　农民工收入　财产性收入　工资性收入

作者简介： 张雷（1981—），陕西西安人，西北大学经济管理学院2012级政治经济学专业博士研究生。

一、引　言

农民工是在我国改革开放的重大历史背景下茁壮成长起来的劳动力军团，是现代产业劳动力的重要组成，也是我国城镇[①]建设的重要力量。伴随着农业生产效率的提高和城镇化的快速发展，农民工数量持续增长。国家统计局

① 本文中“城镇”与“城市”为同义语，“城镇化”与“城市化”为同义语。

2008 年开始监测农民工情况，截至 2015 年年底，我国农民工总量为 27747 万人，比 2008 年增加 5205 万人（2008—2015 年农民工数量变化和增速情况见图 1）。但是，与农民工数量快速增长呈明显对比的是，农民工真正在城市落户的比例却不高：我国常住人口城镇化率为 56.1%，而户籍人口城镇化率仅为 39.9%[①]。高达 60% 的进城务工人口仍然未落户城镇、融入城镇生活。推进新型城镇化、解决“三农”问题，必须破解农民工市民化中的问题，这一方面是破除城乡隔离现状的需要，另一方面也是加快城镇化的客观需求。

我国农村人均土地面积很少，仅为世界人均土地面积的 33.3%。但是，我国的农业劳动力人口在世界上位居第一。土地和农业剩余劳动力这两个问题严重影响着我国农业和农村的发展。土地流转[②]制度是我国农村土地制度不可缺少的一部分。在我国着力解决“三农”问题和努力推进城乡发展一体化的背景下，研究土地流转对农民工收入的影响，对于我国推进城乡发展一体化和实现农业现代化具有重要的理论和现实意义。

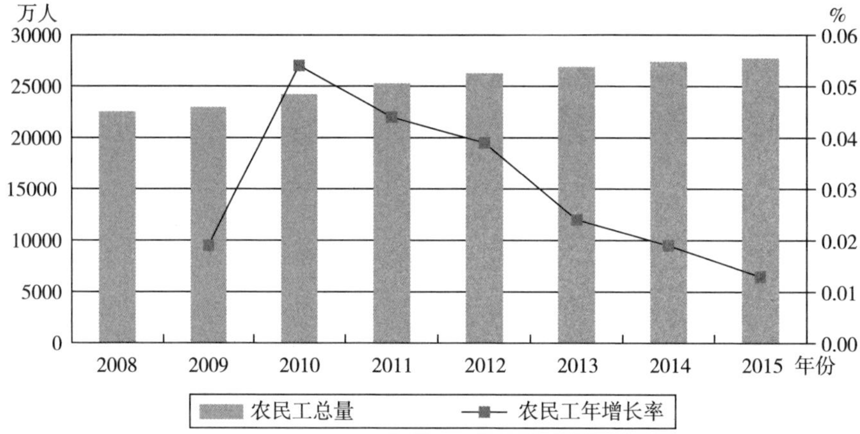

图 1　2008—2015 年农民工数量及增长率变化情况

数据来源：根据 2009—2015 年《农民工监测调查报告》数据整理制图。

要解决“三农”问题，必须解决好与农民工相关的问题。解决好土地流转问题，有利于破解人口与土地两大基本生产要素之间的矛盾，促进农村土

① 数据来源于网易财经网，http://money.163.com/16/1012/12/C3655B7F002580S6.html。

② 本文中土地流转与“土地承包经营权流转”“耕地流转”为同义语。

地资源配置优化，不断提高农业劳动生产率，进一步推动新型城镇化进程。本文将通过梳理和分析已有文献，从理论角度分析土地流转如何影响农民工的收入，进而构建模型，提出土地流转促进农民工收入增长的假说，并对土地流转促进农民工收入增长的效果进行计量分析。通过对陕西省华阴市土地流转促进农民工收入增长的案例进行分析，具体说明土地流转促进农民工收入增长的实践和效果，最后提出研究的结论。

二、文献综述

近年来，学者们对农民工市民化进程中的农村土地制度改革问题进行了一些研究。卢向虎等（2006）认为，大量农业剩余劳动力进入城市非正规部门务工，原因是这些非正规部门的就业机会较多。但由于城乡生活成本差距较大，城乡期望收益差距在逐渐缩小。因此，要从根本上解决农业剩余劳动力转移问题，不仅要破除农业剩余劳动力的户籍障碍，关键还要看如何通过将农业剩余劳动力的财产转移到城市，解决市民化成本问题①。陶然、曹广忠（2008）认为，在现行农村土地制度安排下，土地流转受阻，土地租赁市场处于低效率运行状态，农业剩余劳动力兼业经营、不彻底转移现象随之出现，土地作为部分农户的生活保障来源，可能会对其他农户通过土地脱贫和增收造成阻碍②。蔡昉（2010）提出我国土地城镇化与人口城镇化之间存在不协调，人口城镇化较土地城镇化而言进展缓慢③。陈锡文（2013）认为，中国需要解决农民工市民化中的土地问题，最重要的是，在当前二元土地制度下，在土地增值收益方面创建人人平等的分配制度④。

傅晨、任辉（2014）认为，进城务工的农民难以脱离农村土地，农村土地

① 卢向虎，朱淑芳，张正河．中国农村人口城乡迁移规模的实证分析［J］．中国农村经济，2006（1）．

② 陶然，曹广忠．“空间城镇化”“人口城镇化”的不匹配与政策组合应对［J］．改革，2008（10）．

③ 蔡昉．城市化与农民工的贡献——后危机时期中国经济增长潜力的思考［J］．中国人口科学，2010（1）．

④ 陈锡文．当前我国农村改革发展面临的几个重大问题［J］．农业经济问题，2013（1）．

制度改革动力不足是重要原因，而“土地情结”导致农村“推力”不足[①]，应该采取措施盘活土地，促进土地制度改革与创新。张国胜、陈瑛（2013）提出应不断提高农民工各方面的能力，尤其是其市民化社会成本的承担能力[②]。土地流转是土地制度改革的核心（顾钰民，2014）[③]。赵云（2014）认为，现行土地流转制度严重限制了农民工进行永久性迁移[④]。徐美银（2016）认为，农民工要实现身份转化，就要具备一定的财产积累，但农民工极其缺乏财产性收入[⑤]。土地作为农业重要的生产要素和土地资源，其经营权是农户家庭重要的财产权利。但当前农村土地制度对土地产权的限制制约了土地的顺畅流转（刘守英，2014）[⑥]，妨碍了土地价值的充分发挥，限制了农民工财产性收入的增长。

土地流转不仅能够有效提高农业劳动生产率，促进农业规模化、现代化，而且有助于促进农村产业结构升级，加快农业发展。大部分学者认为，土地流转与农民工收入提高密切相关。一方面，农民工的“亦工亦农”身份，以及兼业经营方式阻碍着农民工市民化的进程；另一方面，土地流转能够增加农民工非农就业机会，提高农民工收入。市民化成本高昂是阻碍农民工市民化的重要因素之一，而促进土地产权资本化、加快土地流转，能够促进农民工收入增长，有助于解决市民化成本承担问题。但怎样通过土地流转促进农民工收入增长、具体的促进路径是什么，学者们尚缺乏深入研究。

三、土地流转影响农民工收入的理论分析与模型构建

（一）理论分析

农民工的收入来源主要有两种：一是土地流转收益带来的财产性收入；二

① 傅晨，任辉．农业转移人口市民化背景下农村土地制度创新的机理：一个分析框架［J］．经济学家，2014（3）．

② 张国胜，陈瑛．社会成本、分摊机制与我国农民工市民化——基于政治经济学的分析框架［J］．经济学家，2013（1）．

③ 顾钰民．农业现代化与深化农村土地制度改革［J］．经济纵横，2014（4）．

④ 赵云．促进农村土地经营权流转推动农民工市民化［J］．人民论坛，2014（7）．

⑤ 徐美银．农民工市民化与农村土地流转的互动关系研究［J］．社会科学，2016（1）．

⑥ 刘守英．中国土地制度改革的方向与途径［J］．上海国土资源，2014（1）．

是从事非农产业的工资性（或经营性）收入。土地流转促进土地规模化、专业化经营，不仅能够提高农民工的财产性收入，还能提高农民工的工资性收入。

1. 土地流转带来流转收益，可促进农民工财产性收入增长

第一，土地流转促进土地规模经营，流转收益使农民工获得财产性收入。

在进入城市就业的初期，财产性收入是农民工在城市就业和生活的经济基础。农民工在农村务农和生活时生活成本较低，虽然家庭承包责任制下零散经营的劳动生产率较低，但土地经营收入基本能够保证家庭的温饱。但农民工进入城市从事非农产业后，生活成本会快速上升。受教育程度低、技能欠缺、非农就业经验匮乏等因素影响，农民工在城市就业初期仅凭工资性收入无法承担其在城市居住和生活的高昂费用。农民工留在城市稳定就业一定时期后，财产性收入成为其职业发展进步的重要经济来源。随着农民工在城市务工和生活时间的积累，稳定地在城市就业、彻底移居到城市转化为市民成为大多数农民工的奋斗目标，但人力资本提升需要农民工为继续教育、职业培训等支付高昂成本，这些高昂费用成为阻碍农民工职业可持续发展的重要因素，财产性收入对农民工来说尤为重要。

从土地利用效率来看，农民工无论选择在农业和城市非农产业之间兼业经营，还是依靠年迈的父母低效率耕种土地，都会造成土地低效率经营或撂荒，土地利用率和劳动生产率低下，无法实现专业化经营，农民工就无法获得财产性收入，难以承担城市日常生活的基本生活支出。如果通过土地流转获得土地流转的收益，进而转化为财产性收入，可以大大减轻农民工在城市生活的压力。

第二，土地流转加快发展和用途多样化，可促进农民工财产性收入不断增长。

土地的顺畅流转能够促进土地流转规模不断扩大、土地规模经营的用途多样化。土地流转不仅促使农民工摆脱了农业和非农产业兼营压力，而且会促进农村土地专业化经营。土地小块分散经营时，农产品质量的提高面临众多难题，包括劳动生产率较低、农产品生产技术难以突破创新、农业科技研发成果难以用于实际农业生产、科技含量高的农业设施设备无法在小块土地上使用等。土地流转后，土地实现规模化、专业化经营，农业科技成果能够被大量运用于规模经营的土地，根据专业化、现代化经营的需要，科技含量高的现代化农业设备将被大量用于播种、施肥、喷洒农药、除草除虫害、粮食收割等农业生产中，农产品质量也将提高，进而对农产品的市场价格带来积极影响。农产品价格增长将会提高土地流转产生的增值收益，促进农民工财产性收入的增长。

土地流转增加了城市的农产品需求，提高了农民工的土地流转收益。土地流转提高了农业劳动生产率，促进了农业现代化发展。促进农业升级，为非农产业发展筑牢基础，还能加快农业剩余劳动力转移。同时，城市第二、第三产业的迅速发展也为农民工就业和生活提供了广阔的空间和载体。农民工向市民转化将促进城市人口增长，增加城市的农产品需求，进而提高农产品价格和农业生产收益，促进土地流转收益增长，农民工财产性收入也将得到增长。

2. 土地流转有助于农民工摆脱兼业经营，促进农民工工资性收入的增长

土地流转能够促进农民工摆脱兼业经营，带动农民工在城市工资性收入的增长。土地流转前，农民工在农业和城市非农产业之间兼业经营，城市非农产业中很少有为农民工专门批准农忙事假的行业和企业，农民工往往通过两种途径应对：一是以放弃平时正常休假为代价，积攒假期待农忙时回家务农，而平时由家中留守老人粗放管理土地；二是选择临时性工作，农忙时便辞职回家，亲自经营和管理土地，等农忙时节过后再重新回到城市寻找工作机会。在农民工第一种兼业经营方式中，不仅城市用人单位会因为定期劳动力缺乏而打乱工作计划或影响正常经营，而且农民工在城市稳定就业会受到严重影响，用人单位会减少农民工的就业机会。在农民工第二种兼业经营方式中，农民工不仅大大增加了搜寻就业机会的成本，而且无法确保职业的稳定性，反复更换工作更不利于职业技能的提高。

上述两种工作方式造成了农民工长期兼业经营的现象，就业的不稳定不仅导致农民工工资性收入偏低，而且严重阻碍了农民工向市民转化。土地流转能够促进农民工摆脱兼业经营的问题。土地流转不仅促进了土地规模化、专业化经营，而且使农民工能够长期稳定地在城市从事非农产业。一方面，农民工长期稳定地就业，能够根据《劳动合同法》规定，与用人单位签订较长期限的《劳动合同》，随着工龄的增长提高自己的工资性收入；另一方面，农民工长期从事同一行业，能够不断积累工作经验，弥补受教育程度低的劣势，通过努力不断提高自己的职业技能，丰富社会阅历。人力资本提升同样能够提高农民工在城市中的工资性收入。

此外，土地流转促进土地规模经营，有利于土地的专业化、现代化经营管理，加快农业向现代化方向发展。农业现代化发展促进城市第二、第三产业加快发展。城市第二、第三产业大力发展促进了城市产业结构调整和经济增长，有助于提高农民工整体的工资性收入。由此可见，土地流转有助于破解农民工兼业经营难题，提高农民工从事第二、第三产业的工资性收入。

（二）模型构建

Singh，Squire 和 Strauss（1986）将农户效用确定为农产品消费、非农产品消费、闲暇的函数。农户既是消费者也是生产者，其目标是效用最大化，但却受到总的资源约束。

考虑最简单的情况，农户自给自足，只消费农与非农两种产品，没有任何储蓄，劳动市场完善的农户模型的第一个收入约束形式

$$p_a X_a + p_m X_m + wL_h = p_a Q + w(L - L_a) \tag{1}$$

其中，p_a、p_m 分别代表农产品与非农产品价格；X_a、X_m 代表农产品与非农产品消费；L、L_a、L_h、L_b 代表农户劳动供给、自家劳动投入、雇佣劳动投入、非农劳动投入；w 代表工资水平；Q 代表农产品产量；r 代表土地租金；X_l 代表闲暇。从支出角度看，即式（1）左端，$p_a X_a + p_m X_m$ 代表农户家庭自身的消费，wL_h 表示雇佣劳动投入的价值；从收入角度看，即式（1）右端，$p_a Q$ 代表农户农业生产收入，$w(L - L_a)$ 代表农业投入之外的价值。A 代表土地要素投入。

假定农产品生产需要土地和劳动力两种投入，即

$$Q = F(A, L_a, L_h)$$

农户家庭时间禀赋：

$$L + X_l = T$$

以上两个公式代入第一个收入约束并移项得总约束条件

$$p_a X_a + p_m X_m = p_a Q - wL_h - wL_a - rA + wL \tag{2}$$

$$\pi = p_a Q - wL_h - wL_a - rA; wL = wT - wX_l \tag{3}$$

由此农户最优化行为可以表述为

$$\max U(X_l, X_m, X_a)$$

$$\text{s. t. }: p_a X_a + p_m X_m + wX_l = \pi + wT \tag{4}$$

模型表明农户的效用水平取决于消费与闲暇，而消费水平又与收入水平相关。通过将时间约束与收入约束组合为单一的“完全收入”总约束条件，使农户家庭总劳动时间价值得以用货币工资 w 衡量。

该约束条件的一阶条件可得：

$$p_a \frac{\partial Q}{\partial A} = r \quad p_a \frac{\partial Q}{\partial L_b} = w \tag{5}$$

以上条件表明，新古典经济农户家庭的非农就业工资率与土地的租金率应当等于用于农业生产的各种要素边际产品价值。

然而模型将农户的生产决策与消费决策分离并不符合现实，由于农户生产者与消费者的双重身份，还应考虑生产农产品的利润效应（家庭农产品消费对农产品价格的反应程度）。

$$\frac{\partial X_a}{\partial p_a} = \frac{\partial X}{\partial p_a} + \frac{\partial X_a}{\partial Y}\frac{\partial Y}{\partial p_a} \tag{6}$$

农产品价格上涨，立刻使得包括劳动在内的所有投入要素边际产品提高，作为生产者的家庭也适用厂商的利润最大化原则：两者都会在投入要素的边际产品等于投入要素的价格那一点上使用投入要素。这样，较高的劳动边际产品价值导致农产品生产对劳动需求的增加。家庭劳动投入既可投入家庭农场中，也可以投入非农就业市场上。主要农产品价格上升会使家庭分配更多的劳动投入在农业生产上。农产品价格上涨对农业的生产收入效应为正，然而作为消费者，家庭会面临更高的农产品价格，这就产生了正的收入效应与负的斯拉斯基效应的对抗。因此，农产品价格水平的上升对家庭消费农产品的影响，依赖于家庭效用曲线的斜率和利润效应的大小，进而影响农户家庭如何分配自己的劳动时间。

图 2 中横轴表示农户可以支配的总时间 T，纵轴表示农户家庭的实际收入。A、B、C 分别代表只从事农业生产、从事农村兼业经营、从事非农就业的农户家庭。假设存在一条维持农户生存的农户最低总产量线 TPP（直线表

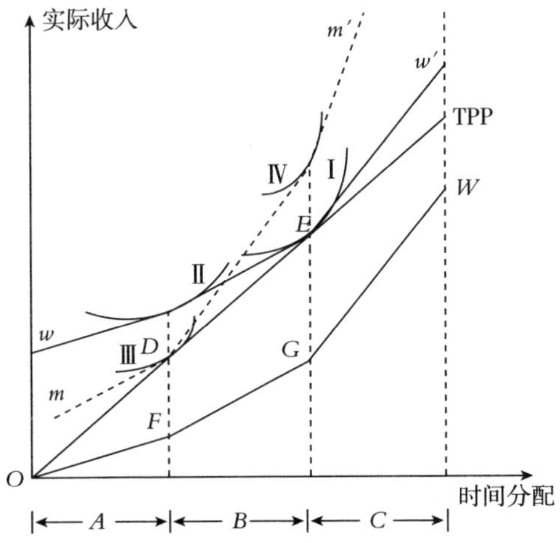

图 2　巴鲁姆斯奎尔农户模型下不同农户的劳动时间配置

明 3 个家庭农业生产的边际劳动率相等），w 为货币工资，p 为平均农产品价格，w/p 表示相对市场工资，即农户的机会成本。斜率为 w/p 的直线 OW 表示时间投入增加时农户实际总收入的增长情况，点 W 为一个家庭时间的总机会成本，即

$$W = wT / p \quad (7)$$

直线是经过位移的实际工资线，表示用市场价格计量的时间机会成本。曲线Ⅰ到曲线Ⅳ为无差异曲线，即在带给家庭相同效用的前提下，非农劳动时间与家庭农业总劳动时间两者不同的各种组合。农户是否从事非农就业是由不同农户从事农业生产劳动的机会成本（即实际工资水平）所决定的。由于 3 个家庭的工资水平由 A 到 C 逐步提高，对应于 ow 曲线与曲线的不同斜率。巴鲁姆—斯奎尔农户模型的均衡条件①是：

①劳动的边际产品（MVPL）等于工资 w，其他可变投入的边际产品（MVPV）等于其平均价格 v。②效用函数中的任意两个自变量之间的边际替代率等于它们之间的价格比率。当MRS（Lb，T）$=w/p$时，农户可以决定把劳动时间更多地用于非农劳动还是农业劳动。若农户的生产函数只有一种产出，也只有劳动这一种可变投入，则其均衡条件为：MPP $= w/p$。由此曲线上的均衡点为 E 点，在 E 点右侧非农就业的实际机会成本大于农业的边际物质产品 MPP，此时从事非农就业是农户的最优选择。

巴鲁姆—斯奎尔模型全面反映了农户决策如何受到实际工资水平或农产品价格等因素变化的影响。如图 2 所示，货币工资 w 上升，从而促进价格比率 w/p 提高，使位移发生变化的工资成本线 ww' 的斜率更加陡峭，实际工资线由 ww' 变动为 mm'，降低了家庭农业产量，促使原本从事兼业经营的 B 家

① ［英］弗兰克·艾利思．农民经济学［M］．上海：上海人民出版社，2006.

庭为追求更高的效用（无差异曲线由Ⅰ到Ⅳ）减少家庭劳动与兼业经营时间，增加了非农劳动时间，提高了家庭收入，进一步实现了农民工市民化。但只从事农业生产的家庭A，在现有自身土地要素不变的条件下，会面临极为不利的状况（无差异曲线由Ⅱ到Ⅲ）。

依据生产要素替代原理，在保持劳动投入不变的前提下，增加土地要素投入降低了土地的边际产出。如果此时能够通过土地流转将从事兼业经营的B类家庭的土地转让给专门从事农业生产的A类家庭，就可以实现土地规模经营，提高其农业的产出水平。这样不仅弥补了由于B类家庭转为从事非农就业而导致的农业产出损失，也使A类家庭的效用水平得到改善。

实现这一过程的关键，正是完善的劳动力市场与土地流转市场。

假说：土地流转能够促进农民工收入增长。

四、土地流转促进农民工收入增长的计量分析

（一）数据、变量与描述性统计

本节利用中国家庭收入调查项目第五轮全国范围调查数据CHIP 2013的截面数据，研究土地流转对农民工收入的直接效应，并着重分析不同土地流转方式的实际效果，对土地流转影响农民工市民化的收入增长机制进行实证检验。

CHIP数据是中国家庭住户收入调查的权威数据之一，目前公开了1988年、1995年、2002年、2007年和2013年5轮调查数据，其问卷由国内外相关领域专家合作设计，由北京师范大学中国收入分配研究院管理。CHIP 2013的样本来自国家统计局2013年城乡一体化常规住户调查大样本库。该样本库覆盖31个省份（港澳台除外）的16万户居民。CHIP项目组按照东部、中部、西部分层，根据系统抽样方法抽取得到CHIP样本。样本覆盖了从15个省份126城市234个县区抽选出的18948个住户样本和64777个个体样本，其中包括7175户城镇住户样本、11013户农村住户样本和760户外来务工住户样本。

尽管外来务工样本大多属于农民工群体，但由于该样本的问卷中只有关于土地承包的问题，没有土地转包的问题，而本文关注的是土地转包而非承包，所以只能从农村住户样本中设定条件筛选出农民工样本。具体筛选条件是，户籍类型是农业户口，2013 年有外出从业活动且时间超过 6 个月，年龄位于 18 至 65 岁区间内。

各变量的具体含义和计算方法如表 1 所示。

表 1　主要变量的含义及计算方法

类别	变量名称	变量说明	计算方法
被解释变量	ln*inc*	2013 年住户可支配收入	可支配收入取对数
核心解释变量	*transfer*	是否土地转包	土地转包 =1，没有土地转包 =0
	transacre	土地转包面积	单位：亩
	transycgr	土地有偿转包给个人面积	单位：亩
	transwcgr	土地无偿转包给个人面积	单位：亩
	transqydh	土地转包给企业或农业大户经营的面积	单位：亩
	transcjt	有偿或无偿转让给村集体的面积	单位：亩
控制变量	*exp*	工作经验	2014 减去参加这份工作的年份
	edu	教育水平	受正规教育的年数
	age	年龄	2014 减去出生年份
	age^2	年龄的二次项	年龄取平方
	gender	性别	男性 =1，女性 =0
	marriage	婚姻状态	已婚 =1，未婚 =0
	nationality	民族	汉族 =1，其他民族 =0
	political	政治身份	中共党员 =1，其他 =0
	location	就业地点	省会和直辖市 =1，其他 =0
	行业	分类变量，对照组：农林牧渔业	
	地区	分类变量，对照组：东部省份	

注：①表中土地流转与文中土地流转为同义；②行业分类按照 CHIP 2013 农村住户问卷中 C03_ 3 的行业划分办法分为 20 个行业，生成 19 个虚拟变量；③地区划分为东部省份、东北省份、中部省份、西部省份，生成 3 个虚拟变量。

为了度量农民工的收入水平，按照文献中的普遍做法，参考许恒周、郭玉燕（2011）[①]的研究，本文将农民工住户的可支配收入的对数值作为被解释变量，记作 ln*inc*；为了度量土地流转总体情况，已有文献使用转包面积、转让面积、出租面积等指标来衡量，本文参考了王春超（2011）[②]，高伟、张苏、王婕（2013）[③]，罗必良、何应龙、汪沙等（2012）[④]，何欣、蒋涛、郭良燕等（2016）[⑤]的研究，基于数据的可获得性，共提取了6个核心解释变量，其中包括土地流转虚拟变量，记作 *transfer*；土地转包面积，记作 *transacre*；土地有偿转包给个人面积，记作 *transycgr*；土地无偿转包给个人面积，记作 *transwcgr*；土地转包给企业或农业大户经营的面积，记作 *transqydh*；有偿或无偿转让给村集体的面积，记作 *transcjt*。

为了控制其他变量的影响，根据文献梳理，基于数据的可获得性，参考钟晓兰等（2013）[⑥]，闫小欢、霍学喜（2013）[⑦]，赵光、李放（2014）[⑧]的研究，本文还选取了一系列可控制变量，其中包括工作经验 *exp*、教育水平 *edu*、年龄 *age*、性别 *gender*、婚姻状态 *marriage*、政治身份 *political* 和就业地点 *location* 等。

表2是变量的描述性统计结果。需要说明的是，对于工作经验年限，本文用农民工参加当前工作的年份与2014年的差额表示。

---

① 许恒周，郭玉燕．农民非农收入与农村土地流转关系的协整分析——以江苏省南京市为例［J］．中国人口·资源与环境，2011，21（0）：61－66.

② 王春超．农村土地流转、劳动力资源配置与农民收入增长：基于中国17省份农户调查的实证研究［J］．农业技术经济，2011（1）：93－101.

③ 高伟，张苏，王婕．土地流转、收入预期与农村高等教育参与意愿［J］．管理世界，2013（3）：82－85.

④ 罗必良，何应龙，汪沙，等．土地承包经营权：农户退出意愿及其影响因素分析——基于广东省的农户问卷［J］．中国农村经济，2012（6）：4－19.

⑤ 何欣，蒋涛，郭良燕，等．中国农地流转市场的发展与农户流转农地行为研究——基于2013—2015年29省的农户调查数据［J］．管理世界，2016（06）：79－89.

⑥ 钟晓兰，等．农户认知视角下广东省农村土地流转意愿与流转行为研究［J］．资源科学，2013，35（10）：2082－2093.

⑦ 闫小欢，霍学喜．农民就业、农村社会保障和土地流转——基于河南省479个农户调查的分析［J］．农业技术经济，2013（7）：34－44.

⑧ 赵光，李放．养老保险对土地流转促进作用的实证分析［J］．中国人口·资源与环境，2014，24（9）：118－128.

表 2　主要变量描述性统计

变量名称	均值	标准差	最小值	最大值
ln*inc*	10. 65314	0. 6358172	6. 55108	12. 50618
transfer	0. 453149	0. 4981829	0	1
transacre	1. 382289	2. 437372	0	25
transycgr	0. 4846237	1. 634891	0	25
transwcgr	0. 4867127	1. 645211	0	20
transqydh	0. 7465899	13. 73506	0	350
transcjt	0. 153149	0. 858712	0	8. 7
exp	8. 029186	7. 631559	0	53
edu	7. 792627	2. 340613	0	16
age	46. 02919	8. 159227	22	65
age^2	2185. 157	746. 8741	484	4225
gender	0. 9769585	0. 1501506	0	1
marriage	0. 9861751	0. 1168535	0	1
nationality	0. 9569892	0. 2030373	0	1
political	0. 0506912	0. 2195351	0	1
location	0. 250384	0. 4335673	0	1

注：观测值（obs）均为 651。

（二）计量模型设计与结果分析

在上述变量定义的基础上建立计量模型。模型Ⅰ中的核心解释变量为 *transfer*，指农民工是否将家中的土地转包出去，为二值变量；该模型能够识别土地转包的收入增长效应。模型Ⅱ中的核心解释变量是 *transacre*，指土地转包的面积，此外，笔者还利用 CHIP 2013 关于不同土地转包类型的问题，设计了 *transycgr*、*transwcgr*、*transqydh*、*transcjt* 变量，分别代表土地转包给不同对象的面积，试图分析不同土地转包对象的收入增长效应差异。X 为一系列影响收入的控制变量，包括 *exp*、*edu*、*age*、age^2、*gender*、*marriage*、*nationality*、*political*、*location*，并对 *age* 取二次项，β 为待估系数，C 为常数项，ε_i 为随机误差项。

$$\ln inc = C + \beta_1 transfer + \beta_2 X + \varepsilon_i \text{（模型 I）}$$

$$\ln inc = C + \beta_3 transacre + \beta_4 X + \varepsilon_i \text{（模型 II）}$$

回归结果如表3所示，其中，（1）列和（2）列是模型Ⅰ的回归结果，由（2）列可知，将土地转包的农民工家庭收入比未转包者的收入水平提高了11.1%。（3）列至（7）列是模型Ⅱ的回归结果，分别使用 *transacre*、*transycgr*、*transwcgr*、*transqydh*、*transcjt* 作为解释变量。

表3　计量模型的估计结果

	(1)	(2)	(3)	(4)	(5)	(6)	(7)
变量	lninc	lninc	lninc	lninc	lninc	lninc	lninc
transfer	0.133*** (0.0499)	0.111** (0.0505)					
transacre			0.0278*** (0.00995)				
transycgr				0.0396** (0.0161)			
transwcgr					0.0167 (0.0121)		
transqydh						-0.00180*** (0.000537)	
transcjt							0.0252 (0.0182)
exp		0.00840*** (0.00286)	0.00891*** (0.00285)	0.00849*** (0.00286)	0.00864*** (0.00286)	0.00863*** (0.00287)	0.00868*** (0.00288)
edu		0.00833 (0.00989)	0.00924 (0.00971)	0.0104 (0.00983)	0.0103 (0.00981)	0.00973 (0.00992)	0.00973 (0.00993)
age		0.0292 (0.0222)	0.0294 (0.0219)	0.0290 (0.0217)	0.0319 (0.0219)	0.0320 (0.0218)	0.0311 (0.0219)
age^2		-0.000370 (0.000244)	-0.000371 (0.000242)	-0.000362 (0.000239)	-0.000395 (0.000241)	-0.000394 (0.000240)	-0.000385 (0.000242)
gender		-0.00145 (0.165)	-0.0270 (0.163)	-0.0466 (0.163)	-0.0354 (0.165)	-0.0429 (0.164)	-0.0338 (0.163)

续表

	(1)	(2)	(3)	(4)	(5)	(6)	(7)
变量	lninc	lninc	lninc	lninc	lninc	lninc	lninc
marriage		0.572***	0.560***	0.576***	0.586***	0.589***	0.592***
		(0.203)	(0.207)	(0.205)	(0.207)	(0.205)	(0.204)
nationality		0.338***	0.337***	0.349***	0.377***	0.373***	0.373***
		(0.103)	(0.105)	(0.104)	(0.105)	(0.106)	(0.106)
political		0.197*	0.171	0.153	0.199*	0.210*	0.195*
		(0.113)	(0.114)	(0.114)	(0.113)	(0.114)	(0.112)
location		−0.138**	−0.138**	−0.124**	−0.131**	−0.131**	−0.135**
		(0.0620)	(0.0610)	(0.0607)	(0.0614)	(0.0615)	(0.0623)
Constant	10.90***	8.983***	9.020***	9.026***	8.922***	8.927***	8.933***
	(0.0446)	(0.589)	(0.588)	(0.587)	(0.589)	(0.587)	(0.586)
行业	未控制	控制	控制	控制	控制	控制	控制
地区	控制	控制	控制	控制	控制	控制	控制
Observations	651	651	651	651	651	651	651
R-squared	0.103	0.192	0.196	0.195	0.188	0.187	0.187

注：括号内数值为回归系数的稳健标准误，***、**、*分别表示T检验1%、5%、10%水平下显著。

由（3）列可知，对于参与土地转包的农民工来说，土地转包面积每增加1亩，相应的家庭收入水平可提高2.78%，说明参与土地流转的农民工的收入随着土地转包面积的增加而提高；（4）至（7）列检验了不同土地转包对象的收入增长效应。其中，（4）和（5）列对比了土地有偿转包给个人和无偿转包给个人的收入增长效应的差异，结果发现，土地有偿转包给个人的面积每增加1亩，相应的家庭收入水平可以提高3.96%，而土地无偿转包给个人的收入增长效应并不显著。（6）列中的核心解释变量是土地转包给企业或农业大户经营的面积，其系数显著为负，显示该类土地转包的面积每增加1亩，农民工的家庭收入水平降低了0.18%。尽管系数较小，但也说明这类土地流转类型可能存在特殊性。结合笔者的实地调研，本文在此给出两种可能的解释：一是农民工在将土地转包给企业或农业大户的谈判过程中普遍处于弱势地位，在转包费的定价中缺乏话语权；二是由于本文使用的是截面数据，而土地转包给企业或大户开展规模化经营，获取收益的周期往往较长，收入增长可能存在滞后效应。这说明只有参与了土地流转，无论转包形式有偿还是无偿，农民工的收入均有提高，只是提升的幅度有所差异。（7）列的结果显示，农民工将土地有偿或无偿转让给村集体的收入增长效应不显著。

上述回归结果显示，土地流转（土地转包）的确存在促进农民工家庭收入增长的效应。总体上，土地转包面积增加 1 亩，能够促进农民工家庭收入增长 2.78%。在土地流转的 4 种不同方式和对象中，只有将土地有偿转包给个人存在显著的收入增长效应。

五、土地流转促进农民工收入增长的案例研究

（一）案例背景

华阴市（县级）隶属陕西省渭南市，位于陕西省关中地区南部，地处黄河第一大支流——渭河的主要泄洪区，在三门峡库区范围内。华阴市属温带气候，四季分明，年平均日照 2130.6 小时，无霜期 208 天，年平均气温 13.5℃以上，年均雨量 599mm。由于地处秦岭北麓山高坡陡、缺乏植被、库区夹漕地形等因素的影响，华阴极易发生洪涝灾害，尤其是该市东北部的东联村、陈家村、双泉村、沙坡村、吕城村、段城村及西河村等 7 个村庄，地处渭河滩地，紧邻多条河流交汇处，为水库移民安置区，土地总面积约 14968 亩，农业生产以种植粮食作物、棉花为主，十年九涝的恶劣环境给 7 个村庄的农业发展造成了严重的阻碍，给当地的农业生产和农户生活造成了重大损失。如 2003 年 8 月，华阴市重大洪水灾害造成双泉村等 7 个村庄农户颗粒无收、农村住宅大批倒塌，依靠当地政府的救助才恢复了日常生活。2005 年 7 月、9 月，华阴市又发生洪水灾害，洪水淹没了渭河河坝之外的大部分土地，华阴市内大面积土地被毁，相当一部分房屋倒塌，大部分农业设施遭受损失，双泉村等 7 个村庄农户蒙受了巨大经济损失，农户在土地上整年投入的资金和汗水化为泡影。

即使是气候正常年份，当地农民依靠传统农业经营方式，分散耕作生产，

每亩土地每年经济收益约300元（含人工成本），一般五口之家承包土地面积约为10亩，土地劳作年收入约3000元，仅能勉强维持在农村的生活，不可能实现向城市流转。恶劣的地理环境迫使当地农村的许多青壮年前往华阴市、渭南市及西安市等地从事第二、第三产业，而农村承包土地长期处于抛荒状态。洪涝灾害发生率高的农业环境和农户外出务工导致的土地抛荒，造成了华阴市土地资源的巨大浪费和损失。

除农业生产多次遭受损失外，双泉村等7个村庄的农民工向城市转移也十分困难。一方面，由于7个村的农民工全部为搬迁移民，对就业和生活的稳定性尤为重视，而几次搬迁移居导致他们缺乏财产积累，城市衣、食、住、行、医疗卫生、教育、社会保障等高昂的费用支出使他们惧怕长期生活在城市，兼业经营的就业方式和城市居住的暂时性使双泉村等7个村的农民工无法改变固有的生活方式。另一方面，受教育层次、专业技能、资金等因素限制，7个村的农民工在城市只能从事第二和第三产业中脏、苦、累的工作，而且工资收入低，农忙时还要回到农村务农，家庭收入增长缓慢，生产方式同样难以向市民转化。

（二）基本情况

2007年年初，华阴市政府移民局对双泉村等7个村庄所处地域进行了全面考察，在全面分析当地气候条件后，政府移民局组织干部前往武汉、宁波等城市调研水作物相关项目。华阴市委、市政府根据当地实际情况和移民局调研报告，认为莲藕种植不仅适合华阴市的气候环境、地域土壤种植条件，而且适宜当地雨涝积水较多的特殊地理环境。后经多次开会、调研，提出双泉村等7个村庄由原先种植粮食、棉花等作物改为种植适宜在水中生存、产量较高且经济价值较高的莲藕（市场价格约为1.5元/斤），破解农业生产遭受洪涝灾害的问题，以提高农民的农业生产收益。

华阴市政府为双泉村等7个村改种莲藕进行了基础设施建设，先后由财政出资1500余万元，实施了土地治理、农业综合开发、移民开发、干沟堤防整理、植树造林、道路交通等多个项目（详见表4）。

表4　2008—2010 年莲藕基地基础设施建设情况

项目名称	项目具体内容	资金来源
土地治理	平整土地 1200 余亩	财政资金拨款
干沟提防整理	新修生产道路 13 条，总计 11 千米	财政资金拨款
干沟提防整理	生产用桥梁 1 座	财政资金拨款
道路交通	道路硬化	财政资金拨款
农业综合开发	新打机井 27 座	财政资金拨款
农业综合开发	新增变压器 3 台	财政资金拨款
植树造林	绿化造林 2 平方千米	财政资金拨款

资料来源：根据万亩莲藕基地土地流转案例资料整理。

双泉村等 7 个村庄农户长期种植粮食、棉花等农作物，缺乏关于莲藕经济价值和种植风险等的相关知识。农户虽然频繁遭受洪水灾害带来的生产和生活损失，但长期的农作物种植习惯、种植成本投入以及产品收益的不可预测等因素，使农户对政府鼓励倡导种植莲藕的做法响应并不积极。在这种情况下，华阴市移民局从种植技术、投资补贴、产品供销信息等多个方面对 7 个村的农户进行扶持，鼓励农户种植莲藕。具体措施包括加强宣传莲藕种植相关惠农政策和帮扶办法，组织种植专家能手走访村庄，对种植农户及邻近非种植农户进行莲藕种植技术的培训，而且对莲藕种植户发放莲藕种植补贴（每亩地 300 元/年）。此外，华阴市移民局还积极为莲藕种植户解决产品销路问题，采取定期和不定期结合的方式将华阴市周边地区莲藕市场行情及时通告给莲藕种植农户，以保障农户的销售收益。

2008—2009 年，受华阴市政府采取的一系列鼓励种植莲藕措施的影响，双泉村等 7 个村的一些农户开始尝试种植莲藕，年收入有所提高。但由于传统的分散经营模式无法形成规模效应，劳动生产率仍旧较低，莲藕产量增长缓慢。再加上产、供、销无法统一，产品销售问题也日益暴露，农户收入水平提高迟缓。此外，由于莲藕种植、管理、采摘等过程需要人工泡在水田中，而当地农户多为北方人，不习惯水中工作方式，蚊虫又较多，给农户造成了一定的心理障碍，双泉村等 7 个村庄愿意种植莲藕的农户数量有限，种植面积仅 230 余亩，只占这 7 个村土地总面积的 0. 15%。

为解决上述问题，华阴市在陕西省和渭南市两级政府土地流转政策的支持下，积极探索促进土地流转、鼓励农户积极种藕的新政策。2010 年年初，在与农业专营组织和农业生产大户接洽过程中，陕西荷丰生态农业开发有限公司（以下简称“荷丰公司”）对华阴市双泉村等7 个村庄的土地状况及莲藕种植情况进行了考察。荷丰公司的资金实力较强，具备莲藕种植专业技术人员和丰富的种植经验，并有合理的经营规划和发展愿景。华阴市政府引导和鼓励双泉村等7 个村庄与荷丰公司合作，通过土地流转合作打造万亩莲藕基地，大规模发展莲藕产业。这不仅促使7 个村的农民工获得了财产性收入，而且加快了农民工在城市务工的工资性收入的增长，有效促进了7 个村农民工的市民化进程。

（三）土地流转促进农民工收入增长情况

本案例中，土地流转不仅促进7 个村农民工财产性收入的增长，而且促进了农民工工资性收入的增长。

1. 土地流转促进7 个村农民工财产性收入的增长

2010 年3 月，陕西荷丰生态农业开发有限公司在详细考察华阴市双泉村等7 个村庄的土地土壤、地理位置、水资源及莲藕种植相关的其他情况后，与华阴市政府及双泉村等7 个村的负责人进行了深入洽谈。在市政府的大力支持和鼓励下，荷丰公司负责人与双泉村等7 个村委会负责人进行了多次洽谈协商，并通过村民代表告知7 个村农户拟开展的土地流转相关事宜，如权利归属、流转价格、流转期限等，并通过华阴市移民局干部与农户的努力沟通，得到了拟流转土地农户的支持，具体土地流转方案如图3 所示。

第一阶段，7 个村的农户分别与本村村委会签订了《土地经营权委托流转协议》。农户自愿将承包土地交由本村村委会归集整理，统一向农业专营组织流转，由村委会定期统一分配土地流转收益。

第二阶段，双泉村等7 个村委会分别与陕西荷丰生态农业开发有限公司签订了《土地经营权租赁合同》。双泉村等7 个村庄将本村归集的土地出租给荷丰公司，租赁期为20 年，从2010 年起每亩土地租金600 元/年，每5 年增长10%，荷丰公司按年向7 个村庄支付租金，各村委会收到土地租金后按时向农户分配土地流转收益。

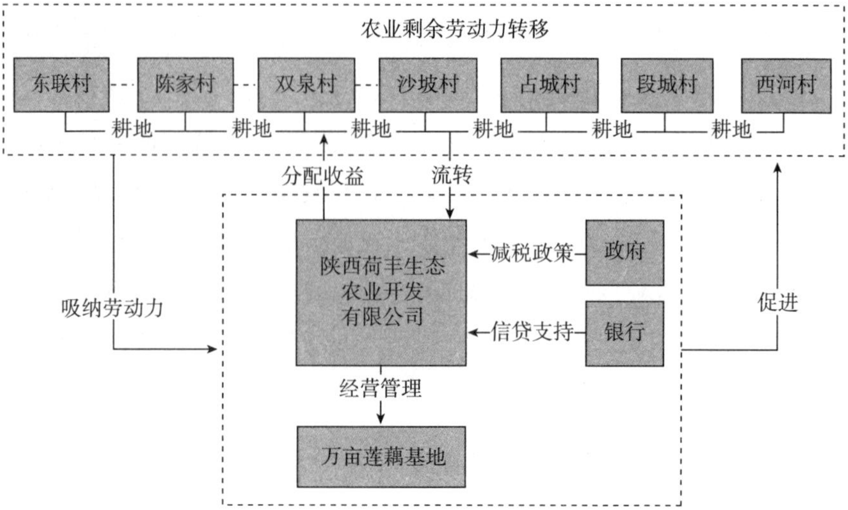

图 3　万亩莲藕基地土地流转方案

第三阶段，荷丰公司设立“万亩莲藕基地示范园”项目，负责投资开发莲藕种植基地，经营管理 7 个村庄流转出的土地，打造现代农业示范园区。2010—2016 年，7 个村庄流转土地面积由最初的 3000 亩增加到 8261 亩，截至 2016 年 10 月底，参与土地流转农户的土地年租金收入已增长至 660 元/亩。由于亲眼看到土地规模经营带来的土地收益增长和农业产业化发展，7 个村庄每年都有新增农户主动参与土地流转，土地流转规模逐渐扩大，规模经营效益更加明显。该项目得到华阴市政府相关惠农政策的大力支持，政府利用财政资金为农业示范园区建设了相关基础设施，包括观景亭 6 个、观光长廊 3 千米等。此外，荷丰公司还获得了当地农业发展银行低息农业贷款和贴息资金扶持。

7 个村庄通过土地流转，使农户获得了财产性收入，参与土地流转的农户家庭生活水平有了显著提高。截至 2016 年年底，7 个村庄土地[①]流转状况如表 5 所示。

① 双泉村等 7 个村流转土地包括村集体公共耕地和农户个人承包耕地两种。

表 5　2016 年华阴市双泉村等 7 个村土地流转情况统计

村庄名称	土地总面积/亩	流转土地面积/亩	参与土地流转人数	流转价格（元/亩）	流转期限/年	人均流转土地面积/亩	人均流转土地收益（元/年）
东联村	3700	2700	520	660	20	2. 376	1568
陈家村	3200	2000	470	660	20	1. 7	1122
双泉村	1900	1400	735	660	20	1. 3	858
沙坡村	1200	1000	423	660	20	1. 7	1122
吕城村	568	123	58	660	20	1. 4	924
段城村	2300	738	589	660	20	1. 7	1122
西河村	2100	300	435	660	20	1. 7	1122
总计	14968	8261	3230	—	—	—	—

资料来源：根据莲藕基地土地流转案例资料整理。

7 个村庄土地总面积为 14968 亩，在荷丰公司 2010 年刚设立莲藕种植产业园区时，流转土地面积约 3000 余亩，参与土地流转人口仅数百人。随着荷丰公司产业化经营带来的土地增值收益不断提高，7 个村庄参与莲藕基地土地流转工作的农户越来越多。截至 2016 年年底，参与土地流转的农户数量达 3230 人，流转土地总面积达 8261 亩。按照 7 个村与荷丰公司签订的《土地经营权租赁合同》中关于土地租金涨幅的约定，2016 年每亩土地租金已涨至每年 660 元/亩。

每个村情况不同，土地面积也不相同，各村农户承包土地面积及肥沃程度也存在差异，东联村、陈家村、双泉村、沙坡村、吕城村、段城村和西河村等 7 个村人均流转土地面积分别为 2. 376 亩、1. 7 亩、1. 3 亩、1. 7 亩、1. 4 亩、1. 7 亩和 1. 7 亩，人均流转土地年收益为 1568 元、1122 元、858 元、1122 元、924 元、1122 和 1122 元。7 个村农民工家庭一般为五口之家，因此平均每个农民工家庭土地流转年收益为 7840 元、5610 元、4290 元、5610 元、4620 元、5610 元和 5610 元。与土地流转前的每亩土地年收益约 300 元、家庭年收入 3000 元相比，土地流转促进了农民工收入不断增长。7 个村进城务工的农民工获得了财产性收入，并且土地流入方荷丰公司对土地进行规模化、专业化、产业化经营，促进了土地增值收益不断增长，加快了农民工财产性收入增长。

2. 土地流转促进双泉村等7个村农民工工资性收入增长

荷丰公司对流入的8261亩土地进行规模经营，打造以大规模莲藕种植为主业，集特色农业生产、旅游观光、文化休闲为一体的莲藕生态产业基地。荷丰公司近年的经营规划内容如表6所示。

表6　土地经营规划

类别	规模/亩	项目规划
土地经营权	华阴市东联村、陈家村、双泉村、沙坡村、吕城村、段城村和西河村等7个村庄流转出的8261亩土地	"九眼贡莲"品牌菜莲种植、深加工 荷花观赏湿地景观旅游区 水产养殖、垂钓、农家乐、采摘园、风情小镇 莲藕研发中心、百万只散养鸡养殖及加工等 苗木种植、莲藕批发、采摘农业生态休闲旅游、生态采摘及生态餐厅

资料来源：根据莲藕基地土地流转案例资料整理。

1500余亩荷花观赏湿地景观旅游区，周末游客数量能达到1.5万人，"五一""十一"等长假期间每日参观游客数量达数万人次，仅观赏莲的莲蓬采摘每年就能给园区带来100余万元的收入。"万亩莲藕基地"的年收入约6000～8000元/亩，利润约4000～6000元/亩。

7个村通过实施土地流转，不仅促进了土地规模化、专业化经营，提高了农业劳动生产率，而且加快了本村农业剩余劳动力转移，促进农民工摆脱了兼业经营模式，稳定地从事建筑施工、机器制造、物业装修、交通运输、餐饮服务等第二和第三产业。土地流转前和土地流转后七个村农业剩余劳动力转移情况如表7所示。

表7　土地流转前、后7个村农业剩余劳动力转移情况　　单位：人

项　目	东联村	陈家村	双泉村	沙坡村	吕城村	段城村	西河村	总计
土地流转前进城务工人数	30	28	15	20	5	15	12	125
土地流转后进城务工人数	140	120	110	120	17	100	100	707

资料来源：双泉村等7个村农业剩余劳动力转移统计资料。

从农民工的非农就业来看，土地流转不仅促进了7个村农民工摆脱兼业经营，而且提高了农民工收入水平，还有效促进了农民工人力资本水平不断提升。

第一，土地流转促进7个村原先兼业经营的农民工彻底脱离了农业，长期稳定地在城市从事第二、第三产业。土地流转前，7个村农户以种植小麦、稻谷等粮食作物和棉花等经济作物为主要生产方式。土地规模经营不仅促进了农业劳动生产率提高，而且加快了7个村农业剩余劳动力转移。荷丰公司"万亩莲藕种植基地"和其他相关业务的日常经营吸纳了部分农民工，为农民工提供了非农就业机会。莲花全身都是宝，莲藕有较高的食用价值，荷花有较高的观赏价值，荷叶、莲子有较高的药用价值。莲藕的生产经营周期为12个月，每年4~5月为莲藕种植时间，5~7月为莲花的开花时间，3~8月为除草时间，9月至第二年5月为莲藕采摘季节。

其中，主要用工季节为除草季节和采摘季节。除草季节6000余亩土地需要工人60余人，采摘季节需要工人100余人。另外，荷丰公司的交通运输、物流、园区安全保护、生态餐厅等也为双泉村等7个村农民工提供了非农就业空间，促进了农民工工资性收入不断增长。与此同时，土地流转不仅促进了7个村特色农业产业发展和土地不断增值，还促进了荷丰公司莲藕种植产业发展，以及与莲藕种植相关联的产业（仓储、加工、包装、运输、餐饮服务）及城市其他第二、第三产业发展。

第二，土地流转有效促进了7个村农民工收入水平的提高。土地流转前，农户每亩土地的年收益约300元，而且洪涝灾害会造成农业生产受损，严重时颗粒无收。土地流转后，每亩土地的年流转收益达600元以上，农户还能进入荷丰公司从事除草、采摘莲藕等工作，生活水平大大提高。以下访谈实录反映了土地流转支持者的收入变化情况。

访谈实录

双泉村李某，1982年生，女，在荷丰公司从事莲藕除草工作，支持土地流转："我家五口人，有八亩多地，全部种小麦，一年下来收入最多也就3000元左右。如果遇上洪水，庄稼就全毁了，一家人生活就难了，只能靠政府救济过日子。""现在我家和其他村民一样，把地租给荷丰公司种莲藕，我家娃他爸去城里打工了，我平时照顾老人，管管娃。3 月到 8 月的莲藕除草季节，我去荷丰公司打工，给莲藕地除除草，比以前自己种地轻松多了，而且一个月能赚 2400 元左右，一年光工资就能领 1 万多。”

沙坡村杨某，1978 年生，男，在荷丰公司从事莲藕采摘工作，赞成土地流转：“我过去在南方打工，一年也就赚 2 万多元，离家还远。自从荷丰公司租我们几个村的地大面积种莲藕以来，我就在荷丰公司打工，专门采摘莲藕，每年能有 4 万多元收入。”“我们村还有不少人在荷丰公司干其他活，平均每天能赚 70 元。肯吃苦、有技术的采摘工，每天可出莲藕 1000 千克左右，每个月工资能达到 6000 ~ 8000 元。”

7 个村农民工的财产性收入和非农就业的工资性收入不断增长，不仅提高了农民工在城市中支付衣、食、住、行等各项费用的能力，提高了其支付各项社会保险、医疗卫生及子女教育等费用的能力，而且为农民工职业发展规划及创业原始资本积累奠定了基础。

除此之外，土地流转有效促进了 7 个村农民工的非农就业习惯和城市居住生活习惯的形成，使农民工想融入、能融入城市生活，加快了农民工向市民转化的进程。

六、结　论

加快解决“三农”问题、大力推进城乡一体化进程，必须加快推进土地流转。本文从理论角度分析得出，一方面，土地流转促进了土地规模经营，为农民工带来了财产性收入，而土地流转加快了农业规模化发展和土地用途多样化，促进了农民工财产性收入不断增长；另一方面，土地流转加快了农民工摆脱兼业经营，提高了其从事第二、第三产业的工资性收入。通过构建数理模型，本文提出了“土地流转能够促进农民工收入增长”的假说。经过实证研究发现，在土地流转的 4 种不同方式和对象中，只有将土地有偿转包给个人存在显著的收入增长效应，而将土地无偿转包给个人、土地转包给企业或农业大户经营以及有偿或无偿转让给村集体，对农民工收入的影响不显著。在华阴市的实际案例中，土地流转有效促进了当地 7 个村农户收入增长，这一案例对于我国特色农业地区的农民工收入增长具有重要的参考价值。特色农业地区应充分利用土地流转推进土地规模化、产业化经营。从荷丰公司土地流转案例可以看出，其他具有同样地理环境的县域，应推动土地流转，大力开发高品质、高附加值、精细化、特色化农产品。

城市化对中国创新效率的影响
——创新二阶段视角下的SFA模型检验

刘　俊

摘　要：为分析城市化对中国创新效率的影响及机理，本文基于创新二阶段视角下的技术开发和技术转化两个阶段，利用中国2004—2015年30个省份的面板数据，研究了城市化影响创新效率的特征、规律及交互效应。研究发现：①近年来，城市化抑制了技术开发效率，但促进了技术转化效率，即城市化对创新效率的影响存在阶段异质性；②城市化与技术开发效率之间具有“U”形非线性关系，城市化水平跨越一定临界值后就会促进技术开发效率，新常态下尚有部分中西部省份陷入城市化抑制技术开发效率的困境；③若能充分考虑城市化与引进外资、改善金融环境等因素的有效融合，则能在一定程度上扭转初期较低的城市化水平对技术开发效率的负面效应。

关键词：城市化　创新效率　创新二阶段　随机前沿分析

作者简介：刘俊（1984—），陕西渭南人，西北政法大学经济学院讲师。

一、研究背景

改革开放以来，中国经济持续保持高速增长的态势，取得了举世瞩目的成就。然而，过分依赖低成本优势和粗放发展的增长方式已经难以继续，新常态下经济发展模式必须从规模速度型向质量效率型转变，关键还在于如何向创新驱动转变。创新驱动依赖于创新体系的高效运行，2015 年 11 月 10 日习近平主席在中央财经领导小组第 11 次会议上强调："要加强供给侧结构性改革，着力提高供给体系质量和效率，增强经济持续增长动力"。这一论述表明国家越来越重视供给效率对于经济持续健康发展的作用，某种意义上，创新供给体系是供给体系的重要组成。从国家统计局数据看，中国国内发明专利授权数由 2004 年的 18241 项增长至 2015 年的 167450 项，增幅达 817. 9%；R&D 投入由 2004 年的 1966 亿元增长至 2015 年的 14515 亿元，增幅达 638. 3%；研发人员由 2004 年的 115. 26 万人年增长至 2015 年的 390 万人年，增幅达 239. 1%。专利、研发人员和投入的高速增长反映了近年来中国创新供给能力提高较快的事实，不过在数量增长的同时应当注重效率的提高，高效的创新供给能够为中国经济发展提供更强大的创新支撑，有利于中国经济在新常态下保持中高速增长。因此，在当前依赖创新驱动发展的背景下，对创新效率问题的研究就显得尤其重要。

已有研究表明创新是城市现象，各类要素在城市中高度集聚，更有利于创新的产生。近年来，中国的城市化进程加快推进，对经济的各个方面产生了深刻影响，而城市的优势使其成为技术创新的理想场所。提高创新能力不仅需要继续完善创新所需的制度和市场环境，也应当重视利用城市中良好的研发条件和大量高素质人力资本优势等促进创新。相关研究发现城市更有利于发明专利的产生，PRED[1]、HIGGS[2]实证发现，美国大城市中人均专利数量远远高于全国水平，其研究结果认为城市化水平与发明专利有关联。FELDMAN 等[3]、JAFFE 等[4]则研究发现，城市中专利发明具有效仿特征，各创新主体能够通过相互激励提高创新的能力。国内研究也肯定了城市化对技术创新具有正向效应。程开明[5]利用中国省级面板数据研究发现，中国城市化对技术创新具有促进作用，并揭示了城市促进技术创新的优势特征以及城市良好的环境具有加速创新扩散的作用。柴志贤[6]利用中国省级面板数据进行了两阶段最小二乘回归研究，得出城市化程度能够显著促进区域创新能力的结论。周笑非[7]以内蒙古城市化与技术创新发展为例，验证了城市化有利于技术创新的产出。此类研究以创新产出衡量创新能力，实际是城市化对于以专利数量为代表的创新产出的促进作用，而非基于系统角度探讨城市化对创新效率的影响。

事实上，在国家不断加大科技创新资源投入力度的情况下，人们更加关心科技资源的利用效率问题，因而对于创新效率的研究能够更好地对此进行回应。相关研究主要集中于对中国区域创新效率的测度和影响因素考察两方面。白俊红等[8]应用随机前沿模型测算了中国各省份研发创新效率，发现全国整体创新效率较低，具有较大提升潜力。程慧平等[9]以2001—2010年中国各省份为样本发现，中国区域R&D创新效率存在区域分布不平衡以及技术转化效率能力不足的特点。李婧等[10]从劳动者素质、产业结构等方面探讨了中国各地区研发创新效率的影响因素，同时发现中国区域创新效率具有收敛的趋势。此类研究主要集中于对中国各区域创新效率的评价测度，以及对区域创新不平衡的分析和解释，却并未引入城市化这一重要因素。

上述研究对中国城市化与创新的关系进行了有益探索，然而未聚焦于城市化对创新效率的机制及效应进行分析，也未深入创新过程进行考察。基于此，本文从研发创新过程入手分析城市化促进创新效率的机制途径，并从创新二阶段视角将创新过程分为技术开发和技术转化两个阶段，利用中国30个省份层面2004—2015年的面板数据，运用随机前沿分析方法实证检验中国城市化对于创新效率的影响规律、阶段性差异以及若干重要因素与城市化的交互效应，以期为新常态下实现推动城市化进程和提升创新能力的“双赢”提供一定的政策参考。

二、影响机理与研究假设

城市化能够促进创新效率是由创新过程内在的投入—产出特征决定的。GROSSMAN等[11]、AGHION等[12]提出的研发创新生产模型表明创新具有投入—产出特征，所以从生产角度看，技术创新实质是通过科技投入获得科技产出的过程。生产过程的效率与分工关系密切，这一点亚当·斯密在《国富论》中业已提及：“劳动分工是提高劳动者工作效率的有效手段，它不仅简化了工作流程，……加速了国家工业化的进程，使得国民经济得以快速发展”[13]，城市中盛行的分工合作以及各种信息交流的作用，显然能够提高这种以创新为产出的生产过程的效率。根据熊彼特对于创新的阐述，创新并不是单纯技术的发明，更是一个经济概念，创新过程的完成需要商业的实现，因而创新包括研发过程和商业实现两个阶段[14]。所以根据创新两阶段理论，创新过程的顺利完成必须经过从研发资源投入到技术成果的技术开发阶段、从技术成果到经济效益的转化阶段。

第一阶段是技术开发阶段，城市可通过多样性分工和知识溢出两种路径提高技术开发创新效率。首先，城市高度专业化的分工能够促进技术开发创新效率提升。城市中聚集了大量的劳动者和企业，这些劳动者和企业都具有不同的专业化程度，高度专业化的劳动者和企业集聚在一起时则有利于分工的发生；劳动者和企业形成了多样性的环境，这种环境便于不同领域和行业的个人、企业进行交流而加速创新产生[5]。其次，城市区域有利于创新扩散溢出，从而提高开发创新效率。创新溢出是技术创新以一定方式在使用者之间传播的过程，城市中良好的通信基础设施也促进了创新的溢出，尤其是完善的信息、通信基础设施能够为创新扩散提供传播渠道等有利环境，城市因此成为创新有效率的生产者[15]。LUCAS[16]认为，给定投入和技术水平，城市化通过产业集聚效应提高经济效率，会促进外溢效应发生，加快技术创新扩散，促进创新效率的提高。JACOBS[17]认为，城市能够促进知识同步、持续地交流，在知识和信息的传递中促进创新的不断产生，最终实现经济的繁荣发展。

第二阶段是技术转化阶段，主要是研发成果的商业转化过程。城市区域的市场发达且交易效率高，能够提高技术转化效率。一方面，在城市中发展出的一系列能降低交易费用的正规制度以及其他非正规制度使得交易效率更高[18]，在庞大的市场规模支撑下，潜在消费者的数量巨大且消费力强，既能够支撑市场需求，也激励着技术创新的出现；另一方面，城市中具有门类齐全的各类企业，更有利于企业将新产品的推广宣传、销售等活动外包给更有效率的组织，提高了技术创新转化的能力。此外，城市中人们可以方便地接触并购买新产品，也能够促进技术创新成果的转化。综上所述，提出**假设 1：城市化进程能够促进创新两个阶段效率的提升。**

创新的两个阶段既有相同点又有差异。相同点在于二者都是创新的生产转化过程，具有投入—产出特征；差异在于第二阶段的创新产出主要是新产品的商业转化所实现的经济效益，而第一阶段的创新产出是以知识产权为特征的技术专利授权，其形成与知识溢出密切相关，在技术开发阶段，城市化促进创新效率主要依赖于城市中的多样性环境和知识溢出效应。这种差异使城市化对两个阶段具有不同的影响特征。根据前文论述，城市化对技术开发创新的影响可分为两个方面：第一，从知识溢出收益来看，城市化发展增进了知识溢出，有利于各类主体进行学习进而提高创新活力，不过，ROMER[19]认为，知识溢出使创新具有公共物品的属性，知识的溢出会造成创新的收益外溢。当城市化处于较低水平时，知识溢出的正外部效应较小，给企业带来的收益小于创新收益外溢，降低了创新者的积极性，但随着城市化水平发展到一定阶段，城市聚集的创新主体越来越多，知识外溢带来的正外部效应增强，给企业带来的收益将大于创新收益外溢，从而提高了企业创新的积极性和创新效率。第二，从溢出知识的共享性方面来看，城市化水平较低时能共享的溢出知识较少，企业间共享性知识存量较少，知识异质性也较小，阻碍了创新能力的提高；随着城市化水平发展到一定阶段，更多的企业在城市中产生和发展，共享性知识存量逐渐增加，企业间知识差异度逐渐增大，这将有利于加速创新[20]。因而，城市化对技术开发创新效率具有双重影响。在创新第二阶段，城市化对技术转化的影响主要是由于城市区域的市场效应、交易效率等因素促进了技术开发成果的商业化，相比之下促进效果较为明确，不同于技术开发阶段，具体如图 1 所示。

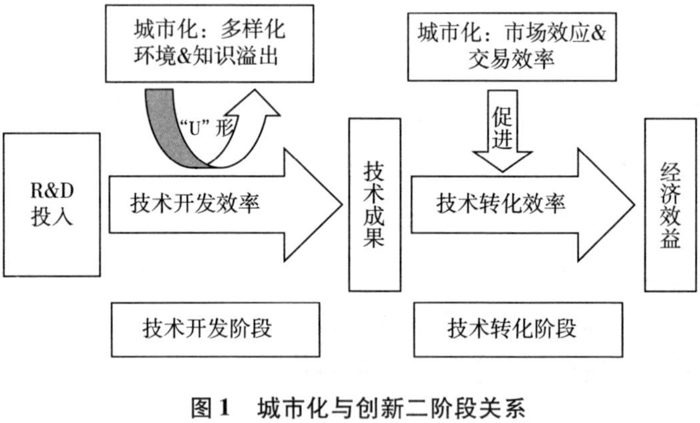

图 1　城市化与创新二阶段关系

综上，提出**假设 2：城市化对于技术开发创新效率具有“U”形影响。**

环境规制、金融发展、外商直接投资不但能够影响创新，也与城市化进程密切相关。从已有研究来看，城市化过程会对生态环境带来较大压力，深刻地影响着经济发展状态，如姚士谋[21]、蒋伏心[22]发现中国快速城市化带来的环境压力倒逼企业不得不应对环境规制，环境投入的增加在短期内可能拖累企业创新能力的提高。从金融发展方面来看，金融体系与城市发展相互促进，城市化进程需要金融支持，城市化过程的多样性需求又促进了金融的创新发展，如李健[23]认为民间金融通过城市化的路径对区域创新能力产生了间接影响，可以通过改善金融市场资源配置效率提高区域创新能力。外商直接投资也与城市发展密切相关，康春鹏[24]认为城市化进程能够促进贸易发展与 FDI 的引入，从而促进国外先进技术的知识溢出，Ning L[25]研究发现城市地区有利于外商直接投资中附带的知识溢出效应发挥作用，从而促进技术创新能力提升。因此，为了深化对城市化影响创新效率作用机制和城市化与创新关系的认识，我们探析了这 3 个因素与城市化交互对创新效率的影响。

综上，提出**假设 3：城市化与 FDI、环境规制、金融发展的交互作用会对创新效率产生影响。**

三、研究设计

（一）模型构建

DRUCKER[26]更加细致地分析了创新过程，提出创新活动由 3 个子过程组成：技术开发阶段、产业化阶段、市场运营阶段，这 3 个子过程可以分为两个环节，即从研发资源投入到创新成果的开发阶段、从研发成果到经济绩效的转化阶段。余永泽[27]进一步将创新过程进行了细分，认为技术创新是从创新要素投入到创新产品产出的多阶段、多要素的价值链传递过程，这一过程可以看作是创新投入到创新知识再到创新成果的转化。以上对于创新阶段的研究深化了人们对创新过程的认识，有助于对创新活动展开更细致的分析，也构成了本文技术方法的理论基础。因此，我们从创新价值链过程出发，将研发创新活动过程划分为技术开发和技术转化两个阶段。

（二）模型设计

在前文理论分析的基础上，利用随机前沿模型，构建具有技术开发和技术转化两阶段特征的模型如下：

技术开发阶段模型

$$\ln Y_{it}=\beta_{01}+\beta_1\ln K_{it}+\beta_2\ln L_{it}+v_{it}-u_{it}$$

技术转化阶段模型

$$\ln Y_{2it}=\beta_{02}+\beta_3\ln Y_{1it}+v_{it}-u_{it}$$

$$\varepsilon_{it}=v_{it}-u_{it}\qquad i=1,2,\cdots,37\qquad t=1,2,\cdots,8\tag{1}$$

$$\mathrm{TE}_{it}=\exp(-u_{it})\tag{2}$$

$$m_{it}=\delta_0+\delta_1 urban_{it}+\delta_2 urban_{it}^2+\delta_j Z_{jt}\tag{3}$$

$$\gamma=\delta_u^2/(\delta_v^2+\delta_u^2)\tag{4}$$

其中，Y_{1it}和Y_{2it}分别表示技术开发和技术转化两个阶段的产出，K_{it}和L_{it}分别表示研发经费和研发人员两个投入变量，i表示各省份，t表示时期，β_{01}和β_{02}为截距项，β_1、β_2、β_3为方程待估计系数。其中，误差项ε由两部分构成：第一部分v_{it}表示随机扰动带来的影响，服从$N(0,\sigma_v{}^2)$。第二部分，式（2）中，u_{it}是技术非效率项，服从半正态分布$(u,\sigma_u{}^2)$，代表了对个体冲击的影响，并且v_{it}和u_{it}两者相互独立；TE_{it}为地区i在第t年的创新效率水平，代表了由生产无效率造成的实际产出与最大产出之间的差距，其中$0\leqslant \mathrm{TE}<1$，若$u>0$，地区i是技术无效率的；$u=0$，$\mathrm{TE}=1$时，地区i是技术有效的。式（3）中，m代表技术无效率，即当m越大时，说明技术效率降低，而当m越小时，技术效率增大。$urban$代表城市化水平，Z_{it}为其他的控制变量，δ_0为截距项，δ_1、δ_2、δ_j为主要解释变量和各控制变量的估计系数。式（4）中，γ是随机扰动项中技术无效率占比，用来检验符合扰动项中技术无效率项占比，γ介于0到1之间，当$\gamma=0$时，表示实际产出与最大产出之间的差距是由不可控的随机因素造成的，此时不必采用随机前沿方法进行分析，可直接进行普通最小二乘法回归。

（三）数据和变量说明

考虑到统计口径一致性和数据获得性，我们选取 2004—2015 年中国各省份规模以上工业企业研发活动面板数据进行实证研究，其中西藏自治区由于数据缺失不在样本考虑范围内。本文数据来自历年《中国统计年鉴》和《中国科技统计年鉴》。具体变量设置如下：

（1）创新产出变量和创新投入变量。R&D 经费支出是统计年度内实际用于基础研究、应用研究和试验发展的经费支出，R&D 人员投入是指统计年度内参与研发活动的研究、管理、辅助工作的人员投入，这两个指标能够综合体现创新投入能力，借鉴白俊红[8]的思路，本文选择其作为创新效率的投入指标。发明专利是较好地衡量研发创新产出的指标，能够客观地反映出一个地区的原始创新能力和科技综合实力，参照李婧[10]的处理方式，我们选择发明专利申请授权量作为研发创新阶段产出衡量指标以及技术转化阶段的投入指标。新产品销售收入是统计年度内企业在主营业务收入和其他业务收入中销售新产品实现的收入，能够较好地反映企业将技术成果转化为社会经济效益的情况，借鉴韩先锋[28]的处理，这里选择新产品销售收入作为技术转化阶段的产出指标。

（2）核心解释变量。*urban* 表示城市化，是本文研究的核心解释变量，我们采用通用的“城镇人口占总人口之比”这一指标衡量城市化水平。

（3）其他控制变量。①人力资本水平（*labor*），人力资本水平越高，其对于新技术和新技能的掌握和运用越快，越能提高区域技术创新的能力[29]，这里采用每百万人在校大学生数量对人力资本水平进行衡量。②基础设施（*base*），基础设施包括信息传播和交通两个方面，对于科技创新而言，信息化水平无疑具有最直接和重要的影响[30]，这里采用邮电业务总量占 GDP 比重作为衡量区域基础设施的指标。③外商直接投资（FDI），根据已有文献研究，外商直接投资具有显著的技术溢出效应，能够促进本地技术进步[31]。这里将外商直接投资总额占 GDP 之比作为地区开放程度的衡量指标。④经济总量（GDP），经济总量是基本的经济指标，代表了地区基本发展水平，较高的经济总量能够支撑科技创新活动的发展，因而本文加入国内生产总值 GDP 作为控制变量之一。⑤环境规制（*er*），采用环境治理投资占 GDP 之比来衡量。⑥金融发展水平（*fin*），采用金融机构年末存贷款余额占 GDP 之比来衡量金融发展水平。⑦时间趋势（*t*）。时间趋势能够说明创新效率随时间变化的趋势，若系数为正说明创新效率随时间变化递减，若系数为负说明创新效率不断增加。

四、实证结果与分析

根据以上研究设计，本文接下来先对各省份两个阶段创新效率的结果进行统计性分析以及空间分布分析，然后从技术创新两阶段的视角出发，采用随机前沿分析方法考察城市化对技术创新效率的影响。

表 1　各省份研发创新效率测算结果

省　份	技术开发阶段	技术转化阶段	省　份	技术开发阶段	技术转化阶段	省　份	技术开发阶段	技术转化阶段
北　京	0.5810	0.7909	福　建	0.4452	0.6369	云　南	0.3791	0.2466
天　津	0.6472	0.7730	江　西	0.2982	0.4763	陕　西	0.3852	0.3684
河　北	0.3044	0.5938	山　东	0.5114	0.8678	甘　肃	0.2761	0.2653
山　西	0.2377	0.4299	河　南	0.3162	0.5518	青　海	0.2727	0.0698
内蒙古	0.2264	0.3669	湖　北	0.3726	0.6486	宁　夏	0.3108	0.1410
辽　宁	0.4352	0.7590	湖　南	0.4756	0.6116	新　疆	0.4345	0.1736
吉　林	0.2506	0.7733	广　东	0.7502	0.8308	全国平均	0.4392	0.5204
黑龙江	0.2195	0.3410	广　西	0.3664	0.4766	东部平均	0.5802	0.7305
上　海	0.7686	0.8941	海　南	0.5250	0.2046	中部平均	0.3444	0.5314
江　苏	0.6115	0.8733	重　庆	0.6318	0.5108	西部平均	0.3671	0.3023
浙　江	0.7124	0.7824	四　川	0.4265	0.5319			
安　徽	0.5848	0.4187	贵　州	0.2887	0.1747			

表 1 是各省份两个阶段创新效率的平均测算结果。从全国层面来看，样本考察期内技术开发阶段的年均创新效率为 0.4392，而技术转化阶段的年均

创新效率为0.5204，高于技术开发阶段。表明若在不提高研发资金和人力投入的情况下，则在现有技术进步条件下提高各省区创新效率，全国总的发明专利授权数量和新产品销售收入相对现有水平能够提高56.08%和47.96%。可见，中国近些年创新效率尚处于较低水平，创新绩效尚需不断提高，不过也应当看到创新效率具有较大的提升潜力。

分地区来看，东部创新效率最高，然后是中部地区，最后是西部地区，东部、中部、西部3个地区技术转化效率梯级差异较为明显。值得注意的是，技术开发阶段的效率都小于技术转化阶段的效率，可见，中国技术开发效率要落后于技术转化效率，这一定程度上说明中国的科技创新需要重视技术开发的效率提升，而这又依赖于基础性科研水平的提高。

图2从时间趋势上反映了全国平均创新效率的动态特征，2004—2011年技术开发效率不断提高，仅在2010年有所回落，这一时段技术转化效率先上升然后趋于平稳；还可发现两个阶段的效率值出现交叉现象，2011年之前技术开发效率落后于技术转化效率，2011年之后技术开发效率超过技术转化效率。可见，创新效率总体呈上升趋势，随着中国科研创新条件的不断完善，创新效率也将保持继续提升的趋势，不过由于近年来技术转化效率有落后于技术开发效率的趋势，说明需要协调技术开发和技术转化两个阶段的发展关系，并加强科技转化能力，同时避免技术转化和技术开发两个过程出现此消彼长的波动效应。

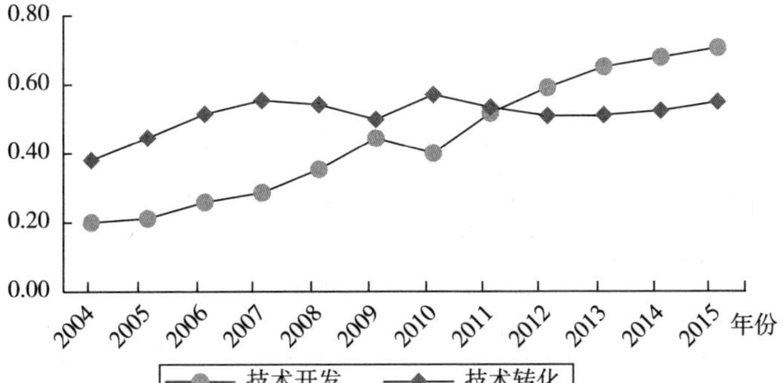

图2 全国年均研发创新效率（2004—2015年）

（一）城市化对技术开发效率的影响

为揭示城市化对技术开发效率的影响效应，我们在控制了外商直接投资等变量的情况下，引入城市化的一次项和二次项、城市化与外商直接投资、环境规制、金融能力的交互项进行联合估计。

表 2　技术开发阶段的随机前沿极大似然估计结果

变量	1	2	3	4	5
*C*1	2.703*** (3.223)	1.411*** (2.067)	1.416*** (2.113)	1.402** (1.674)	1.460** (2.011)
ln*K*	−0.162*** (−2.534)	−0.146*** (−2.875)	−0.173*** (−3.129)	−0.127*** (−2.624)	−0.162*** (−2.616)
ln*L*	0.983*** (18.439)	1.117*** (20.101)	1.078*** (19.425)	1.065*** (20.366)	1.102*** (19.542)
*C*2	9.161*** (6.477)	4.328** (2.058)	4.327*** (2.143)	4.118*** (2.026)	3.126* (1.637)
urban	3.092* (1.835)	3.355* (1.986)	1.779** (2.861)	3.302** (2.522)	3.637* (1.869)
$urban^2$	−4.363** (−2.870)	−3.885** (−2.146)	−1.579* (−1.793)	−3.928** (−2.046)	−3.528* (−1.715)
GDP	−0.266*** (−5.436)	−0.277*** (−4.066)	−0.271** (−2.113)	−0.269*** (−4.045)	−0.245*** (−3.821)
base		0.642 (0.473)	0.761 (0.463)	0.755 (0.471)	0.625 (0.548)
labor		0.713*** (4.220)	0.728*** (4.176)	0.705** (2.351)	0.672*** (4.254)
FDI		−0.844*** (−3.876)		−0.878*** (−3.966)	−0.901*** (−4.225)
er		0.385 (0.684)	4.124 (0.712)		2.869 (0.576)
fin		−0.198** (−2.973)	−0.226*** (−3.261)	−0.216** (−2.941)	

续表

变量	1	2	3	4	5
urb × FDI			-1.709*** (-4.656)		
urb × er				11.198 (0.844)	
urb × fin					-0.261** (-2.548)
t	-0.133*** (-8.381)	-0.179*** (-8.396)	-0.196*** (-9.102)	-0.185*** (-9.114)	-0.201*** (-9.257)
sigma - squared	0.306*** (10.088)	0.264*** (10.226)	0.251*** (10.172)	0.248*** (10.332)	0.254*** (10.203)
gamma	0.968*** (45.512)	0.783*** (12.268)	0.763*** (11.478)	0.792*** (12.312)	0.791*** (12.753)
log 值	-215.367	-206.147	-198.357	-191.537	-227.133
LR 检验	169.734	248.557	237.763	227.457	238.623

注：***、**、*分别表示统计值在1%、5%、10%的显著性水平下显著。

由表2可见，各模型的γ值都超过70%，并且在1%的显著性水平上通过检验，表明本文采用随机前沿方法研究技术开发阶段的非效率影响因素是合理的。当控制了其他变量之后，城市化的估计系数均在1%的水平上显著为正，说明当前城市化对中国技术开发效率整体还具有一定的抑制作用，这与假设1并不一致。但城市化的二次项系数显著为负，说明城市化与技术开发效率之间具有较为显著的“U”形关系，即随着城市化率的提高对技术开发效率具有先抑制后促进的影响趋势，说明城市化水平超过一定的门槛水平后，才能促进技术开发效率水平的提高，这说明假设1是有条件成立的，同时也支持了假设2。由模型5计算得到拐点值为51.61%，可知当城市化率小于51.61%时，城市化水平的提高会降低创新效率，超过拐点后，城市化水平将会提高创新效率。从2015年的情况来看，除了江西、青海、河北、湖南、安徽、四川、新疆、广西、河南、云南、甘肃、贵州12个省份，其他省份均已跨过这一门槛，而随着城市化进程的不断推进，将有更多的省份跨过这一门槛，这将有利于中国整体创新效率的提升。考察城市化的交互作用发现，

urb × FDI 的系数为 -1.709，且在 1% 的水平上显著，说明在城市化过程中注重其与对外开放的结合能够促进技术开发效率的提高。*urb* × *er* 的估计结果不显著，说明城市化与环境规制的融合对技术开发效率的影响并不明显，甚至有一定的负面效应，可能是由于城市化进程中环境规制在一个较长时期才能够促进创新能力的提高，而短期内会增大企业环境治理成本，降低创新能力。*urb* × *fin* 的系数为 -0.261，且在 5% 的水平上显著，说明城市化与金融发展结合有利于促进技术开发效率的提高。因此，充分注重城市化进程与加大对外开放力度、推动金融发展等因素的有效融合，有利于扭转城市化对技术开发效率的负面效应，此结论支持假设 3。

对于控制变量，国内生产总值的增加有利于技术开发效率水平的提高，说明经济总量作为经济发展的基本面对于技术创新的开发阶段具有支撑作用，新常态下中国经济增长应维持在一个合适的区间，避免经济增长大起大落才有利于为技术创新提供稳定、持续的环境；基础设施水平并未促进技术开发效率的改善，表明国家需要有针对性地投入有利于技术开发能力提高的基础设施建设，促进创新开发的产生；人力资本水平未促进技术开发效率，这可能是由于我国对创新人才缺乏技术开发阶段创新能力的培养，导致人力资本对于创新开发并未起到促进作用，今后应当强化培养人才的原始创新能力；外商直接投资对于技术开发效率具有促进作用，表明在技术开发阶段对外开放能够促进研发创新效率的提升；环境规制并未促进技术开发效率提高，估计结果也不显著，可能是由于短期内环境规制将增大企业经营成本从而拖累企业的研发创新效率；金融水平显著为负，而且促进了技术开发效率的提高；技术无效率有不断减弱的趋势，表明技术开发效率随时间在不断地改善。

表 3　技术转化阶段的随机前沿极大似然估计结果

变量	1	2	3	4	5	6
*C*1	21.668*** (63.437)	21.483*** (61.647)	21.708*** (51.224)	21.712*** (49.887)	21.697*** (57.169)	21.347*** (56.765)
lnY1	0.618*** (19.117)	0.583*** (20.834)	0.575*** (17.674)	0.574*** (15.889)	0.577*** (16.634)	0.573*** (17.312)

续表

变量	1	2	3	4	5	6
C2	23. 446*** (13. 108)	24. 673*** (14. 794)	24. 155*** (13. 525)	24. 458*** (13. 772)	24. 795*** (14. 482)	25. 663*** (15. 303)
urban	−2. 936*** (−5. 665)	−1. 517** (−2. 317)	0. 875 (0. 528)	−1. 316* (−1. 644)	−1. 520** (−2. 875)	−2. 112** (−2. 316)
GDP	−0. 793*** (−10. 467)	−0. 722*** (−11. 885)	−0. 647*** (−9. 713)	−0. 692*** (−10. 331)	−0. 686*** (−10. 645)	−0. 728*** (−11. 117)
base		−4. 334** (−2. 419)	−4. 568** (−2. 427)	−4. 311** (−2. 305)	−4. 506** (−2. 397)	−4. 768** (−2. 478)
labor		−0. 661** (−4. 015)	−0. 982** (−4. 374)	−0. 673*** (−4. 023)	−0. 658*** (−3. 886)	−0. 641*** (−3. 925)
FDI		−0. 096* (−1. 564)	−0. 103* (−1. 540)		−0. 097* (−1. 413)	−0. 098* (−1. 484)
er		2. 763** (2. 701)	0. 859 (0. 275)	2. 071 (0. 413)		3. 483 (0. 652)
fin		0. 132* (1. 905)	0. 159** (2. 182)	0. 127** (2. 286)	0. 125** (2. 036)	
$urban^2$			−2. 236 (−1. 197)			
urb × FDI				−0. 252* (−1. 859)		
urb × *er*					8. 612 (0. 743)	
urb × *fin*						0. 191** (2. 461)
t	0. 137*** (6. 108)	0. 095*** (5. 343)	0. 087*** (4. 712)	0. 088*** (4. 885)	0. 092*** (6. 232)	0. 097*** (5. 577)
sigma − squared	0. 328*** (8. 501)	0. 247*** (7. 793)	0. 242*** (8. 462)	0. 241*** (8. 712)	0. 242*** (8. 928)	0. 266*** (8. 744)
gamma	0. 793*** (16. 534)	0. 798*** (8. 774)	0. 811*** (9. 125)	0. 823*** (8. 195)	0. 836*** (8. 527)	0. 758*** (12. 366)
log 值	−183. 434	−184. 858	−188. 606	−186. 756	−184. 147	−189. 356

续表

变量	1	2	3	4	5	6
LR 检验	231.112	258.119	253.765	251.743	257.122	256.545

注：* * *、* *、* 分别表示统计值在 1%、5%、10% 的显著性水平下显著。

（二）城市化对技术转化效率的影响

由表 3 可知，各模型的 γ 值都超过 75%，且在 1% 的显著性水平下通过检验，表明采用随机前沿方法研究技术转化阶段的非效率影响因素也是合理的。观察计量结果可见，当控制其他变量之后，城市化对于技术转化效率的影响效应基本一致，城市化率在 1% 水平上显著为负，说明城市化进程促进了技术转化效率的提升，支持了假设 1；而城市化平方项系数并不显著，说明技术转化阶段并未有明显的二次效应。城市化与 FDI 交互项系数为负值并且在 1% 的水平上显著，说明对外开放与城市化进程的有效结合同样也能促进技术转化效率的提高。$urb \times er$ 的系数不显著为正，一定程度上反映了城市化进程中环境规制短期内也降低了技术转化效率。这里 $urb \times fin$ 的估计结果显著为正，说明当前中国城市化进程并未通过金融因素对技术转化效率产生促进效应。

对于控制变量，经济总量对于技术转化效率具有显著促进作用，这可能是由于一国经济总量意味着更大的市场，能够有效地转化科技创新成果的原因；基础设施显著地促进了技术转化效率的提升，说明技术转化阶段也依赖通信邮电等基础设施来促进创新转化效率提升；外商直接投资促进了技术转化效率的提高，说明对外开放能够产生相关溢出效应，本地企业在吸收和学习外资带来的先进技术和知识溢出之后提升了将创新转化为经济绩效的能力；人力资本水平对技术转化效率具有促进作用，受教育程度的提高有助于个人更加有效地将技术开发阶段得到的成果进行市场化的运作，又进一步提高技术转化效率，可见提高人力资本水平对于提升技术转化创新效率同样具有重要意义；环境规制的估计结果不显著为正，与技术开发阶段相似，并未促进技术转化效率提高；与上一阶段不同，这里金融发展估计结果显著为正，抑制了技术转化效率的提高，可能说明中国金融体系推动发明专利市场化的能力还需要进一步加强；技术无效率有不断随时间增加的趋势，表明近年技术转化效率有降低的倾向。

城市化在两个阶段对于创新效率都有促进作用，两个阶段的影响又有所不同，其中在技术开发阶段表现出“U”形特征，而在技术转化阶段不能实证显示有这样的效应。这意味着中国在推进城市化建设过程中应将促进技术开发和技术转化两个创新阶段进行协调推进，避免两阶段创新过程失衡的情况出现。最后，为了保证研究结论的可靠性，我们从两方面进行了稳健性检验：一是将非农产业产值的GDP占比替代城市人口占总人口之比作为城市化的指标进行稳健性检验；二是为排除非随机性和异常值对回归结果的影响，去除5%的城市化水平最高和最低的样本后再验证。进行上述验证后，本文基本结果仍然稳健。

五、结论与政策建议

新常态下如何提高创新效率是中国保持中高速增长需要思考的问题，也是经济转型的重要动力，受到各界的广泛讨论。本文基于创新二阶段视角下的技术开发和技术转化两个过程进行分析，考察了城市化对创新效率的影响。首先，城市化促进了创新效率的提升，不过对技术开发和技术转化两个阶段的创新效率影响路径有所不同。其中对技术开发效率的影响具有“U”形的非线性特点，开发效率对于城市化的响应表现为先降低、后升高，说明只有当城市化率跨过曲线拐点后，城市化进程才会促进创新效率，截至2015年已有18个省份越过这一门槛。对于技术转化效率，城市化的促进作用则表现为正向线性特征。其次，城市化进程应与对外开放、金融发展、环境规制进行结合以促进创新效率提升。说明城市化促进创新驱动不能简单以人口增加或者城市空间扩张进行，还需要结合鼓励引进外资、提高金融服务水平、制定合理环境规制等措施实现创新能力的提高。最后，近年来中国的城市化进程有效地促进了创新效率，不过仍未改变区域创新效率分布不均衡的格局。

在以上研究结论的基础上，本文的政策含义主要有：科学推进城市化建设以提高中国技术创新效率。当前中国存在城市化滞后的特点，这种滞后一定程度上导致城市陷入不能更好地发挥规模效应的困境[32]，一些地区①并未越过城市化的“技术开发创新拐点”，城市化相对滞后于工业化这一事实可能不利于中国创新能力的提升。同时，中国的城市化进程也存在一定的扭曲，表现为城市化过程中倾向于空间城市化而忽视了人口城市化[33]，这也不利于人力资本的积累进而拖累了创新效率提高。因此，国家在相关政策的制定中，应继续合理地推进城市化建设来创新营造条件，协调进行城市化建设与创新能力培育，在城市化进程中注入有利于创新发展的积极因素。要在城市化过程中凝聚创新资源，将创新人才、资本和创新设施充分融合；营造城市的创新环境，科学规划有助于创新产生的公共产品和公共服务。同时需要注意以下几点：一是城市化对于技术创新的开发和转化都有重要意义，应注意城市化对这两个阶段的不同影响，可通过加强技术开发和技术转化两个阶段的有效结合来促进两个阶段的协调发展，使得创新成果的研发和市场转化二者实现良好的承接，互相促进。二是现阶段中国各区域创新效率分布仍然不均衡，国家应从制度层面鼓励地方之间加强交流合作，促进各地区之间创新扩散，统筹区域创新效率发展，为各区域的创新效率提升营造有利的发展条件和机遇，以提升落后地区的创新效率，从而有利于提高全国整体创新效率水平。三是进一步提升中国区域创新能力，现阶段仍须重视稳增长的作用，应保持一个稳定的经济增长态势；政府还需要继续推进在基础设施水平建设、实施对外开放战略、提升人力资本水平等方面的工作，可对创新起到积极作用。

参考文献

［1］ Pred, A. *The Spatial Dynamics of U. S. Urban – Industrial Growth 1800—1914* ［M］. Lambridge, MA: MIT Press, 1966.

［2］ Higgs, R. American Inventiveness, 1870—1920 ［J］. *Journal of Political Economy*, 1971, 79 (3): 661 – 67.

① 由前文估算得到，截至 2015 年为江西、青海、河北、湖南、安徽、四川、新疆、广西、河南、云南、甘肃、贵州 12 个省份。

[3] Feldman, M. P., AUDRETSCH D B. Innovation in Cities: Science - based Diversity, Specialization and Localized Competition [J]. *European Economic Review*, 1999, 43 (2): 409 -429.

[4] Jaffe, A. B., Trajtenberg, M., Henderson R. Geographic Knowledge Spillovers as Evidenced by Patent Citations [J]. *Quarterly Journal of Economics*, 1993, 108 (3): 577 -598.

[5] 程开明. 城市化促进技术创新的机制及证据 [J]. 科研管理, 2010, 31 (2): 26 -34.

[6] 柴志贤. 工业集聚、城市化与区域创新能力——基于中国省级面板数据的研究 [J]. 技术经济, 2008, 27 (5): 1 -7.

[7] 周笑非. 内蒙古城市化与技术创新关联性分析 [J]. 科学管理研究, 2011, 29 (3): 21 -25.

[8] 白俊红, 江可申, 李婧. 应用随机前沿模型评测中国区域研发创新效率 [J]. 管理世界, 2009 (10): 51 -61.

[9] 程慧平, 万莉, 黄炜, 等. 中国省际 R&D 创新与转化效率实证研究 [J]. 管理评论, 2015, 27 (4): 29 -37.

[10] 李婧, 谭清美, 白俊红. 中国区域创新效率及其影响因素 [J]. 中国人口: 资源与环境, 2009, 19 (6): 142 -147.

[11] Grossman, G. M., Helpman, E. Innovation and Growth in the Global Economy [J]. *MIT Press Books*, 1991, 1.

[12] Aghion, P., Howitt, P. A Model of Growth Through Creative Destruction [J]. *Econometrica*, 1992, 60 (2): 323 -351.

[13] [英] 亚当·斯密. 国富论 [M]. 北京: 人民日报出版社, 2011.

[14] 傅家骥. 技术创新学 [M]. 北京: 清华大学出版社, 1998.

[15] 程开明. 城市体系中创新扩散的空间特征研究 [J]. 科学学研究, 2010, 28 (5): 793 -799.

[16] Lucas, R. E. On the Mechanics of Economic Development [J]. *Journal of Monetary Economics*, 1988, 22 (1): 3 -42.

[17] Jacobs, J. *The Economy of Cities* [M]. New York: Random House.

1969：116－127.

［18］赵红军．交易效率、城市化与经济增长［M］．北京：中国社会科学出版社，2005：226－263.

［19］Romer, Paul, M. New Goods, Old Theory, and the Welfare Costs of Trade Restrictions［J］. *Journal of Development Economics*, 1994, 43（1）：5－38.

［20］杨皎平，侯楠，王乐．集群内知识溢出、知识势能与集群创新绩效［J］．管理工程学报，2016，30（3）：27－35.

［21］姚士谋，张平宇，余成，等．中国新型城镇化理论与实践问题［J］．地理科学，2014，6（6）：641－647.

［22］蒋伏心，王竹君，白俊红．环境规制对技术创新影响的双重效应——基于江苏制造业动态面板数据的实证研究［J］．中国工业经济，2013（7）：44－55.

［23］李健，卫平．民间金融、城市化与创新能力实证［J］．中国人口·资源与环境，2015，25（2）：152－159.

［24］康春鹏，齐志强．城市化、FDI与经济增长间关系的实证分析——以北京市为例［J］．技术经济，2013，32（8）：40－46.

［25］Ning, L., Wang, F., LI, J. Urban Innovation, Regional Externalities of Foreign Direct Investment and Industrial Agglomeration: Evidence from Chinese cities［J］. *Research Policy*, 2016, 45（4）：830－843.

［26］Drucker, D. F. Entrepreneurship in Business Enterprise［J］. *Journal of Business Policy*, 1970, 3（12）：429－519.

［27］余泳泽，刘大勇．我国区域创新效率的空间外溢效应与价值链外溢效应——创新价值链视角下的多维空间面板模型研究［J］．管理世界，2013（7）：6－20.

［28］韩先锋，惠宁，宋文飞．贸易自由化影响了研发创新效率吗？［J］．财经研究，2015，41（2）：15－26.

［29］朱承亮，师萍，安立仁．人力资本及其结构与研发创新效率——基于SFA模型的检验［J］．管理工程学报，2012，26（4）：58－64.

［30］张焕明．我国经济增长的地区性趋同理论及实证研究［M］．合肥：

合肥工业大学出版社，2007.

[31] 薄文广. 外国直接投资对中国技术创新的影响——基于地区层面的研究 [J]. 财经研究，2007，33 (6)：4 – 17.

[32] 陆铭，向宽虎，陈钊. 中国的城市化和城市体系调整：基于文献的评论 [J]. 世界经济，2011 (6)：3 – 25.

[33] 蔡继明，熊柴，高宏. 我国人口城市化与空间城市化非协调发展及成因 [J]. 经济学动态，2013 (6)：15 – 22.

中国省际城市规模分布演进的经济增长效应研究

金田林　严汉平　岳利萍

摘　要： 本文从城市规模分布演进的角度研究中国省际经济增长的空间基础，发现省际城市规模的空间分布差异影响了地区经济增长。本文利用1994—2013年中国省际动态面板数据，以经济赫芬达尔为核心指标，运用面板数据双向固定效应方法，实证检验了中国省际城市规模分布水平与经济增长的关系。实证结果表明，城市规模分布与人均GDP呈现出较为明显的“倒U”形关系，表明长期城市规模水平的提升在越过最优值后，反而不利于人均GDP的提升。这种非线性的关系，不仅能够佐证空间经济学中集聚经济在向心力和离心力的影响下不断消长的论断，也能为中国大城市的规模优化提供科学的借鉴意义。

关键词： 城市规模分布　城市首位率　赫芬达尔指数　经济增长

作者简介： 金田林（1989—），陕西西安人，西北大学经济管理学院2013级政治经济学专业博士研究生；严汉平（1974—），陕西西安人，西北大学经济管理学院教授、博士生导师；岳利萍（1978—），陕西西安人，西北大学经济管理学院副教授、硕士生导师。

一、问题的提出

经济活动的空间集聚，能够充分利用以金融外部性与技术外部性为代表的溢出效应，引致更高的劳动生产率和人均收入，这一事实已经成为文献的普遍共识。[①] 改革开放以来，中国的经济活动空间集聚水平不断提升。一个显而易见的特征是，各种要素资源持续不断地从乡村流向城市，城市地区的要素集聚水平明显提高，经济发展效率明显获得提升。事实上，要素空间集聚水平提升对于经济发展是有条件的。[②] 为了实现要素空间集聚的最优效率，在中国推进经济空间优化布局的过程中，应该如何选择科学、正确的路径？针对这一问题，学术界素来有大小城市之争，争论大小城市效率孰优孰劣的文献可谓汗牛充栋（费孝通，1985；周一星，1992；王小鲁、夏小林，1999；蔡继明、周炳林，2002；赵新平、周一星，2002；王小鲁，2010；等）。

以上研究为我们推进城市化进程提供了许多有效洞见。然而，他们却都忽略了一个事实：不同省份内部根据城市实力高低（多以人口和经济为标准），形成了一个城市体系。因此，孤立地研究何种规模的城市更能提高经济增长效率，显然还有待进一步深入。本文发展的观点是，相对于讨论单个城市的最优规模而言，城市体系的整体城市规模分布对区域经济增长的影响更大。因此，识别经济集聚水平与经济增长效率的关系，探索省域城市规模分布的最优增长区间，对于优化特大城市规模、建立科学的城市体系意义重大。本文利用1994—2013年中国省际动态面板数据，以赫芬达尔为核心指标，实证检验了中国省际城市规模分布水平与经济增长的关系。实证结果表明，城市规模分布与省际人均GDP呈较为明显的“倒U”形关系，表明长期城市规模水平的提升在越过最优值后，反而不利于人均GDP的提升。这种非线性的关系，能够佐证空间经济学中集聚经济在向心力和离心力的影响下不断消长的论断。本文剩余部分的安排是，第二部分是有关文献综述与理论框架，第三部分是实证检验与进一步的讨论，第四部分为结论与可能的政策建议。

二、文献综述与理论框架

城市是经济活动空间集聚的结果，表现为向心力与离心力相互作用、互

① 梁琦，钱学锋．外部性与集聚：一个文献综述［J］．世界经济，2007（4）.
② 谢小平，王贤彬．城市规模分布与经济增长［J］．南方经济，2012（6）.

相拉扯的动态演进过程，是金融外部性与技术外部性共同作用的结果。① 大规模经济活动在特定空间的高密度集聚所产生的拥挤成本等一系列负外部性，必须被以规模报酬递增为内核的不完全竞争机制所稀薄，才能释放出规模经济效应。然而，要素的集聚效应和要素的拥挤成本作为决定要素集聚与否的重要力量，其此消彼长的关系往往导致了要素在空间上的分布并不均匀，而这则外化为一个地区的城市规模分布。

城市规模分布演进，表征了一定时期内一个区域内部城市之间的规模演变，它反映了一个地区不同城市的规模对比关系。经典的空间经济学理论认为，在不完全竞争的现实情况下，在规模收益递增规律的作用下，要素总是倾向于集聚在某些特定区域。要素的空间集聚之所以能够引致区域的经济增长，离不开城市本身所具有的分享、匹配与学习机制。② 然而，要素空间集聚引致的规模效应和集聚效应并非呈单调线性递增，而是会随着要素集聚的规模不经济等负外部性而逐渐减弱，甚至抵消。当要素集聚引致的分享、匹配与学习效应，逐渐被城市的拥挤成本、通勤成本等负外部性吞噬，要素将会选择流动到其他收益相对更高的地区实现再次集聚，从而实现区域经济的整体发展。

实际上，不同的城市规模分布结构又会导致绩效高低的经济增长表现。③ 无论是沿着新古典城市体系的思路行进，还是从新经济地理学视角出发，中国城市体系结构严重滞后于中国经济增长是不争的事实。④ 如何评估中国城市

---

① Fujita, M. , Krugman, P. R. When Is the Economy Monocentric? Von Thünen and Chamberlin Unified [J]. *Regional Science and Urban Economics*, no. 25, 1995: 505 - 528; Fujita, M. , Krugman, P. R. , Venables, A. J. *The Spatial Economy: Cities, Regions and InternationalTrade.* [M]. Cambridge, Massachusetts: The MIT Press, 1999; 梁琦，钱学锋. 外部性与集聚：一个文献综述 [J]. 世界经济，2007 (4).

② Gill, I. S. , Kharas, H. An East Asian Renaissance: Ideas for Economic Growth [J]. *The International Bank for Reconstruction and Development : The World Bank*, 2007.

③ Fay, M. , Opal, C. Urbanization without Growth [J]. *World Bank Policy Research Working Paper*, No. 2412, 2000; Henderson, J. V. The Urbanization Process and Economic Growth: The So - What question [J]. *Journal of Economic Growth*, no. 8, 2003: 47 - 71.

④ Au, C. , Henderson, J. V. Are Chinese Cities Too Small [J]. *Review of Economic Studies*, NO. 3, 2006: 549 - 576; Henderson, J. V. "Urbanization in China: Policy Issues and Options [EB/OL]. http: / / www. econ. brown. edu / faculty /henderson / finalfinalreport - 2007050221. pdf; 简新华，黄坤. 中国城镇化水平和速度的实证分析与前景预测 [J]. 经济研究，2010 (3); 许政，等. 中国城市体系的"中心—外围"模式 [J]. 世界经济，2010 (7).

体系对于中国经济增长的拖累，学术界大体沿着两条思路进行：其一，从城市规模及其分布的视角出发研究最优城市规模、城市规模及其分布与经济增长的关系、城市规模分布演进与经济增长，这类文献大多从实证的角度测算并论证了中国城市规模偏离最优状态带来的经济效率的损失（高鸿鹰、武康平，2007；李培，2007；亨德森，2007；王小鲁，2010；谢小平、王贤彬，2012；李培，2012）；其二，从城市化路径及其实现方式的视角出发探讨城市化道路与经济增长的关系，即大城市重点论和小城市重点论之争，城市化路径实现方式、城市化路径的制约因素，这类文献一般论证了不同的城市化道路对经济增长的影响，具有较强的政策意义（王小鲁、夏小林，2000；冯云廷，2000；张景华，2007；柯善咨，2009；陈甬华，2010；钟宁桦，2011；中国经济增长前沿课题组，2011；章元，2012）。不难看出，学术界对城市分布与经济增长之间关系的研究还未深入，通常都是从数量角度研究城市规模与经济增长的关系，较为缺乏从省份内部城市之间的规模关系角度研究区域经济增长问题。因此，本文尝试从省级城市规模分布的视角，理解中国省级经济增长的绩效。而我们试图回答的核心问题是，城市规模分布演进为什么会影响区域经济增长绩效？中间的传导机制又是什么？

事实上，如果我们对比观察东部地区和中西部地区的城市发展与城市规模分布的演化过程，就不难发现其中隐藏的奥秘。受益于国家改革开放的先发优势，东部沿海地区涌现出了一大批实力雄厚的新兴城市，如大连、青岛、苏州、宁波、厦门、深圳等，这些城市不仅没有成为传统中心城市的附庸，反而借力于国家的制度安排与政策支持，走上了发展壮大超越传统核心城市的道路，并在省份内部形成了政治中心与经济中心分立的城市规模分布结构。这种“双城演绎”的城市规模分布，能够在省份内部形成有效的资源竞争关系，并驱使要素按照边际收益法则进行空间布局，从而取得了经济效率最优的局面。

反观中西部地区，在国家逐渐注重区域协调发展，并出台了一系列重大支持性政策之后，绝大部分省份将实现“弯道超车”的后发优势希望寄托在省份内部的省会城市，省会城市得到了迅猛发展。与此形成鲜明对比的是，省份内部非省会城市的发展速度则相对缓慢许多。这种“单兵突进”的城市规模分布，一方面，集聚了省份内部大量优质高效的要素，却由于要素边际收益递减规律的作用而导致集聚效率被逐步稀释，甚至有可能走向净损失的境地；另一方面，省份内部非核心城市要素稀缺性导致的要素成本居高不下，则加重了非核心城市的发展成本。这种要素空间错配的现象势必会影响地区的长远发展，损害地区的增长潜力，最终成为增长拖累。

通过以上的史实梳理，我们不难发现，中国不同地区存在着截然不同的城市规模分布演化路径。在东部沿海地区，存在着一条中小城市蓬勃发展、演化成为大城市的路径；而中西部地区则存在着一条首位城市规模不断膨胀、中小城市发展相对萎缩的道路（见图1）。而这种城市规模分布演化道路的差异，很有可能就是导致区域经济增长绩效的动因。

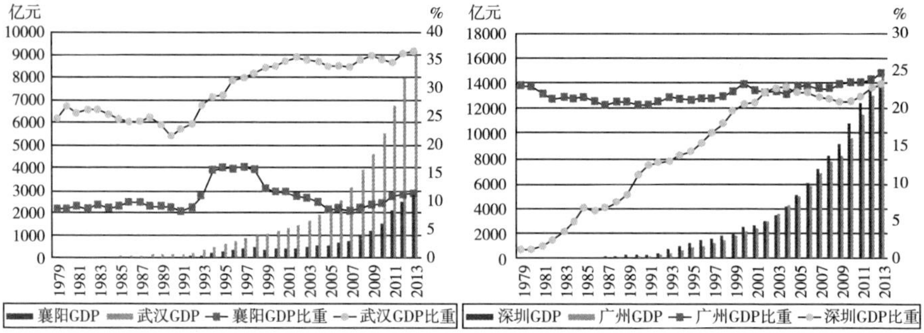

图1　湖北省与广东省城市规模分布演化路径

注：表中数据来自《湖北统计年鉴》与《广东统计年鉴》，其中所谓的GDP比重指的是当年城市GDP占所在省份GDP的比重，表中GDP单位为亿元。

我们认为，城市规模分布演进引致的区域经济增长绩效差异的根源在于地方政府对经济干预导致的资源配置过程的扭曲。在中国地方保护和市场分割的背景下，不同地区的地方政府出于晋升激励和财税激励，往往对经济运行进行大规模的干预，而这种干预往往是通过在不同城市之间分配政府手中的诸如土地指标、财税转移支付方向和比例、行政审批事项的权力和范围、新设立工业园区的选址等行政性政治资源，而影响其他资源配置过程实现的。城市规模分布作为表征区域内部城市之间规模大小与力量强弱的因素，代表了不同城市推动区域经济增长的能力，是一个影响地方政府政治资源配置的重要变量。而地方政府选择在不同城市之间进行政治资源配置，往往引致了市场性资源配置过程的虹吸效应和竞争效应，从而导致了区域经济绩效的差异。

所谓虹吸效应，是指在城市规模分布“一股独大”的状况下，首位城市或核心城市以自身强大的经济吸引力为基础，以位居城市体系顶端的政治优势为抓手，以超额获取国家与省级政府的支持扶持为推力，通过过度汲取集聚周边地区经济发展要素来推动首位城市发展，从而引领区域经济发展的一种机制。在首位城市规模更大、话语权更强的省份，首位城市的发展能够为省级官员和首位城市的主政官员同时带来收益，因此各种政治性资源被优先配置在首位城市，其他城市的发展能力相对受到盘剥。首位城市的无限扩张高度集聚了省内的各项资源，资源的边际收益逐步下降。但是由于大城市的各项政策红利与土地扩张引致的要素边际成本递减速度更快，首位城市的虹吸效应不断增强，大量的集聚要素享受到了行政干预带来的“虚高化”边际收益而不愿离开，从而区域经济发展的回流效应丧失，不利于区域经济整体增长。

所谓的竞争效应，是指在城市规模分布相对均衡的状况下，各个城市之间获取省级政治资源配置偏好的影响力较为均衡，城市之间的发展更多地依靠市场原则基础上的自由竞争规律，而要素流动在自由竞争规律的引领下，选择按照真实边际收益高低在不同城市的不同产业之间进行布局，而不同城市之间形成的基于要素禀赋和比较优势差异的互相竞争关系，引致区域经济增长发展的一种机制。在城市规模分布相对均衡、存在多个区域经济增长点时，省级政府政治资源的配置过程往往是竞争性的过程，而非由某一个城市独享。因此，当首位城市独享的“政策偏爱”被相对均匀配置给多个城市，城市之间互相竞争的基础相对公平，城市之间的发展依赖于城市的资源禀赋、区位条件和比较优势，从而导致了城市之间竭尽所能地进行体制机制创新与合理化的产业分工，吸引要素集聚，形成协同发展的格局，从而不断提升区域经济增长绩效。

综上所述，一方面，在虹吸效应的作用下，省份内部的要素大量集聚在首位城市，首位城市凭借政策红利不断创造“虚高”化的要素边际收益，其城市规模不断膨胀，省际城市规模分布不断朝向“一股独大”的状态演进，从而损害了区域经济增长绩效；另一方面，在竞争效应的作用下，省份内部的要素在真实边际收益的引领下自由布局，城市之间的发展相对均衡，省际城市规模分布朝向“多点开花”的状态演进，从而不断提升区域经济增长绩效。

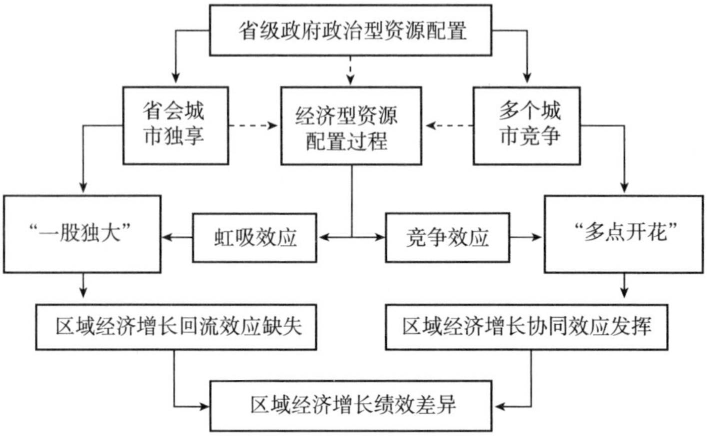

图 2　城市规模分布演进与区域经济增长

三、实证检验

沿着上文的思路，我们将对上文提出的论证逻辑进行经验验证。然而如何准确刻画中国的省际城市规模分布，是科学研究城市规模分布差异与经济增长绩效高低关系的核心命题。以往考察城市规模分布变化时，学术界通常应用人口指标进行对比研究（顾朝林等，2005；杨开忠、陈良文，2008；叶浩等，2012）。然而，中国区域间人口流动的数量和方向，难以进行长时期完整的统计；除此之外，人口统计数据之中户籍数据和常住人口数据的差异往往很大。运用 GDP 数据，则可以填补人口流动频繁导致的数据失真问题，因为无论居住时间长短与否，只要进行了生产与服务的供给和消费，就创造了 GDP，就能被统计在内，从而能够较为准确地反映一个城市的真实规模。基于以上考虑，我们选取 GDP 指标作为衡量城市规模的依据。在本部分，我们以中国 1994—2013 年 365 个地级区域或地、市级区域（包括副省级城市、地级市或地区，以及级别相当的自治州与盟，简而言之就是所有地级区域）的

GDP 数据为基础，测算选取赫芬达尔指数（HHI/Herfindahl Index）作为衡量不同地区城市规模分布演进的指标，检验省际城市规模分布对省际经济发展水平的动态影响。

$$HHI = \sum_{i=1}^{N} (X_i/X)^2 = \sum_{i=1}^{N} S_i^2$$

赫芬达尔指数通常用来衡量产业集中度，主要用于计量某个行业中不同企业之间规模大小引致的市场结构的差别，表征了特定产业中企业规模的集中与离散程度。[①] 在赫芬达尔指数的计算公式中，X_i 表示特定行业中某个厂商的规模，X 表示整个行业的规模，$S_i = X_i/X$ 表示第 i 个企业的市场占有率，n 表示某个行业中的厂商数量。

本文选取赫芬达尔指数作为城市经济集聚指标，表达了某个省域内部所有城市 GDP 规模之间的离散程度，表现了一个省域内部经济生产的集中程度，反映了不同省域城市之间规模相对变化的演进路径。具体来说，基于以下 3 点原因：第一，大多数文献中用于测量城市规模分布的指标有以下 3 个：①首位城市集中度；②指标位序—规模法则；③赫芬达尔指数。位序—规模是来源于数据之间的拟合值，无法保证估计结果的无偏性；而相对于首位城市集中度指标，赫芬达尔指数能够包含整个城市体系中所有城市规模相对大小的信息。[②] 第二，赫芬达尔指数度量的是单个城市的规模占整个省域城市总体规模比重的平方和，能够刻画不同省域城市之间相对规模的信息，而前文中已经提及，中国城市规模分布存在着明显的地区差异，因此赫芬达尔指数能够反映这些信息。第三，赫芬达尔指数的变化，对于大城市的成长和崛起更为敏感，能够捕捉到更多城市规模分布演进的信息，而我们在前文中也明显提出了中国的城市规模分布演进存在着地区差异，因此赫芬达尔指数的变化能够反映出城市规模分布演化路径的差异性信息。如果一个地区存在着中小城市不断崛起成长为大城市的过程，那么原有大城市的比重将会被稀释，城

① 吴学花，杨蕙馨．中国制造业产业集聚的实证研究［J］．中国工业经济，2004（10）．

② Wheaton, W. C., Shishido, H. Agglomeration Economies, and the Level of Economic Development [J]. *Economic Development and Cultural Change*, 30 (1), 1981: 17－30. Gabaix, S., Ioannides, Y. M. The Evolution of City Size Distributions [J]. *Handbook of Regional and Urban Economics* (Vol. 4), 2004 pp: 2341－2378.

市规模分布将会更为扁平，而赫芬达尔指数则会相对减小；如果一个地区存在着大城市规模不断膨胀的事实，那么大城市的比重将会不断升高，城市规模分布更为集中，而赫芬达尔指数则会相对变大。

事实上，省际经济发展过程中还会受到其他经济因素的影响，我们将这些变量设定为控制变量引入模型之中。本文实证检验所用到的所有变量以及数据的定义都呈现在表1中。

1. 数据和变量定义

表1　数据和变量定义

变量性质	变量名称	变量含义	计算方法
被解释变量	ln*pgdp*	省际人均 GDP	省际国内生产总值/省区常住人口
核心解释变量	HHI	赫芬达尔指数	每个地区的国内生产总值占省区国内生产总值比重的平方和
控制变量	*gov*	政府作用	政府消费额/地区国内生产总值
	ubr	城市化率	地区非农人口数/地区总人口数
	soe	国有职工比重	地区国有单位职工人数/地区职工总人数
	open	对外开放程度	地区进出口总额/地区国内生产总值
	edu	教育水平	地区普通高等学校在校人数/地区总人口
	struc	经济结构	地区第二产业产值比重
	invest	投资增长率	（地区当年经济固定资产投资额/地区上年经济固定资产投资额）－1

注：所有数据都源自《新中国六十年统计资料汇编》《中国市（县）统计年鉴》与各省份历年统计年鉴，所有变量因为进行了相应换算，都是无量纲的。为了去除通胀因素对数据的影响，我们统一将人均 GDP 按照 1994 年不变价格进行了处理。

为了衡量省际经济增长，我们选取“人均 GDP”进行测度。根据文献的普遍做法，我们选取赫芬达尔指数（HHI），代理省际城市规模分布水平。我们还控制了其他一系列变量，其中，文献中普遍认为中国呈现出显著的政府主导型经济特征，地方政府在资源配置过程中影响巨大，前述文献也进行了相应分析，因此我们选取“政府作用”（*gov*）指标测度政府对经济的干预程度；① 经济增长伴随着显著的城市化过程得到了文献的认可，城市化正在日渐成为中国经济增长的重要动力，因此我们选取“城市化率”（*ubr*）指标测度不同地区的城市化水平；② 改革开放以来的中国经济增长过程始终伴随着国有企业改革，国有经济在地区经济增长中扮演着重要角色，大量研究表明，一个地区的国有经济比重高低，对区域经济增长的绩效表现发挥了十分关键的作用，因此我们选取“国有职工比重”（*soe*）来度量地区国有经济水平；③ 对外开放是引领中国经济增长的重要契机，在前文中我们对东部地区受益于较早、较全面的对外开放，而对城市经济增长以及伴随而生的城市规模分布演变的作用也进行了阐述，因此选取“对外开放程度”（*open*）来度量不同地区的对外开放水平；④ 随着教育和人力资本在经济增长中扮演着越发重要的角色，大量研究表明，随着一国经济发展水平的不断攀升，经济结构的优化升级引致的经济增长必须要借助于大规模的高素质劳动力，因此我们选取“教育水平”（*edu*）来衡量地区的人力资本水平；⑤ 经济结构的变迁对经济增长有着重要作用，东部地区正是受益于对外开放引致的先行工业化，才会在不同城市之间形成了相互协同分工的发展格局，引致了区域经济增长绩效的持续向好，因此我们选取“经济结构”（*struc*）指标来衡量地区的经济发展阶段；⑥ 大量文献表明，中国的经济增长对投资的依赖越来越高，而投资作为政府大规模干预经济的一个手段，其范围与程度自然会影响到区域经济的增长，

① 周黎安．晋升博弈中政府官员的激励与合作［J］．经济研究，2004（6）；张卫国，等．地方政府投资行为、地区性行政垄断与经济增长［J］．经济研究，2011（8）；王贤彬，等．地方政府土地出让、基础设施投资与地方经济增长［J］．中国工业经济，2014（7）；刘瑞明，金田林．政绩考核、交流效应与经济发展［J］．当代经济科学，2015（3）．

② 中国经济增长前沿课题组．城市化，财政扩张与经济增长［J］．经济研究，2011（11）；刘瑞明．中国城市化迟滞的所有制基础［J］．经济研究，2015（4）．

③ 刘瑞明．国有企业的双重效率损失与经济增长［J］．经济研究，2010（1）；刘瑞明．所有制结构，增长差异与地区差距［J］．经济研究，2011（11）．

④ 黄玖立，李坤望．出口开放、地区市场规模和经济增长［J］．经济研究，2006（6）；毛其淋，盛斌．对外经济开放、区域市场整合与全要素生产率［J］．经济学（季刊），2012（1）．

⑤ 杨建芳，等．人力资本形成及其对经济增长的影响［J］．管理世界，2006（5）；李亚玲，王戎．人力资本分布结构与区域经济差距［J］．管理世界，2006（12）．

⑥ 石磊，高帆．地区经济差距：一个基于经济结构转变的实证研究［J］．管理世界，2006（5）；刘燕妮，等．经济结构失衡背景下的中国经济增长质量［J］．数量经济技术经济研究，2014（2）．

因此我们选取“投资增长率”（*invest*）指标来控制不同地区的投资水平。① 在表 1 中详细列出了这些变量的计算方法和数据来源。

2. 实证策略与方法

选取合适的计量方法是得出正确结论的前提。针对本文采用的面板数据，一般采用随机效应模型或固定效应模型进行实证检验（刘学良、陈琳，2011）②。因此，在确定本文采用何种模型之前，我们用豪斯曼（Hausman）模型设定检验，得出了固定效应模型更为准确的结论，因此本文采用省际面板数据双向固定效应（Two－way Fixed Effects）分析方法来进行研究。我们重点考察解释变量赫芬达尔指数 HHI 对被解释变量 ln*pgdp* 的影响，观测结果是否和预想的一致。

基于此，我们在参考田超（2015）③ 模型的基础上，提出如下实证模型：

$$Y_{it} = C + \beta_1 \times X + \beta_2 \times X^2 + \sum_j \alpha_j \times Control + \alpha_i + \mu_{it}$$

其中，Y 是被解释变量，在回归方程中代表了 ln*pgdp*；X 是解释变量，在回归方程中代表了 HHI；下标 i 和 t（$t = 1994, \cdots, 2013$）分别代表第 i 个省份和第 t 年；*Control* 是一系列控制变量；α_i 表示选取固定效应模型时各地区有一个不随时间变化的效应；μ 是残差项。为了控制时间的作用，我们还在各个模型中控制了年份虚拟变量。

3. 计量结果与稳健性检验

利用 stata 12.0，我们对上述模型进行面板回归分析，计量结果呈现在表 2 中。观察表 2 中的（1）－（3）列，我们发现表征城市规模分布状况的赫芬达尔指数及其平方项（HHI & HHI^2）均在 1% 的显著性水平上呈现“倒 U”形形态，且无论是否加入不同的控制变量，这一关系始终是稳健有效的，这说明存在一个效率最优的城市规模分布状态，过于集中或过于分散都明显不利于人均收入的增长。从模型（1）－（3）的计量结果来看，最优的城市规模

---

① 郭庆旺，贾俊雪. 政府公共投资的长期经济增长效应［J］. 经济研究，2006（7）；郝颖，等. 地区差异，企业投资与经济增长质量［J］. 2014（3）；范庆泉，等. 从生产性财政支出效率看规模优化［J］. 南开经济研究，2015（5）.

② 刘学良，陈琳. 横截面与时间序列的相关异质——再论面板数据模型及其固定效应估计［J］. 数量经济技术经济研究，2011（12）.

③ 田超. 首位城市过大是否阻碍省域经济协调发展［J］. 中国人口、资源与环境，2015（10）.

分布状态应该在0.142～0.168。在模型2与3中，政府作用（*gov*）均在1%的显著性水平上显著为负，控制了不同变量以后，这一数值基本没有明显变化，说明检验结果较稳健，基本支撑了文献中政府干预对经济发展的负面作用。城市化率（*urban*）分别在1%和5%的显著性水平上为正，控制了不同的变量之后，这一数值基本上没有显著变化，说明城市化率对人均收入水平增长呈显著的正向作用。经济结构（*struc*）均在1%的显著性水平上显著为正，控制了其他变量，该数值也并未有显著性变化，说明数据考察时期中国进行的工业化历程对经济发展呈明显的促进作用。国有经济（*soe*）对经济发展呈阻碍作用，但在我们可接受的水平上并不显著。对外开放（*open*）在5%的显著性水平上为正，说明开放程度越高对地区经济发展越有促进作用。在我们的回归中，教育水平（*edu*）的检验结果出乎意料，竟然呈负相关，这可能与教育因素作为长期影响经济增长的变量在短期内不显著有很大关系，同时在可接受的水平上也并不显著。投资增长率（*invest*）对经济增长的作用是正向的，但检验结果在可接受的范围内并不显著。

为了检验模型的稳健性，我们将核心解释变量替换为以人口规模计算的赫芬达尔指数（PHHI），按照模型（1）-（3）的方法，重新检验城市规模分布与地区人均国民生产总值的关系。观察表2中的（4）-（6）列，我们发现以人口为表征的赫芬达尔指数仍然与被解释变量地区人均国民生产总值呈稳健的“倒U”形关系，只不过最优区间相比以经济规模为表征的赫芬达尔指数而言，总体上略小，为0.108～0.142，不过这并不影响模型整体的稳健性。这说明了我们选取的指标，以及采用的实证策略较好地检验了省际城市规模分布演进的经济增长效应。

表2　计量结果与稳健性检验（1994—2013年）

被解释变量	ln*pgdp*（地区人均国民生产总值）					
解释变量	(1)	(2)	(3)	(4)	(5)	(6)
HHI	3.672 (0.8382)***	3.643 (0.8385)***	3.192 (0.8493)***			
HHI^2	-10.91 (2.084)***	-11.75 (2.097)***	-11.22 (2.144)***			

续表

被解释变量	lnpgdp（地区人均国民生产总值）					
解释变量	(1)	(2)	(3)	(4)	(5)	(6)
PHHI				2.792 (0.635)***	2.563 (0.585)***	2.192 (0.576)***
$PHHI^2$				-9.81 (1.632)***	-10.67 (1.927)***	-10.16 (1.976)***
Gov		-0.3309 (0.054)***	-0.3375 (0.054)***		-0.33 (0.053)***	-0.3367 (0.054)***
urban		0.0928 (0.036)***	0.075 (0.0374)**		0.1012 (0.034)***	0.0877 (0.0369)**
Soe		-0.0008 (0.0453)	-0.0038 (0.0456)		-0.0017 (0.045)	0.0017 (0.045)
struc		0.4612 (0.078)***	0.4762 (2.0159)***		0.4465 (0.078)***	0.4613 (0.079)***
open			0.6223 (0.3344)**			0.5047 (0.3375)
edu			-0.8433 (1.773)			-0.6417 (1.776)
invest			4.23e-10 (4.19e-09)			2.69e-10 (4.20e-09)
常数值	7.723 (0.0755)***	9.196 (0.086)***	7.511 (0.0863)***	7.755 (0.086)***	9.219 (0.082)***	7.554 (0.081)***
R^2（within）	0.9848	0.9876	0.9877	0.9857	0.9876	0.9876
R^2（between）	0.0204	0.1678	0.3776	0.0319	0.1693	0.3556
R^2（overall）	0.6260	0.6707	0.6946	0.6167	0.6686	0.6891

注：①括号中的数字为标准差；②*、**、***分别表示显著性水平为10%、5%和1%。

4. 进一步讨论

通过计量模型的实证检验，我们发现中国省际城市规模分布存在着效率最优的结构，即以赫芬达尔指数表征的城市规模分布指数在0.142~0.168。事实上，回到数据来看，大部分省份的城市规模分布并没有达到最有效率的结构。我们发现，大部分发展绩效较为良好的省份，都存在着朝向效率最优结构发展的趋势。也就是说，从时间序列来看，这些发展绩效较好的省份，它们在不断地向着最优区间靠近。而那些发展绩效相对并不理想的省份，则呈现了赫芬达尔指数背离最优结构的趋势。我们将各省份在考察期内的年均人均 GDP 按照由高到低排列（见表3），然后对比赫芬达尔指数的变化，佐证我们实证检验的结论。

（1）人均 GDP 增长率和人均 GDP 排名前半部的省份，赫芬达尔指数呈现了明显的趋优态势。其中佼佼者如内蒙古和陕西，不仅绝对增速方面人均 GDP 增长率年均增长率达到了 11.5%之上，相对增速方面人均 GDP 全国排名从中下游跃升至前列。江苏则凭借相对较高的绝对增长率，超越广东、浙江、辽宁三省，一跃成为人均 GDP 排名全国第一。由于绝对增长率的微弱劣势，福建、广东、浙江、辽宁四省排名均出现了不同程度的下滑。由于增长率的优势，山东则保持了较为稳定的人均 GDP 全国第七的排名。吉林、河南、四川、湖北、山西、湖南和安徽七省凭借相对前列的人均 GDP 增速，其全国排名都实现了小幅提升。从人均 GDP 增长率和排名居前省份的基本情况来看，赫芬达尔指数向最优效率区间越靠近，且靠近的速度越快，其经济发展绩效越好。内蒙古、江苏和陕西之所以能够实现增长率和排名的双“逆袭”，以及江苏和吉林的提升，离不开赫芬达尔指数向着最优结构的快速逼近。内蒙古的赫芬达尔指数从 0.112 增长到 0.127，增长幅度为 14%；江苏的赫芬达尔指数从 0.111 增长到 0.131，增长幅度为 18%。福建、山东、浙江、广东、辽宁的增长率和排名均出现小幅下滑的原因，也离不开各省份城市规模分布的非趋优化发展态势。河南、四川、湖北、山西、湖南和安徽六省的增长率和排名小幅提升，可以归因于以上六省处于首位城市率和赫芬达尔指数与人均 GDP 增长“倒 U”形曲线的左半部分阶段，首位城市发展越迅速、规模越大，赫芬达尔指数越高，人均 GDP 增长越快。

（2）人均 GDP 增长率和人均 GDP 排名后半段的省份，赫芬达尔指数呈现出一定程度的去优化发展态势。探察其中背离优化过程，我们不难发现，首先，增速后四位和排名大幅度下滑的省份，如黑龙江、云南、海南和新疆，出现了从效率最优区间附近远离的情况。黑龙江的赫芬达尔指数从 0.1546 增加到 0.185，偏离最优区间的上限 0.168 达到 10%，大幅远离最优增长区间；

云南的赫芬达尔指数从0.1535的最优区间下滑到0.1326，偏离最优增长区间下限0.142达9.3%；海南的赫芬达尔指数从0.1724快速下降到0.1268，从距离最优区间的2.7%远离到12%。增速靠后但排名相对提升的省份，如青海、宁夏和西藏，出现了赫芬达尔指数远离最优区间，进入城市规模分布和经济增长负向变动逐步增大的区域。增速相对靠后但名次并未出现变化的省份，如河北、甘肃和贵州，呈现出赫芬达尔指数下降的趋势，也是向着最优的区间逼近，因此相对位次并未变化。

表3　中国省际经济增长绩效与城市规模分布演变

省份	人均GDP年增长率	人均GDP排名		赫芬达尔指数	
		1994年	2013年	1994年	2013年
内蒙古	13.82%	12	2	0.1122	0.1271
江苏	11.78%	4	1	0.1112	0.1317
陕西	11.59%	22	10	0.1763	0.1677
福建	11.46%	5	6	0.1485	0.1521
山东	11.41%	7	7	0.0771	0.0793
浙江	11.38%	2	3	0.1231	0.1339
广东	11.36%	1	4	0.0912	0.1248
辽宁	10.98%	3	5	0.0962	0.1243
吉林	10.95%	10	8	0.1865	0.1829
河南	10.93%	21	19	0.0708	0.0806
四川	10.90%	24	20	0.1213	0.1406
湖北	10.85%	13	9	0.1091	0.1592
山西	10.70%	16	15	0.1108	0.1046
湖南	10.66%	18	16	0.0855	0.1253
安徽	10.63%	19	22	0.0748	0.1010
河北	10.60%	11	11	0.1252	0.1281
青海	10.54%	14	17	0.2104	0.2789
江西	10.53%	23	21	0.1168	0.1193
广西	10.52%	17	23	0.1075	0.1009

续表

省 份	人均 GDP 年增长率	人均 GDP 排名		赫芬达尔指数	
		1994 年	2013 年	1994 年	2013 年
宁 夏	10.41%	15	12	0.2894	0.3206
西 藏	10.31%	25	24	0.2111	0.2131
甘 肃	10.21%	26	26	0.1608	0.1334
贵 州	10.03%	27	27	0.1599	0.1452
黑龙江	9.89%	8	13	0.1546	0.1850
云 南	9.76%	20	25	0.1535	0.1326
海 南	9.29%	6	18	0.1724	0.1268
新 疆	9.16%	9	14	0.1101	0.1170

注：各省份年均人均 GDP 增长率通过扣除通胀因素的实际 GDP 计算得出，各省份人均 GDP 排名同样进行了消胀。

四、结 语

当中国新型城镇化浪潮方兴未艾之际，如何实现经济集聚与经济发展的良性互动，其核心任务在于优化城市规模分布，构建有效率的城市体系。但是，何种城市体系是具有效率的？本文从城市规模分布的角度为回答这一问题提供了思路。在中国市场分割的背景下，省际经济增长依赖于行政区内部的城市完成。不同的城市规模分布造就了不同的城市体系，而城市规模分布的演进发展导致的城市体系的集中或分散趋势，则对省际经济增长产生了不同的影响。经济集聚过度会导致要素边际收益下降、集聚效应降低；而集聚程度不足则无法产生足够多的正外部性，导致规模经济效应的损失。因此，从城市规模分布的角度来看，经济集聚与经济增长呈现出较为明显的“倒 U”形关系。本文利用中国 1994—2013 年省际城市规模分布的数据，验证了城市规模分布与经济增长的“倒 U”形关系，发现了城市规模分布促进省级经济增长的最优区间。从赫芬达尔指数来看，最优区间为 0.142 ~ 10.168。从中国各省份实际数据来看，绝大部分省份在考察期内均没有达到最优增长区间，但增长绩效较好的省份则有着明显的趋优化过程。

从当前中国经济“降速换挡”的实际着眼，中国已经走到了必须切实推进转变经济发展方式的关键节点，在人口红利消散和资源约束的双重压力之下，中国必须进一步优化新型城镇化战略。本文的工作为优化新型城镇化战略提供了一定的借鉴意义：第一，针对地方政府通过配置政治性资源而影响其他要素配置的行为，国家必须坚持深化行政审批体制改革，加快完善地方政府权力清单制度，重新评估各项行政审批的必要性，尽可能减少地方政府干预经济的通道，尊重市场机制在资源配置过程中的决定性作用。第二，针对首位城市通过空间扩张和政策红利不断创造要素集聚边际收益的“虚高化”，必须破除首位城市超常发展的政治基础，剪除阻碍要素自由流动的制度安排，保障区域经济增长的回流效应机制的实现，从而扭转要素价格长期扭曲的制度基础，尽可能提升首位城市的承载能力，实现区域经济均衡可持续发展。

参考文献

［1］梁琦，钱学锋．外部性与集聚：一个文献综述［J］．世界经济，2007（4）．

［2］谢小平，王贤彬．城市规模分布与经济增长［J］．南方经济，2012（6）．

［3］费孝通．小城镇四记［M］．北京：新华出版社，1985．

［4］周一星．论中国城市发展的规模政策［J］．管理世界，1992（6）．

［5］王小鲁，夏小林．优化城市规模 推动经济增长［J］．经济研究，1999（9）．

［6］蔡继明，周炳林．小城镇还是大都市：中国城市化道路的选择［J］．上海经济研究，2002（10）．

［7］赵新平，周一星．改革以来中国城市化道路及城市化理论研究述评［J］．中国社会科学，2002（2）．

［8］王小鲁．中国城市化路径与城市规模的经济学分析［J］．经济研究，

2010 (10).

[9] Fujita, M. and Krugman , P. R. When Is the Economy Monocentric? Von Thünen and Chamberlin Unified [J]. *Regional Science and Urban Economics*, no. 25, 1995: 505 -528.

[10] Fujita, M. , Krugman, P. R. and Venables, A. J. *The Spatial Economy: Cities, Regions and International Trade* [M]. Cambridge, Massachusetts: The MIT Press, 1999.

[11] Gill , I. S. and Kharas, H. An East Asian Renaissance: Ideas for Economic Growth [J]. *The International Bank for Reconstruction and Development : The World Bank*, 2007.

[12] Fay, M. and Opal, C. Urbanization without Growth [J]. *World Bank policy Research Working Paper*, No. 2412, 2000.

[13] Henderson J. V. The Urbanization Process and Economic Growth: The So - What question [J]. *Journal of Economic Growth*, no. 8, 2003: 47 -71.

[14] Au, C. and Henderson, J. V. Are Chinese Cities Too Small [J]. *Review of Economic Studies*, no. 3, 2006: 549 ~576; Henderson, J. V. Urbanization in China: Policy Issues and Options [EB/OL]. *http: / /www. econ. brown. edu / faculty /henderson / finalfinalreport -2007050221. pdf*;

[15] 简新华, 黄坤. 中国城镇化水平和速度的实证分析与前景预测 [J]. 经济研究, 2010 (3).

[16] 许政, 等. 中国城市体系的“中心 - 外围”模式 [J]. 世界经济, 2010 (7).

[17] 高鸿鹰, 武康平. 我国城市规模分布 Pareto 指数测算及影响因素分析 [J]. 数量经济技术经济研究, 2007 (4).

[18] 李培. 最优城市规模研究述评 [J]. 经济评论, 2007 (1).

[19] [美] 亨德森. 中国城市化面临的政策整体与选择 [J]. 比较, 2007 (31).

[20] 谢小平, 王贤彬. 城市规模分布与经济增长 [J]. 南方经济, 2012 (6).

［21］李培．中国城市经济增长的效率与差异［J］．数量经济技术经济研究，2012（7）．

［22］冯云廷．小城镇化战略的反思与我国城市化发展的战略取向［J］．中国软科学，2000（11）．

［23］张景华．城市化驱动经济增长的机制与实证分析［J］．财经科学，2007（5）．

［24］柯善咨．扩散与回流：城市在中部崛起中的主导作用［J］．管理世界，2009（1）．

［25］陈甬华．中国城市化发展实践的若干理论和政策问题［J］．经济学动态，2010（1）．

［26］钟宁桦．农村工业化还能走多远［J］．经济研究，2011（1）．

［27］中国经济增长前沿课题组．城市化、财政扩张与经济增长［J］．经济研究，2011（1）．

［28］章元，等．一个农业人口大国的工业化之路：中国降低农村贫困的经验［J］．经济研究，2012（11）．

［29］顾朝林，等．全球化与重建国家城市体系设想［J］．地理科学，2005（6）．

［30］杨开忠，陈良文．中国区域城市体系演化实证研究［J］．城市问题，2008（3）．

［31］叶浩等，中国城市空间分布的省际差异及其影响因子分析［J］．中国人口、资源与环境，2012（12）．

［32］吴学花，杨蕙馨．中国制造业产业集聚的实证研究［J］．中国工业经济，2004（10）．

［33］Wheaton，W. C. and Shishido，H. Agglomeration Economies，and the Level of Economic Development［J］. *Economic Development and Cultural Change*，30（1），1981：17－30.

［34］Gabaix，S . and Ioannides，Y. M. The Evolution of City Size Distributions［J］. *Handbook of Regional and Urban Economics*（*Vol.* 4），2004：2341－2378.

［35］周黎安．晋升博弈中政府官员的激励与合作［J］．经济研究，2004

(6).

[36] 张卫国，等. 地方政府投资行为、地区性行政垄断与经济增长 [J]. 经济研究，2011 (8).

[37] 王贤彬，等. 地方政府土地出让、基础设施投资与地方经济增长 [J]. 中国工业经济，2014 (7).

[38] 刘瑞明，金田林. 政绩考核、交流效应与经济发展 [J]. 当代经济科学，2015 (3).

[39] 刘瑞明. 中国城市化迟滞的所有制基础 [J]. 经济研究，2015 (4).

[40] 刘瑞明. 国有企业的双重效率损失与经济增长 [J]. 经济研究，2010 (1).

[41] 刘瑞明. 所有制结构，增长差异与地区差距 [J]. 经济研究，2011 (11).

[42] 黄玖立，李坤望. 出口开放、地区市场规模和经济增长 [J]. 经济研究，2006 (6).

[43] 毛其淋，盛斌. 对外经济开放、区域市场整合与全要素生产率[J]. 经济学（季刊），2012 (1).

[44] 杨建芳，等. 人力资本形成及其对经济增长的影响 [J]. 管理世界，2006 (5).

[45] 李亚玲，王戎. 人力资本分布结构与区域经济差距 [J]. 管理世界，2006 (12).

[46] 石磊，高帆. 地区经济差距：一个基于经济结构转变的实证研究 [J]. 管理世界，2006 (5).

[47] 刘燕妮，等. 经济结构失衡背景下的中国经济增长质量 [J]. 数量经济技术经济研究，2014 (2).

[48] 郭庆旺，贾俊雪. 政府公共投资的长期经济增长效应 [J]. 经济研究，2006 (7).

[49] 郝颖，等. 地区差异，企业投资与经济增长质量 [J]. 经济研究，2014 (3).

[50] 范庆泉，等. 从生产性财政支出效率看规模优化 [J]. 南开经济研究，2015 (5).

[51] 刘学良，陈琳. 横截面与时间序列的相关异质——再论面板数据模型及其固定效应估计 [J]. 数量经济技术经济研究，2011 (12).

[52] 田超. 首位城市过大是否阻碍省域经济协调发展 [J]. 中国人口·资源与环境，2015 (10).

能源效率对中国工业行业贸易比较优势的作用研究

孙　婷

摘　要：本文测算了2000—2012年中国26个工业行业的贸易比较优势，在此基础上，运用两种能效指标，探究能源效率等因素对工业行业贸易比较优势的作用效果。结果表明，我国工业的比较优势主要集中在劳动力富集的低端技术行业，而资本、技术密集型行业的比较优势正逐渐凸显；全样本回归显示，单要素能效对比较优势呈正“U”形特征，全要素能源环境效率表现出倒“U”形影响；分组回归显示，单要素能效与比较优势的关系在中低端技术工业行业中存在差异性，前者呈“倒U”形，后者显现出正“U”形走势，两种能效对于高端技术行业的比较优势都无显著影响。要素禀赋结构、R&D投入、本地市场规模、所有制结构等因素对不同技术水平行业的比较优势有差异化影响。本文结论为我国合理配置能源资源、挖掘比较优势的新潜力提供了一定的思考与借鉴。

关键词：比较优势　能源效率　工业行业　静态面板

作者简介：孙婷（1995—），辽宁抚顺人，东北大学理学院2017级应用统计学专业硕士研究生。

一、引　言

随着能源供需矛盾与环境气候问题的日益严峻，改进能源效率已成为各国经济可持续发展战略的必然选择。提高能源效率是在保证经济增长的同时实现节能减排的重要手段（林伯强，2015）。值得注意的是，在国际竞争日趋激烈的背景下，能源效率也通过成本的变化影响着一国的比较优势，改变了一国进出口贸易格局。

在拉动中国经济的“三驾马车”中，出口一直发挥着举足轻重的地位。数据显示，1980 年中国出口总额 271.2 亿元，占 GDP 比重仅为 6%，到 2014 年中国出口总额是 1980 年的 530 倍，在 GDP 中占比高达 22%。在我国目前的产业结构中，工业行业最具贸易竞争力：2014 年中国 220 多种工业品产量位居世界第一，制造业净出口位居世界第一。毫无疑问，中国遵循了比较优势理论积极参与国际分工，凭借“中国制造”的低成本切入国际价值链条，创造了举世瞩目的“中国奇迹”。

比较优势是生产力水平不同的国家从事贸易活动的理论基础。大卫·李嘉图首次提出了比较成本理论，指出各个国家可以生产具有成本比较优势的产品，并通过贸易获取比较利益。在成本优势的基础上，赫克歇尔和俄林提出了要素禀赋学说，使理论更接近现实，他们认为国际分工是基于各国要素丰裕度与密集度的差异而展开的，一国的比较优势主要集中在那些能密集使用该国相对充裕且价格低廉的要素的产品上。20 世纪 90 年代，新兴古典贸易理论则突破了传统理论框架，其中代表人物杨小凯（2001；2002）指出专业化分工会导致人力资本与知识的积累，从而产生了内生比较优势。在“绿色制造”的背景下，李国平等（2004）提出附加环境因素的比较优势，扩展了传统的比较优势理论。

中国作为能源生产与消耗大国，国内能源价格低于国际价格，因而在能源类要素密集的工业行业具有比较优势。数据显示，1999 年中国工业行业能源投入 69214 亿元，2014 年投入额增加了 1.5 倍，但整体而言我国的能源效率水平并不高，在能源稀缺的时代，粗放型贸易所依靠的大规模能源投入很可能会制约我国比较优势的进一步提升。不容忽视的是，提高能源效率需要相应的技术支持，短期内改进技术的研发投入加重了我国工业的成本负担，不利于比较优势的提高。但从长期来看，能源效率的提升节约了我国工业的能源使用成本，并且能够生产出更符合国际绿色标识的产品，进而增进国际市场占有率。本文基于上述理论背景与现实背景，从不同视角测算了工业行业的比较优势和能源效率，使用静态面板回归方法探讨能源效率对贸易比较优势的作用关系和机制，一方面为我国合理配置能源资源、推动供给侧结构性改革的理论基础提供了思考；另一方面也为挖掘我国比较优势潜力、提升我国国际地位提供了相应的借鉴。

二、文献综述

（一）基于比较优势的测度方法视角的文献回顾

1. 运用指数衡量法测算比较优势的文献回顾

比较优势的测度应当根据一个国家参与贸易前的相对成本或机会成本，但是相对成本或机会成本的衡量较为困难，所以各国学者根据交易发生后的贸易数据构建了多种比较优势指数，间接地推测贸易参与国某种产品的比较优势或劣势。

显示性比较优势指数（RCA）刻画的是某种产品占一国出口比重与该种产品占世界总出口比重的比值，该指数简单、易得，但没有考虑到进口贸易的影响，易产生较大偏差（杨振兵等，2015；刘重力等，2003）。净出口指数（NEX），也称贸易竞争力指数（TC），旨在衡量某种产品的贸易总额中净额所占的比重，该指标剔除了进口额对比较优势的影响（傅朝阳等，2006）。Michaely 指数是在上述指数的基础上加以改进，进一步考虑到了地区进、出口贸易额在全国贸易额中的占比（李小平，2012；包群、阳佳余，2008）。Lafay 指数将产业内贸易和复出口也纳入其中，同时由于测量了某种产品的贸易平衡与总体贸易平衡的偏差，该指数也剔除了周期性因素的影响（程新章，2006）。此外，还有许多学者基于改进的 RCA 指数，对比较优势进行测算，如标准化的显示性比较优势指数（NRCA）、显示对称性比较优势指数（SRCA）、附加显示性比较优势指数（ARCA）等（各指数的具体计算公式见附表 A）。

2. 运用其他方法测算比较优势的文献回顾

上述指数虽然是根据比较优势的内在含义提出的，并基于一定的理论基础，但仍存在些许不足，部分学者从另外一些角度提出了衡量比较优势的其他方法。无论是RCA还是Lafay指数，各指标只是对某一时期的比较优势进行静态测算，没有考虑到比较优势的动态变化分布情况，马尔科夫链方法就弥补了这一不足。陆文聪、许为（2015）对Lafay指数进行离散化处理，将比较优势分为4个程度，运用马尔科夫链证明了我国的比较优势存在较高的流动性。此外，上述指数只是从比较优势的影响结果出发，运用贸易发生后的进出口数据间接推算参与国的比较优势，这忽略了贸易壁垒等其他因素的影响，且没有考虑比较优势自身的内在影响机制，但生产率衡量法弥补了这一缺陷。Levchenko和Zhang（2011）构建了多部门的李嘉图模型，结合贸易数据、要素禀赋、投入产出表等测度部门生产率，以衡量比较优势。杨高举、黄先海（2014）采用改进的LZ模型，纳入要素禀赋、技术水平、投入成本等影响因素，计算了生产率，以分析各国比较优势的变化与差异。

（二）基于比较优势的影响因素视角的文献回顾

H－O理论指出，生产要素是影响比较优势的因素之一，一个贸易参与国应当生产并出口该国相对密集要素的制成品，进口该国相对稀缺要素的制成品。传统的要素禀赋学说主要强调的是资本和劳动力对一国比较优势的影响（冯梅，2012）。随着国际分工的日益深化，各国学者也逐渐意识到人力资本、基础设施等生产要素的决定性作用。盛丹、王永进（2012）认为，良好的基础设施一方面能够减少融资数目，另一方面能够提供便利的融资条件，进而形成行业生产率的差异，最终影响比较优势的形成。

要素禀赋学说建立在两个国家技术水平相同的前提之上，但如果发展中国家只是简单地借助自然资源，发挥外生比较优势参与国际分工，就会导致与发达国家收入差距的持续拉大，因此，相对落后的国家要通过技术变革建立内生比较优势，改变在国际价值链中的地位（徐建斌等，2002）。Grossman和Helpman（1990）认为，R&D投资会推动技术改造，造成产品的差异化，进而导致相应产品比较优势的动态变化。刘林青等（2009）发现大规模的FDI投入到了中国的外商投资企业，促使我国在高技术产品上展现出较强的国际竞争力。技术进步也会带来规模经济效益，Helpman和Krugman（1985）认为，市场规模与规模报酬二者促使了生产品种类的繁多，贸易能够增加消费者的选择和需求的多样性，带动厂商规模效率的提升，通过规模经济的作用，厂商能够确立在国际市场上的比较优势。

按照静态比较优势，国际分工依照要素丰裕度的差异而展开，但在动态演变中，产业结构就扮演了举足轻重的地位，在新分工模式下，加快产业结构的调整才能避免我国被锁定在低端的比较优势“陷阱”中（盛朝迅，2012）。此外，由于民营企业具有较高的创造力与生产率，对出口增加值的贡献最大，企业的所有制结构也是影响贸易竞争力的重要因素（刘林青等，2009）。

在坚守传统比较优势的基础上，依靠制度的深度变革获得“制度红利”，已经成为建立我国贸易新型比较优势的重要突破口（邱斌等，2014）。包群、阳佳余（2008）和盛雯雯（2014）认为，国际贸易需要外部融资的支持，发达的金融市场制度通过降低融资成本使贸易参与国获得比较优势。李小平等（2012）、杨振兵等（2015）和陆旸（2009）发现严格的环境规制制度促使贸易参与国率先发展与环境更兼容的生产工艺、创新技术等，建立起其在相应产品上的比较优势。

现有文献大多从以上几个视角分析一国或地区的比较优势，目前少有学者将能源作为比较优势的影响因素。本文从能源供需矛盾日益突出、能源效率亟待提升的背景出发，在现有文献研究的基础上，探究能源效率对我国工业行业的贸易比较优势带来的新影响，并进一步分析行业间异质性是否会改变能源效率和比较优势的关系。在测度能源效率方面，本文采用单要素与包含环境因素的全要素能效，以更为全面、系统地分析能源效率对比较优势的作用机制。

三、模型构建及数据说明

（一）模型构建

本文试图分析工业行业的能源效率等因素对贸易比较优势的作用效果。从理论上讲，短期内提高能源效率所需要的技术研发投入加重了我国工业的成本负担，不利于比较优势的提高。但从长期来看，能源效率的提升节约了我国工业的能源使用成本，并且能够生产出更迎合国际绿色理念的产品，进而增进国际市场占有率。

本文基于静态面板回归方法，构建如下计量模型：

$$\mathrm{SPEC}_{i,t} = \alpha_0 + \alpha_1 E_{i,t} + \alpha_2 E_{i,t}^2 + \sum \alpha_i X_{i,t} + \mu_i + \varepsilon_{i,t} \quad (1)$$

式中，i 表示行业；t 表示时间；SPEC 代表工业行业的贸易比较优势；E 代表能源效率；X 代表一组控制变量；μ_i 为无法观测的反映行业间差异的行业效应；$\varepsilon_{i,t}$ 为随机扰动项。为了分析能源效率与比较优势的非线性关系，模型中还加入了能源效率的平方项。

（二）数据来源及处理

本文在工业行业中剔除了国家垄断的烟草加工业，选取中国 26 个工业行业 2000—2012 年的数据进行研究。数据来源主要为历年的《中国统计年鉴》《中国工业统计年鉴》《中国能源统计年鉴》《中国科技统计年鉴》和联合国贸易商品统计数据库。

（1）比较优势（SPEC）。为了对我国工业行业贸易比较优势进行全面而系统的分析，本文采用了 3 种较为常见的方法测算比较优势。①显示性比较优势指数（RCA）。RCA 指数衡量的是某种产品在一国出口中占比与该种产品在世界总出口中占比的比值。若指数大于 1，说明此种产品的本国出口比重高于其世界平均出口比重，具有比较优势；反之，则具有比较劣势。RCA 指数简单、易得，但没有考虑到进口贸易的影响，易产生较大偏差。对此，我们采用下述两个指标，同时考虑进口贸易与出口贸易的影响。②净出口指数（NEX）。NEX 指数测算某类产品的贸易总额中贸易净额所占份额。指数大于 0，说明此类产品的出口比进口多，具有比较优势；反之，则具有比较劣势。③Michaely 指数（MIC）。该指数测度某种产品的出口比重与进口比重之间的差值。若指数大于 0，说明此种产品的出口占比高于进口占比，具有比较优势；反之，具有比较劣势（3 种指数的具体计算公式见附表 A）。

（2）能源效率（E）。对于核心解释变量能源效率，我们从以下两个角度进行测算。①单要素能源效率（$E1$）。传统能效测算方法一般采用能源强度相关指标，本文以能源强度的倒数衡量，即实际工业增加值与能源消耗总量之比。②全要素能源环境效率（$E2$）。单要素能源效率简单、易操作，但忽略了其他投入要素与能源要素之间的相互替代作用，也没有考虑能源效率提高在拉动经济增长的同时所带来的环境污染等负向影响。对此，我们基于包含非期望产出的 SBM－DEA 模型，计算了全要素能源环境效率。其中，投入要素包括资本、劳动和能源，期望产出选择工业行业实际增加值，非期望产出用 CO_2 排放量表征。

（3）控制变量。①要素禀赋结构（KL）。劳动与资本是拉动比较优势的要素禀赋基础，这里用资本存量与劳动力比值衡量。②研发投入（R&D）。技术的发展会推动一国比较优势的动态转移（Balassa，1977），而研发投入又是推动技术进步的主要力量，本文以科技活动经费内部支出占工业增加值的比重表示。③本地市场规模（HMS）。本地市场需求的增加将引起规模生产而促进该种产品的出口（Krugman，1980），我们参考陈丰龙和徐康宁（2012）的处理方式，采用行业销售产值与出口交货值差额的自然对数测算。④行业规模（IS）。行业规模会通过外部规模经济效应影响工业的贸易比较优势，表示为行业的实际工业增加值与企业数目之比。⑤所有制结构（OS）。一般认为受利益团体驱动，国有企业可能会实施贸易保护措施，对进出口贸易进行管制，这里用工业总增加值中国有企业工业增加值的占比来表征。

（三）比较优势的描述性统计分析

本文测算了 3 种比较优势指数，以较为全面、系统地分析 2000—2012 年中国 26 个工业行业贸易比较优势的分布特点及动态演化（见附表 B）。

首先，基于同一指数，分析比较优势在不同行业间的特点及变化。①从 RCA 指数来看。在 26 个行业中，10 个行业指数均值大于 1，这些行业具有显示性比较优势，其他 16 个为具有比较劣势的行业，其中，服装制造业、皮革毛皮羽绒及其制造业的 RCA 指数最高，说明目前我国工业行业的比较优势仍集中在富集劳动力的低端技术行业中。标准差显示，26 个行业 RCA 指数的整体变化程度较大，其中指数均值最高的前 3 个行业近年来比较优势的变化程度最大，而化学原料和化学制品制造业、金属制品业以及医药制造业比较优势的变化程度最小。时序变化特点显示，26 个工业行业中包括 17 个行业的趋势斜率大于 0，说明这 17 个行业的 RCA 值呈上升趋势，其余 9 个行业的 RCA 指标大致表现出下降态势，整体而言，我国比较优势有所提升，其中计算机、通信以及其他电子设备制造业的趋势斜率最大，服装制造业的趋势斜率最小，这意味着我国工业正在改变依靠劳动力来拉动比较优势的固有局面，资本、技术密集型行业的比较优势正在逐渐凸显。②从 NEX 指数来看。16 个行业的净出口指数均值大于 0，说明这些行业的出口大于进口，具有比较优势，排在前 3 位行业的标准差也最小。趋势斜率显示，只有 7 个行业的趋势斜率为负值，主要集中在中低技术行业。③从 MIC 指数来看。14 个行业的 MIC 指数大于 0，与其他两个指标衡量的具有比较优势的行业大体相同。此外，MIC 指标的标准差和趋势斜率的绝对值都较小，说明 MIC 指数的变化程度不大。

其次，基于同一行业，针对不同比较优势指数进行探讨。①均值显示，RCA 指标的数值整体较大，NEX 次之，MIC 指标最小，这也从一定程度上反映出 3 个指标的含义有所差异，RCA 指标只考虑了出口贸易的因素来衡量比较优势，而 NEX 和 MIC 指标剔除了进口贸易的影响，NEX 指标只考虑了本产品的进出口，而 MIC 指数综合了贸易品在全国进、出口中的占比。就具体行业而言，3 个指标的衡量结果大致相同，如服装制造业无论在哪一指标中都具有很强的比较优势，这也表明了本文结果的稳健性。但部分行业有所差别，如仪器仪表制造业的 RCA 指数显示具有比较优势，而 NEX 和 MIC 指标显示为比较劣势，总体来说，NEX 和 MIC 指标的相似程度更高一些。②标准差显示，整体而言，RCA 指标的标准差最大，MIC 指标的标准差最小，说明以 MIC 指标衡量的比较优势时序变化程度较小，当然这也可能是由于 MIC 指标本身数值较小。③趋势斜率显示，就同一行业而言，3 个指标结果的正负大致相同，说明无论以哪个指标衡量比较优势，其变化方向都是一样的，再次验证了本文结果的稳健性。但从绝对值大小来看，同一行业中 RCA 指标的绝对值较大，MIC 的绝对值较小，其含义与标准差有相似之处。

此外，本文基于能源效率从高到低对 26 个行业进行了排序，结果显示，我国工业的比较优势主要集中在能源效率较高的行业上，而能源效率较低的行业一般为比较劣势行业。能源效率最高的前 8 个工业行业中，RCA 指标大于1的有6个，NEX指标大于0的有6个，5个行业的MIC值大于0，具有比较优势。能源效率最低的8个行业中，RCA指数全部小于1，NEX和MIC指数均显示其中6个行业为比较劣势行业。这从一定意义上反映了能源效率与比较优势之间可能具有某种内在关系，也说明了本文研究的合理性。

（四）实证结果分析

本文先以RCA指数为被解释变量，对全体样本进行回归，再按照Martin（2009）和李小平等（2015）的方式，从技术层面将26个行业分为低端技术（I4、I5、I6、I8、I10、I13、I15、I16、I18、I20）、中端技术（I14、I17、I19、I21、I22、I24、I25、I26）和高端技术（I1、I2、I3、I7、I9、I11、I12、I23）工业行业[①]，分3组样本进行回归，进一步分析行业间的特质性对能源效率与比较优势关系的影响。最后以NEX指数为被解释变量，进行稳健性检验。

首先，为了考察各变量间的多重共线性，我们测算了变量间相关系数（见表1）。结果显示，核心解释变量$E1$与$E2$的相关性较强，我们分别对两个指标建立模型进行回归，以探讨二者对比较优势作用机制的异同。此外，本地市场规模与行业规模的相关性也较强，从整体来看，本地市场规模与其他解释变量的相关性较小，但因两个指标含义相差较大，我们从实证结果出发具体进行选择。本文采用静态面板回归方法，同时运用Hausman检验对固定效应与随机效应进行选择，借助Stata 14.0软件得到回归结果。

表1　变量间的相关性检验

	RCA	$E1$	$E2$	KL	R&D	HMS	IS	OS
RCA	1.0000							
$E1$	0.3961	1.0000						
$E2$	0.2480	0.5822	1.0000					
KL	-0.4875	-0.3845	-0.1735	1.0000				
R&D	-0.2847	0.2135	0.0681	0.0909	1.0000			

① I1～I26表示26个工业行业，具体见附表B。

续表

	RCA	*E*1	*E*2	KL	R&D	HMS	IS	OS
HMS	-0.2195	0.1129	0.0934	0.4799	0.1832	1.0000		
IS	-0.0924	0.3954	0.3570	0.4900	0.3547	0.5482	1.0000	
OS	-0.4338	-0.4595	-0.2442	0.4682	0.2410	-0.0456	0.1017	1.0000

1. 全体样本回归结果分析

表 2　以 RCA 为被解释变量、*E*1 为解释变量的全体样本估计结果

解释变量	(1)	(2)	(3)	(4)	(5)
*E*1	0.0368*** (2.60)	-0.0491 (-1.45)	0.0992*** (4.85)	-0.1185*** (-2.94)	-0.1250*** (-3.12)
		0.0119*** (2.78)		0.0150*** (2.87)	0.0182*** (3.92)
KL			0.0040 (1.03)	-0.0066* (-1.78)	-0.0046 (-1.34)
R&D			-0.3417** (-2.54)	-0.2611* (-1.80)	-0.3178** (-2.30)
HMS			-0.1898*** (-5.63)		
IS				0.1855 (1.34)	
OS			-1.3685*** (-5.73)	-0.6084*** (-2.78)	-0.7157*** (-3.52)
CONS	1.0422*** (41.06) 0.1569	1.1168*** (30.41) 0.0109	2.8082*** (8.69) 0.3058	1.4261*** (12.82) 0.2140	1.4794*** (14.23) 0.2072
F 或 Wald	271.62	270.37	56.48	205.38	207.23
Hausman	5.12 (0.0774)	6.66 (0.0835)	9.11 (0.1675)	14.71 (0.0399)	13.61 (0.0343)
模型	FE	FE	RE	FE	FE
观测数	338	338	338	338	338

注：系数值括号内为 t 值或 z 值；Hausman 括号内为 Prob > chi 的值；***、**、*、分别表示 1%、5%和 10%的显著性水平。

模型（1）-模型（5）以单要素能源效率 $E1$ 作为衡量指标进行回归（见表2）。模型（1）和模型（3）显示，当以 $E1$ 的一次方项作为解释变量时，能源效率的提高能显著地提升我国工业行业的贸易比较优势。当同时加入 $E1$ 的一次方项和二次方项时，模型（2）、模型（4）和模型（5）显示，随着能源效率由低转高到一定的水平时，能源效率对贸易比较优势会产生先降低、后提高的影响趋势。这或许是因为能源效率的提高可能伴随着能源结构转型等一系列问题，在尚不成熟的前期，工业行业为达到提高能源效率的相应技术支持需要投入大量的技术研发资金等，所以初期能源效率的提高对贸易比较优势产生了一定的负向影响。但随着技术的成熟与规模的扩大，高能源效率能缓解能源短缺、降低能源成本，长期来看更能生产出符合国际绿色标识的产品，从而获得各国青睐。因此，工业行业的能源效率在超过某一限度后，对比较优势就产生了促进作用。

表3　以 RCA 作为被解释变量、$E2$ 作为解释变量的全体样本估计结果

解释变量	(6)	(7)	(8)	(9)
$E2$	0.0282* (1.84)	0.0844** (2.12)	0.0314** (2.01)	0.0653** (2.12)
		-0.0094 (-1.53)		-0.0056** (-2.14)
KL			0.0001 (0.01)	-0.0002 (-0.06)
R&D			-0.3487** (-2.51)	-0.3337** (-2.38)
HMS			-0.0918*** (-3.43)	-0.0911*** (-3.40)
IS				
OS			-1.0811*** (-4.42)	-1.0626*** (-4.33)
CONS	1.0859*** (75.19)	1.0679*** (57.27)	2.1337*** (8.80)	2.1137*** (8.68)
F 或 Wald	0.0615 300.40	0.1185 281.72	0.2744 218.31	0.2876 212.27

续表

解释变量	(6)	(7)	(8)	(9)
Hausman	8.55 (0.0139)	9.47 (0.0237)	15.11 (0.0194)	14.25 (0.0469)
模型	FE	FE	FE	FE
观测数	338	338	338	338

注：系数值括号内为 t 值或 z 值；Hausman 括号内为 Prob > chi^2 的值；＊＊＊、＊＊、＊、分别表示1%、5%和10%的显著性水平。

模型（6）－模型（9）以全要素能源环境效率 *E*2 作为解释变量（见表3）。模型（6）和模型（8）显示，当以 *E*2 的一次方项作为解释变量时，*E*2 的系数也显著为正，但与模型（1）和模型（3）相比，显著性较差，系数值也较小，这可能是因为 *E*2 在测算时考虑了资本、劳动等其他要素投入与能源要素投入的替代关系以及非期望产出等污染排放，这些因素削弱了单纯的能源效率对工业比较优势的促进效果。同时加入 E2 的一次方项和二次方项后，模型（7）和模型（9）显示，工业行业的能源效率与比较优势表现出“倒U”形作用关系。这与以 *E*1 的二次方项作为解释变量时的结果差异较大，可能是因为提高 *E*2 意味着在保证经济产出和控制环境污染的前提下改进能源效率，这种节能减排的技术必然有助于我国工业部门在能源类要素制成品上获得贸易竞争力，建立比较优势。然而环境具有一定的自净能力，在微生物的参与下，受污染的环境经过某些自然过程可以恢复原来的状态，在这样的基础上如果仍人为地过度研发节能减排技术、追求能源效率，反而会加重成本负担，从而对比较优势的形成与建立产生一定的抑制作用。

模型（1）、模型（2）、模型（6）、模型（7）只加入了我们所关注的核心解释变量能源效率，在此基础上模型（3）、模型（4）、模型（5）、模型（8）、模型（9）还加入了其他控制变量。结果显示，整体来看要素禀赋结构的影响并不显著，且系数的绝对值也较小，这说明我国工业行业已经走出了依靠传统的资本、劳动要素来拉动比较优势的阶段，转而通过技术、结构、制度等变革寻求比较优势的新突破。出乎意料的是，R&D 对比较优势的影响显著为负，这可能是因为我国工业行业主要承接产品的组装和配套生产等加工贸易，在国际产业链中长期处于低端技术的地位，这种地位的转变需要大规模的资金投入与长期的技术创新，而现阶段 R&D 投入的技术效果尚未显现出来，反而会导致成本的增加降低贸易比较优势。在本地市场规模与行业规模的变量选择中，整体上看本土市场规模的回归效果更好，且与比较优势显著负相关，这可能是因为工业行业中本地市场规模扩大所生产出来的具有规模经济的产品与国际市场的需求不符，进而没有在相应产品上形成比较优势。模型（4）剔除了本地市场规模，选取行业规模作为控制变量，结果显示系数值为正，行业规模的扩大通过外部经济提高了工业行业比较优势，但作用并不显著，这可能是受行业规模和其他解释变量的相关性的影响，对此我们在模型（4）的基础上剔除行业规模变量，建立模型（5），回归效果有所提高。此外，工业行业中国有企业占比对贸易比较优势有显著的负向影响，这可能与我国特殊的贸易结构有关，我国大部分的出口贸易都是由外资企业完成，政府在保护我国企业的同时也会限制外资企业进入本国，因此，国有企业比重的提高会对工业行业的贸易比较优势产生不利的影响。

2. 分组样本回归结果分析

经全体样本的回归经验，我们在以 *E*1 为能源效率的衡量指标时加入 KL、R&D 以及 OS 控制变量，在以 *E*2 为能源效率的衡量指标时加入 KL、R&D、MS 以及 OS 控制变量（见表 4）。模型（10）和模型（12）显示，单要素能源效率对贸易比较优势的影响在中端与低端技术工业行业间的差异较大，低端技术工业行业中影响趋势呈正“U”形，而中端技术工业行业中表现出“倒 U”形走势，这可能是为了弥补设备、技术上的相对落后，低端技术工业行业在前期需要投入更多的研发资金以提高能源效率，同时由于技术的不成熟在追求效率时所付出的环境代价也更为严重，从而在前期抑制了贸易比较优势的发展；而中端技术工业行业凭借较为扎实的设备技术基础，在能源效率提高的初级阶段就以较为低廉的成本投入在相应产品上获得了贸易竞争力。模型（11）和模型（13）显示，在中低端技术工业行业中，全要素能源环境效率对贸易比较优势的影响趋势都呈“倒 U”形，但在中端技术行业中能源效率的促进或抑制作用都更为明显。模型（14）和模型（15）显示，无论以 *E*1 还是以 *E*2 作为衡量指标，能源效率对高端技术工业行业比较优势的影响都不显著，这或许是与我国在国际产业链中主要承接的加工贸易的技术含金量较低有关。

表4　以 RCA 作为被解释变量的分组样本估计结果

解释变量	(10) 低端技术工业行业	(11) 低端技术工业行业	(12) 中端技术工业行业	(13) 中端技术工业行业	(14) 高端技术工业行业	(15) 高端技术工业行业
*E*1	-0.3560** (-2.32)		0.9636*** (4.27)		0.0591 (1.49)	
	0.0353 (1.43)		-0.4263*** (-4.17)		0.0031 (0.82)	
*E*2		0.2940** (2.38)		0.4094** (2.60)		-0.0131 (-0.32)
		-0.0605** (-2.26)		-0.2311** (-2.14)		0.0019 (0.35)
KL	0.0388** (2.12)	0.0253 (1.37)	-0.0038* (-1.91)	0.0001 (0.04)	-0.0362*** (-5.94)	-0.0533*** (-7.21)
R&D	-0.9675** (-2.01)	-0.4326 (-0.92)	0.0629 (0.46)	0.0655 (0.43)	-0.2738** (-2.48)	-0.2082* (-1.69)
HMS		-0.1975*** (-3.61)		-0.0313 (-1.04)		0.2425*** (5.52)
OS	0.3297 (0.50)	-0.5439 (-0.88)	-0.3685** (-2.19)	-0.7223*** (-3.24)	-1.0983*** (-3.81)	-0.0549 (-0.14)
CONS	1.8231*** (6.77)	2.9823*** (5.03)	0.5825*** (4.26)	1.0518*** (3.81)	1.4401*** (8.44)	-0.5069 (-1.14)
	0.5327	0.0054	0.5959	0.4405	0.5109	0.2447
F 或 Wald	152.13	30.39	48.22	8.43	134.75	194.19
Hausman	12.21 (0.0573)	11.35 (0.1241)	1.52 (0.9580)	38.40 (0.0000)	38.58 (0.0000)	87.39 (0.0000)
模型	FE	RE	RE	FE	FE	FE
观测数	130	130	104	104	104	104

注：系数值括号内为 t 值或 z 值；Hausman 括号内为 Prob > chi^2 的值；***、**、*、分别表示1%、5%和10%的显著性水平。

在控制变量中，我们发现，要素禀赋结构对比较优势的影响在中低技术工业行业中显著性较差，而对于技术水平相对成熟的行业它仍是比较优势的拉动力之一。低端技术工业行业中，研发投入仍处在尚不成熟的初级阶段，需要长期的资金支持与科技创新才能形成本国的比较优势；高端技术工业行业本身具有较为先进的设备和技术支持，过多的研发投入必然增加成本，不利于比较优势的进一步发展；中端技术工业行业的研发投入与贸易比较优势正相关，但是现阶段影响尚不显著。本地市场规模对于中低端技术工业行业与比较优势负相关，而对于高端技术工业行业与比较优势正相关，说明本地市场规模的扩大需要相应的技术支持才能生产出国际青睐的产品。技术水平不同的工业行业其所有制结构对比较优势的影响差异不大，民营企业和外资企业更能激发我国工业的贸易比较优势。

（五）稳健性检验

表5　以 NEX 作为被解释变量的稳健性检验

解释变量	(16)	(17)	(18)	(19)
	全体样本	低端技术工业行业	中端技术工业行业	高端技术工业行业
*E*1	−0.0839*** (−3.24)	−0.2215*** (−2.70)		
	0.0089*** (2.96)	0.0292** (2.21)		
*E*2			0.4458** (2.52)	−0.0391 (−1.30)
			−0.2356* (−1.94)	0.0050 (1.29)
KL	−0.0012 (−0.55)	0.0148 (1.52)	−0.0028 (−0.87)	−0.0058 (−1.09)
R&D	−0.0557 (−0.62)	0.0777 (0.30)	−0.0522 (−0.31)	−0.0617 (−0.68)
MS			−0.0084 (−0.25)	0.0208 (0.65)

续表

解释变量	(16)	(17)	(18)	(19)
	全体样本	低端技术工业行业	中端技术工业行业	高端技术工业行业
OS	-1.1700*** (-8.91)	-0.7794** (-2.20)	-1.2126*** (-5.00)	-0.8438*** (-2.99)
CONS	0.4940*** (7.36)	0.6433*** (4.47)	0.4312 (1.27)	0.0492 (1.14)
	0.2878	0.4192	0.4521	0.1654
F 或 Wald	51.68	34.51	74.41	55.61
Hausman	20.26 (0.0025)	13.10 (0.0415)	2.29 (0.9423)	1.73 (0.9425)
模型	FE	FE	RE	RE
观测数	338	130	104	104

注：系数值括号内为 t 值或 z 值；Hausman 括号内为 Prob > chi^2 的值；***、**、*、分别表示 1%、5% 和 10% 的显著性水平。

为了验证实证结果的可靠性，我们以 NEX 指数替代 RCA 指数，作为被解释变量，检验模型的稳健性（见表 5）。模型（16）和模型（17）以 *E*1 作为能源效率的衡量指标，模型（18）和模型（19）以 *E*2 作为能源效率的衡量指标。模型（16）是基于全样本的估计，结果显示各变量的系数作用方向与模型（5）保持一致。模型（17）-模型（19）是分组群的稳健性检验，结果显示对于技术水平不同的工业行业，能源效率对比较优势的作用方向都没有改变，控制变量中，除要素禀赋结构对中端技术工业行业、R&D 对中低端技术工业行业以及所有制结构对低端技术工业行业比较优势的作用方向有所改变外，其余变量的影响方向都没有发生变化，这表明我们的计量回归结果是稳健可靠的。

四、结论与政策建议

本文基于静态面板模型，选取了 2000—2012 年中国 26 个工业行业的数据分析能源效率等因素对工业行业贸易比较优势的影响方向及作用机制。经过实证研究，主要得出下面几个结论：第一，我国工业正在改变依靠劳动力来拉动比较优势的固有局面，资本、技术密集型行业的比较优势正逐渐凸显；第二，全样本回归结果显示，提高单要素能源效率会先制约工业贸易比较优势的发展，在超过某一最低点后对比较优势形成促进作用，全要素能源环境效率的提高会先拉动工业比较优势的提高，但超过某个度会产生抑制效果；第三，分组样本回归结果显示，单要素能源效率对贸易比较优势的影响在中端与低端技术工业行业间的差异较大，低端技术工业行业中影响趋势呈正“U”形，中端技术工业行业表现出“倒U”形走势，全要素能源环境效率在中、低端技术行业中都呈“倒U”形影响态势，但对于前者能源效率的作用更为明显，而高端技术工业行业两种能效指标对比较优势都无显著影响；第四，传统的资本、劳动禀赋结构已经不再是我国工业比较优势的主要驱动力，现阶段的研发投入也尚未显现出对比较优势的促进作用，反而增加了成本，抑制了工业比较优势的进一步发展，本地市场规模需要相应的技术支持才能生产出国际青睐的产品，行业规模对比较优势没有显著影响，民营企业与外资企业更能激发我国工业的贸易比较优势。

在当今世界能源紧缺以及全球经济下行的双重压力下，发挥我国工业行业的自身特质建立比较优势，是拉动我国经济增长、提升国际地位的关键。本文的结论为实践指导提供了部分理论依据，可能的政策含义有如下几个方面。

第一，优化工业行业的能源消费结构，大力支持新能源的开发与利用，以拉动能源类要素制成品比较优势的进一步发展。我国目前的能源消耗以煤炭为主导，且煤炭资源的利用效率较低，制约了我国工业制成品比较优势的形成与发展。因此，应重整现有能源结构，大力开发太阳能、风能等新兴能源，在提高能源效率的过程中，推动更加迎合国际绿色理念产品的生产与制造，形成本国工业行业的比较优势。

第二，适度推动能源技术创新，注重能源利用效率，在减少不必要的能源浪费的同时，力求减小节能政策给环境、经济和贸易所带来的负面影响。特别是对于基础较为薄弱的低端技术工业行业，长时间、多方位的能源技术革新才能改变以“高投入、高消耗、高排放、低效率”为特征的粗放型贸易局面。但技术投入不宜过高，以防止增加生产成本而限制我国工业贸易比较优势的进一步发展。

第三，密切关注比较优势的动态演变以避免落入“比较优势陷阱”，在追求比较优势的技术发展视角中，强调研发投入与行业异质性相结合。现阶段，资本、劳动禀赋已不再是我国比较优势的主要推动力，我们应在发挥传统比较优势的基础上加大自主创新能力，推动比较优势向高技术产品的整体转变。技术水平较低的工业行业需要长期大规模的研发投入，并合理引导创新方向，才能转变固有局面，而对于高端技术行业应适当控制研发投入以节约生产成本，在现有资本、劳动、设备的基础上注重内源性技术积累，以赢得国际市场。

第四，随着国际市场竞争程度的日益加深，我们应在固守现有比较优势的基础上，挖掘比较优势的新潜力。高端技术工业行业可以发挥本地市场效应，以享受规模经济带来的成本下降，在相应产品上建立比较优势，中低端技术工业行业在提升本地市场效应时要注重国内需求与技术、国外需求的协同，避免盲目扩大市场规模。此外，在以外企带动贸易发展的过程中，我们还应深化国有制改革，加快国有企业兼并重组的步伐，促进其技术溢出，同时积极引导民族品牌在海外市场上的树立，提升本土产品的国际竞争力。

参考文献

[1] Levchenko, A. A., J. Zhang. The Evolution of Comparative Advantage: An Measurement and Welfare Implications [R]. NBER Working Paper, NO. 16806, 2011.

[2] Grossman, G., Helpman, E. Comparative Advantage and Long - run Growth [J]. *American Economic Review*, 1990, 80 (4): 796 - 815.

[3] Helpman, E., Krugman, P. *Market Structure and Foreign Trade* [M]. Cambridge: MIT Press, 1985.

[4] Balassa, B. A Stage Approach to Comparative Advantage [R]. Staff Working Paper, 1977.

[5] Krugman, P. Scale Economics, Product Differentiation and the Pattern of International Trade [J]. *American Economic Review*, 1980, 70 (5): 950-959.

[6] Martin, S. Measuring China's Innovation System National Specialties and International Comparisons [R]. OECD Working Paper, 2009.

[7] 林伯强，刘泓汛. 对外贸易是否有利于提高能源环境效率 [J]. 经济研究，2015 (9): 127-141.

[8] 杨小凯，张永生. 新贸易理论、比较利益理论及其经验研究的新成果：文献综述 [J]. 经济学（季刊），2001，1 (1): 19-44.

[9] 杨小凯，张永生. 新贸易理论及内生与外生比较利益理论的新发展：回应 [J]. 经济学（季刊），2002，2 (1): 251-256.

[10] 李国平，张云. 附加环境因素：传统比较优势理论的扩展 [J]. 中国人口·资源与环境，2004，14 (4): 6-10.

[11] 杨振兵，马霞，蒲红霞. 环境规制、市场竞争与贸易比较优势——基于中国工业行业面板数据的经验研究 [J]. 国际贸易问题，2015 (3): 65-75.

[12] 刘重力，刘德江. 中国对外贸易比较优势变化实证分析 [J]. 南开经济研究，2003 (2): 48-51.

[13] 傅朝阳，陈煜. 中国出口商品比较优势：1980—2000 [J]. 经济学（季刊），2006，5 (2): 579-590.

[14] 李小平，卢现祥，陶小琴. 环境规制强度是否影响了中国工业行业的贸易比较优势 [J]. 世界经济，2012 (4): 62-78.

[15] 包群，阳佳余. 金融发展影响了中国工业制成品出口的比较优势吗 [J]. 世界经济，2008 (3): 21-33.

[16] 程新章. 基于国际专业化指标的中国对外贸易比较优势研究 [J]. 世界经济研究，2006 (6): 65-71.

[17] 陆文聪，许为. 中国落入"比较优势陷阱"了吗 [J]. 数量经济技术经济研究，2015 (5): 20-36.

[18] 杨高举，黄先海. 中国会陷入比较优势陷阱吗 [J]. 管理世界（月刊），2014 (5): 5-22.

[19] 冯梅. 中国制造业比较优势演化与要素禀赋特征分析 [J]. 统计与

决策，2012（10）：120-123.

[20] 盛丹，王永进. 基础设施、融资依赖与地区出口比较优势 [J]. 金融研究，2012（5）：15-29.

[21] 徐建斌，尹翔硕. 贸易条件恶化与比较优势战略的有效性 [J]. 世界经济，2002（1）：31-36.

[22] 刘林青，李文秀，张亚婷. 比较优势、FDI和民族产业国际竞争力——“中国制造”国际竞争力的脆弱性分析 [J]. 中国工业经济，2009（8）：47-57.

[23] 盛朝迅. 比较优势动态变化与我国产业结构调整——兼论中国产业升级的方向与路径 [J]. 当代经济研究，2012（9）：63-67.

[24] 邱斌，唐保庆，孙少勤，刘修岩. 要素禀赋、制度红利与新型出口比较优势 [J]. 经济研究，2014（8）：107-119.

[25] 盛雯雯. 金融发展与国际贸易比较优势 [J]. 世界经济，2014（7）：142-166.

[26] 陆旸. 环境规制影响了污染密集型商品的贸易比较优势吗 [J]. 经济研究，2009（4）：28-40.

[27] 陈丰龙，徐康宁. 本土市场规模与中国制造业全要素生产率 [J]. 中国工业经济，2012（5）：44-56.

[28] 李小平，周记顺，王树柏. 中国制造业出口复杂度的提升和制造业增长 [J]. 世界经济，2015（2）：31-57.

附录

表A　各比较优势指数的计算公式

衡量指数	计算公式
显示性比较优势指数	$RCA_{it} = (X_{it}/\sum_i X_{it})/(X_{iwt}/\sum_i X_{iwt})$
净出口指数（贸易竞争指数）	$NEX_{it} = (X_{it} - M_{it})/(X_{it} + M_{it})$
Michaely 指数	$MIC_{it} = X_{it}/\sum_i X_{it} - M_{it}/\sum_i M_{it}$

续表

衡量指数	计算公式
国际专业化指数	$Lafay_{it}=100\left[\frac{(X_{it}-M_{it})}{(X_{it}+M_{it})}-\frac{\sum_i(X_{it}-M_{it})}{\sum_i(X_{it}+M_{it})}\right]\frac{X_{it}+M_{it}}{\sum_i(X_{it}+M_{it})}$
标准化的显示性比较优势指数	$NRCA_{it}=X_{it}/\sum_i X_{iwt}-(\sum_i X_{it}/\sum_i X_{iwt})\times(X_{iwt}/\sum_i X_{iwt})$
显示对称性比较优势指数	$SRCA=(RCA-1)/(RCA+1)$
附加显示性比较优势指数	$ARCA_{it}=X_{it}/\sum_i X_{it}-X_{iwt}/\sum_i X_{iwt}$

注：X_{it}、M_{it} 分别表示本国第 i 类产品第 t 年的出口额、进口额；X_{iwt} 表示第 i 类产品第 t 年的世界总出口额。

表 B　2000—2012 年 26 个工业行业贸易比较优势的变化

行业	RCA			NEX			MIC		
	均值	标准差	趋势斜率	均值	标准差	趋势斜率	均值	标准差	趋势斜率
I1	2.2144	0.4537	0.0993	0.5421	0.1246	0.0284	0.1059	0.0356	0.0069
I2	1.2251	0.1658	0.0276	-0.0331	0.0377	-0.0002	-0.0392	0.0132	-0.0025
I3	1.0851	0.1261	0.0315	-0.1681	0.0644	0.0084	-0.1253	0.0267	-0.0036
I4	1.8584	0.2786	0.0705	0.9177	0.0125	0.0007	0.0199	0.0024	0.0006
I5	5.3624	0.7342	-0.1752	0.9502	0.0123	0.0017	0.1788	0.0391	-0.0097
I6	2.7055	0.3991	-0.0894	0.7424	0.0497	0.0125	0.0304	0.0060	-0.0011
I7	0.3207	0.0949	0.0226	0.0993	0.1093	0.0134	-0.0096	0.0069	-0.0004
I8	2.1599	0.2163	-0.0510	0.7245	0.0385	-0.0082	0.0247	0.0070	-0.0017
I9	0.3916	0.0639	0.0144	-0.3334	0.1892	0.0434	-0.0377	0.0141	0.0032
I10	0.4063	0.0656	0.0149	0.2546	0.1576	0.0350	0.0002	0.0005	0.0001
I11	0.5998	0.1142	0.0287	-0.0620	0.1657	0.0401	-0.0337	0.0127	0.0031
I12	0.1864	0.0574	-0.0101	0.1842	0.1071	-0.0236	-0.0005	0.0022	-0.0005
I13	0.2226	0.1002	-0.0226	0.3426	0.3153	-0.0788	0.0005	0.0013	-0.0003
I14	0.9251	0.1145	-0.0177	0.3157	0.0399	0.0040	0.0039	0.0019	-0.0003
I15	0.4313	0.1243	-0.0301	0.2327	0.1008	-0.0241	0.0019	0.0076	-0.0019
I16	1.1117	0.0772	0.0149	0.6937	0.2230	0.0522	0.0044	0.0014	0.0002
I17	1.1303	0.0329	0.0031	0.5562	0.0525	0.0106	0.0166	0.0018	0.0003
I18	2.0360	0.0974	0.0233	0.4459	0.1953	0.0488	0.0198	0.0118	0.0027
I19	0.7521	0.1209	0.0290	0.3910	0.0580	0.0023	0.0023	0.0005	0.0001
I20	0.2852	0.0689	0.0165	-0.4373	0.1465	0.0361	-0.0162	0.0054	0.0012

续表

行业	RCA			NEX			MIC		
	均值	标准差	趋势斜率	均值	标准差	趋势斜率	均值	标准差	趋势斜率
I21	0. 5363	0. 2949	0. 0735	-0. 5027	0. 3411	0. 0838	-0. 0029	0. 0023	0. 0005
I22	0. 5230	0. 0949	-0. 0202	-0. 3178	0. 1145	-0. 0136	-0. 0250	0. 0090	-0. 0019
I23	0. 4095	0. 0289	0. 0017	-0. 4165	0. 0856	0. 0200	-0. 0972	0. 0070	0. 0015
I24	0. 7758	0. 0591	0. 0087	0. 4221	0. 0756	0. 0145	0. 0068	0. 0010	0. 0002
I25	0. 6665	0. 2062	0. 0299	-0. 0505	0. 4064	0. 0886	-0. 0153	0. 0225	0. 0048
I26	0. 2774	0. 0992	-0. 0236	-0. 1623	0. 0741	-0. 0160	-0. 0139	0. 0066	-0. 0015

注：I1 计算机、通信和其他电子设备制造业，I2 仪器仪表制造业，I3 电气机械和器材制造业，I4 家具制造业，I5 服装制造业，I6 皮革毛皮羽绒及其制造业，I7 交通运输设备制造业，I8 文教体育用品制造业，I9 专用设备制造业，I10 印刷和记录媒介复制业，I11 通用设备制造业，I12 医药制造业，I13 饮料制造业，I14 塑料制品业，I15 食品加工和制造业，I16 木材加工及竹藤棕草制造业，I17 金属制品业，I18 纺织业，I19 橡胶制品业，I20 造纸和纸制品业，I21 化学纤维制造业，I22 有色金属冶炼和压延加工业，I23 化学原料和化学制品制造业，I24 非金属矿物制品业，I25 黑色金属冶炼压延和加工业，I26 石油加工、炼焦和核燃料加工业。

“一带一路”经济学的学科特点与研究范畴

吴振磊　吴丰华

摘　要：“一带一路”经济学是“一带一路”实践不断发展和研究不断深入的产物，也是指导未来“一带一路”建设更有力的经济理论。“一带一路”经济学的学科特点表现为综合性和新兴性。综合性体现在其对部分社会学科和重点经济学科的综合，新兴性体现在其提供并确立了新的研究视角、研究对象和研究主线。“一带一路”经济学的核心研究范畴包括“一带一路”的经济逻辑、“一带一路”的全球化效应、“一带一路”的区域发展效应、“一带一路”的协同发展效应等，此外，还包括一些相关研究范畴。

关键词：“一带一路”　“一带一路”经济学的新特点　研究范畴

作者简介：吴振磊（1982—），山东临清人，西北大学社会科学管理处处长、副教授；吴丰华（1985—），陕西西安人，西北大学经济管理学院副教授、硕士生导师。

习近平主席提出的“一带一路”重大倡议和“一带一路”建设的丰富实践，引起了相关国家的持续关注和多个学科领域学者的广泛讨论，相关研究成果层出不穷。但是，现有学科中的理论存在局限，现有研究相对零散，难以为建设“一带一路”的伟大实践提供理论指导，这就呼唤新的更具解释力的经济学说。在此背景下，“一带一路”经济学应运而生。西北大学“一带一路”经济学课题组已经提出了这一命题，并分析了“一带一路”经济学的学科定位、研究对象、研究主线、理论体系等问题。本文在此基础上继续深入，阐述“一带一路”经济学的学科特点，分析“一带一路”经济学的研究范畴。

一、“一带一路”经济学的学科特点

研究对象的性质和特点决定了一门学科的性质和特点，“一带一路”经济学也不例外。“一带一路”问题的复杂性和“一带一路”实践的丰富性，决定了“一带一路”经济学必须具有高度的综合性和包容性；“一带一路”问题的新颖性和“一带一路”实践的起步性，又决定了“一带一路”经济学是一门新生的学科。所以，“一带一路”经济学的特点表现为综合性和新兴性。

（一）“一带一路”经济学带有综合性

“一带一路”经济学的综合性体现在既要综合一些非经济学科中的有益理论和研究方法，更要综合其他经济学科中的研究内容、相关理论和研究方法。

1. “一带一路”经济学对其他非经济学科的综合

“一带一路”历史悠久、遗迹丰富，“一带一路”所跨地域、地貌、环境十分复杂，“一带一路”沿线民族、宗教和文化丰富多样，“一带一路”将陆上文明和海上文明相互融合，“一带一路”建设又牵涉相关国家的多重利益拉扯。“一带一路”本身的复杂情况至少需要自然科学中的地球科学与环境科学、海洋科学，社会科学中的经济学、政治学、社会学、历史学、考古学，人文科学中的民族学、宗教学等多学科共同研究。但显然，“一带一路”经济学不可能也没有必要综合上述所有学科，否则会丧失独立性而演变为一个大杂烩。可行与必要的是综合并借鉴一些与“一带一路”研究直接相关、与“一带一路”经济学联系紧密的非经济学科的研究内容和方法，将其纳入“一带一路”经济学，其中要特别重视国际政治学和社会学。

在国际政治学方面，诸如“一带一路”牵涉相关国家的多重利益拉扯，相关国家在已有地缘格局中相互试探，既追求新利益，也不愿放弃自身的既得利益；既谋求合作，也开展竞争，重塑和维持地缘政治的力量似乎同样强大；相关国家及所属企业也都需要预防和管控参与“一带一路”建设的各类风险和危机。这些问题如何研究，就需要“一带一路”经济学吸收和借鉴国际政治学中的国家利益、地缘政治中的相关理论与分析方法。

在社会学方面，诸如“一带一路”建设中面临的各国政府及 NGO 组织间的合作与政策协调等问题，经济建设中的社会同步发展问题，不同国家民心相通、文化相融等问题，就需要借鉴社会学中的政治社会学、组织社会学、经济社会学、文化社会学中的相关内容和分析方法。

2. “一带一路”经济学对其他经济学科的综合

（1）“一带一路”经济学需要综合政治经济学的研究对象和研究方法。究其本质，“一带一路”经济学的研究对象是一种经济关系。从狭义上说，是以“一带一路”沿线国家贸易投资为支撑的新型全球化中的国际分工合作关系，正是马克思主义政治经济学所研究的经济关系的核心范畴；从广义上说，是以“一带一路”沿线国家贸易投资与分工合作为支撑的新型全球化中的国际经济新关系，则直指经济关系。这都与马克思主义政治经济学的研究对象高度契合。而且，“一带一路”建设的历史延展性、超国家性亟须政治经济学加以指导，因为政治经济学“一直强调历史学与社会学分析角度”。鉴于“一带一路”经济学的研究对象高度内嵌于政治经济学的研究对象，又因政治经济学的研究方法可高度统领“一带一路”经济学的研究，所以，“一带一路”经济学首先要综合政治经济学的研究对象和研究方法。

（2）“一带一路”经济学需要综合国际经济学和区域经济学的研究内容。“一带一路”经济学研究涵盖丝绸之路经济带和 21 世纪海上丝绸之路在国际和国内两大空间。在对“一带一路”国际空间的研究中，回答诸如“‘一带一路’是全球战略还是区域战略，‘一带一路’应以多重双边伙伴关系为基础还是应以跨区域整合为基础”等问题；研究“一带一路”沿线国家各种层次的国际和国家分工与合作，以及国际贸易投资等议题，都需要借鉴国际经济学中“开放经济的宏观均衡”的分析框架，借助国际要素流动和跨国资源配置、国际贸易和投资自由化等理论，使用 FDI、ODI 等分析工具，才能回答和破解。所以，“一带一路”经济学需要综合国际经济学的相关研究内容。在对“一带一路”国内空间的研究中，回答诸如“‘一带一路’倡议略应以西北方向为优先还是应以东南方向为优先”，“‘一带一路’是两条‘线状’经济体还是应扩展到更大范围”等问题；研究“一带一路”国内各个层级区域和区域组织的分工与合作，产业关联与产业布局，城镇化发展与支点城市建设等议题，都需要借助区域经济学中的增长极、扩散和回波效应、聚集经济等理论，使用需求圆锥、地租梯度、区位商等分析工具才能回答和解决。因为区域经济学正是“涉及对空间区位的所有形式的经济分析”。所以，“一带一路”经济学需要综合区域经济学的研究内容。

（3）“一带一路”经济学需要综合其他部门经济学的可借鉴部分。“一带一路”经济学研究还涉及其他部门经济学的研究领域。单单就《推动共建丝绸之路经济带和21世纪海上丝绸之路的愿景与行动》中提出的合作重点——“五通”来看，“政策沟通”所牵涉的各国政府合作、“构建国家利益融合机制”等都是世界经济学研究的核心问题。“设施联通”所提出的开展跨国基础设施规划与投资、“国际运输便利化”“能源基础设施互联互通合作”需要借鉴交通经济学、能源经济学进行研究。“贸易畅通”所牵涉的“跨国投资贸易便利化”“共同商建自由贸易区”等都是国际贸易学研究的核心议题；而“推动新兴产业合作”“优化产业链分工布局”“鼓励合作建设境外经贸合作区和跨境经济合作区等各类产业园区”等则需要借鉴产业经济学加以研究；“在投资贸易中突出生态文明理念，加强生态环境、生物多样性和应对气候变化合作”则有赖于人口资源环境经济学和气候经济学的新视角。“资金融通”中提出“加强金融监管合作”“构建区域性金融风险预警系统”“推进亚洲货币稳定体系、投融资体系和信用体系建设”的任务是国际金融学研究的问题。“民心相通”则需要以发展经济学研究“一带一路”沿线国家协同发展、互利共赢为基础。可见，“一带一路”经济学需要进一步包容和涵盖世界经济学、产业经济学、发展经济学、国际贸易学、国际金融学、人口资源环境经济学、交通经济学、能源经济学、气候经济学中的相关理论、研究视角和研究方法。

（二）“一带一路”经济学带有新兴性

“一带一路”经济学是一门新兴学科。新兴是指新生事物，虽不成熟和完善，但也没有过多的条条框框，没有大师和先贤们探讨的研究背景、确定的研究对象、划定的研究范围，需要当代学者不断探索。“一带一路”经济学的新兴学科特点至少体现在它的研究视角、研究对象、研究主线都是全新的。

（1）“一带一路”经济学提供了新的研究视角。进入21世纪以来，特别是自2008年美国金融危机所引发的全球经济衰退以来，世界经济格局、财富分配、权力结构、文明认同、民心向背等各个重大向度都发生了深刻变化，而且此次西方的“退潮”并未随着美国的经济复苏而回暖，反而出现了“英国脱欧”、欧洲向右、“TPP”瓦解等资本主义阵营分裂的新态势，这是过去两轮全球化中都未曾出现的新变化。如何认识和解释当前以持续衰退、去全球化和单级治理为表征的全球化新动向，如何理解和研究全球化的第三次浪潮和3.0时代，“一带一路”经济学无疑给我们提供了极具解释力的研究视角。以中国为代表和领导的新兴国家正积极倡导建立一种以“树立人类命运共同体意识”为核心理念，以“打造富有活力的增长模式、开放共赢的合作模式、公正合理的治理模式、平衡普惠的发展模式”为核心任务，以“共同担当，同舟共济，共促全球发展”为核心追求的经济全球化新模式。中国倡导的“一带一路”建设正是这种新型经济全球化的重要实现途径，我们提出并建构的“一带一路”经济学正是要揭示中国倡导、沿线国家平等参与的新型全球化规律，为研究全球治理新秩序和国际经济新格局提供了研究的新思路和新视角。

（2）“一带一路”经济学确立了新的研究对象。“一带一路”经济学的研究对象是新型全球化背景下“一带一路”沿线国家以贸易投资为支撑的国际分工合作关系。这种国际分工合作关系不同于以往研究的国家间分工合作关系，呈现出四方面新特点：一是“一带一路”经济学研究的国际分工合作关系以谋求包容和共赢为诉求，强调参与“一带一路”建设的各个国家，无论发达或发展中国家、大国或小国、政治体制如何，地位一律平等，实现以互利共赢的非零和博弈代替你死我活、你损我得的零和博弈。二是“一带一路”经济学研究的国际分工合作关系的内容更为广泛，不仅包括一般国际投资、国际贸易和产业体系中的分工合作关系，还包括“一带一路”国家产业链、价值链的分工合作关系，更包括国家发展、地区事务、全球治理等方面的分工合作关系。三是“一带一路”经济学研究的国际分工合作关系依靠中国所供给的一些大项目支撑。前期主要依托于中国—白俄罗斯工业园、巴基斯坦瓜达尔港、南亚第一大港——斯里兰卡的汉班托特港、哈萨克斯坦的中亚天然气管道项目等实体项目，现阶段更多地要依托于亚洲基础设施投资银行（AIIB）、丝路基金等金融支撑项目，帮助沿线各国提升自我发展能力，实现共同发展。“一带一路”作为“中国迄今为国际社会提供的最大公共产品”，之所以能成为“目前世界上最受欢迎的国际合作倡议”，正是有赖于这些公共项目的依托和支撑。四是“一带一路”经济学研究更加注重研究贸易投资展现出的新形势，区别于以往单纯研究国际经贸问题，“一带一路”经济学更加注重从全球经贸格局重构的背景下进行；区别于以往更多研究外商直接投资（FDI），“一带一路”经济学同时注重对 FDI 和 ODI 的研究；区别于以往更多研究海洋经济的贸易投资问题，“一带一路”经济学同时注重研究海洋经济和大陆经济的贸易投资问题，引入对陆港建设、临空经济、内陆自贸区等的研究；区别于以往更多研究整体和总量贸易投资问题，“一带一路”经济学更加注重研究个别产业，如现代农业、装备制造业、工程承包业、文化旅游业等，以及中国与个别国家的贸易投资问题。

（3）“一带一路”经济学提供了全新的研究主线。我们提出，“一带一路”经济学的研究主线是新型全球化的背景下“一带一路”沿线国家互联互通为基础的协同发展。一方面，这一研究主线高度引领“一带一路”建设实践。“一带一路”建设就是要在“一带一路”的整体系统中，通过相关国家互联互通、开放合作、共建市场，实现要素共享、知识扩散，产生国家间“1 + 1 > 2”的协同发展效果。“一带一路”建设任务高度契合“一带一路”经济学的研究主线，有助于“一带一路”经济学加强对其的指导和引领。另一方面，研究主线的落脚点“协同发展”高度反映了“一带一路”建设的价值追求。具体而言，协同发展要求以破解经济全球化中的主要矛盾为重点，以贸易投资和分工合作为支撑，探寻各国对接和参与新型全球化的有效路径，最终实现全球共同现代化、共同发展、共同富裕。协同发展也需要在多个层次上实现，既包括在物质资本、企业、劳动力等微观层面自由流动，协同发展，也包括在产业、区域、城市群等中观层面深度对接，协同发展，更包括在国家间、国际组织间等宏观层面相互合作，协同发展。

二、“一带一路”经济学的研究范畴

研究学科除了要考察学科特点，还需研究学科所涉及的诸多范畴。一系列新范畴的有机组合便形成了一个新学科，而学科的基本框架就是核心研究范畴的关系。“一带一路”经济学作为一门新兴学科，其研究范畴根植于不断变化的国际关系格局，涵盖了“一带一路”战略实施内容、相关新兴组织机构以及经济关系的新变化等。

（一）“一带一路”经济学的核心范畴

“一带一路”经济学研究的核心范畴应该是以“一带一路”战略的提出、内容、实施为主线展开的，其基本来源是习近平总书记的相关系列重要讲话和国家发展改革委等部门联合发布的《推动共建丝绸之路经济带和21世纪海上丝绸之路经济带的愿景与行动》。具体包括以下几个方面：

1. “一带一路”的经济逻辑

从2013年习近平总书记提出建设“一带一路”倡议以来，国内外围绕“一带一路”战略的实施原因分析、战略的核心内涵、实施风险与对策等多方面进行了研究和分析。我们认为，“一带一路”经济学作为一门综合性新兴学科，从经济学视角对该战略进行系统分析，阐释其在当前新型国际格局下的战略动机和战略意义；从区域经济发展、产业结构调整、贸易结构优化、能源经济转型等多个维度构建一般分析框架，是当前亟待完成的重要命题。

2. “一带一路”的全球化效应

“一带一路”是“致力于维护全球自由贸易体系和开放型世界经济”，是在新时期世界格局和大国关系新变化的背景下，推动全球经济深入发展的重要框架，是一种包容性、开放性、公平性更强的全球化的表现形式。基于此，“一带一路”经济学要系统阐释新型全球化、新型国际分工合作关系以及责任共同体、利益共同体、命运共同体形成机制。在此基础上，还要研究“一带一路”背景下的全球经济增长新格局。

（1）新型全球化。新型全球化是习近平主席参加世界经济论坛并发表演讲时发出的“中国声音”。它显示了在原有西方主导和推动的全球化面临越来越多的“逆全球化”现象和困境时中国的担当。新型全球化是更为开放包容、共享发展的全球化，注重克服以往经济全球化中对弱势群体的不公平问题，更加优化了发达国家和新兴大国以及广大发展中国家的关系，引导更多国家以更加积极的姿态参与到国际化的浪潮中。因此，要着重研究在新型全球化格局下，如何依托“一带一路”建设，按照和平合作、开放包容、互学互鉴、互利共赢的理念，协同发展，解决全球化中的失衡问题，促进经济全球化的深化。

（2）新型国际分工合作关系。新型国际分工合作关系是新型全球化下国与国之间在国际投资、国际贸易、产业分工、产品内分工、技术合作以及在全球经济治理等方面的分工合作关系。不同于以往的旧格局，新型国际分工关系更多体现了发展中国家的公平参与，体现了当前新兴经济体积极参与国际治理格局重构的决心。因此，既要研究新型国际分工关系的演进与现实的推进路径，也要就新格局下的责任共同体、利益共同体、命运共同体的形成机制进行研究。

（3）全球经济增长新格局。伴随着“一带一路”倡议的推进和实施，通过互联互通将形成中国与沿线国家携手发展、互利共赢的新形势。以中国为代表的广大发展中国家和新兴经济体在全球经济增长中的贡献将不断提升，全球经济增长重心将出现转移的趋势。因此，要充分关注这一变化，深刻分析引致变化的内外部因素，并跟踪关注新格局下的全球经济可持续增长问题。

3.“一带一路”的区域发展效应

“一带一路”本身就是一个区域概念，其目的是实现区域内国家在新型合作规则下的共同发展、合作共赢。从区域发展效应来看，既包括国际范围内新的经济区域，也包括与已有的多国经济组织的多边合作机制的构建，还包括中国自身不同区域之间的合作机制等。

（1）“二圈、五走廊、一通道”区域发展研究。“一带一路”涉及国家和地区众多，贯穿亚欧非大陆，其中主要包括的大的经济区域可以概括为“二圈、五走廊、一通道”。其中，“二圈”是指发达的欧洲经济圈和活跃的东亚经济圈；“五走廊”是指新亚欧大陆桥中蒙俄经济合作走廊、中国—中亚—西亚经济合作走廊、中巴经济走廊、孟中印缅经济走廊、中国—中南半岛经济合作走廊；“一通道”是指海上以重点港口为节点，共同建设通畅、安全、高效的运输大通道。围绕以上区域，“一带一路”经济学一是要研究其在“一带一路”战略实施中的增长效应，推进中存在的问题与解决对策；二是要研究不同区域之间在发展中的联动问题；三是要研究不同区域发展对全球经济的影响。

（2）沿线国家发展战略对接研究。当前经济融合发展成为世界经济发展的潮流，区域经济合作日渐深入。不同国家或地区区域经济的协调发展，应坚持共商、共建、共享的原则。“一带一路”建设要积极推进沿线国家发展战略的互相对接。因此，一是研究如何在“一带一路”建设过程中搭建沿线国家的对接机制；二是研究如何构建新型双多边合作机制，以及如何强化多边合作机制的作用，设计更具活力的沟通平台，让更多的国家参与到“一带一路”建设中，融入新型国际分工合作中。

（3）中国各地参与“一带一路”研究。围绕如何积极参与“一带一路”战略，中国各省份均表现出积极主动的姿态和行为。但由于地理区位、经济发展、产业结构、文化融合等多方面差异的影响，各区域参与的程度和内容又有差异。因此，要着重研究西北、东北、西南、沿海、港澳台的参与机制与路径；研究如何实现与长江中游城市群、成渝城市群、中原城市群、关中城市群、呼包鄂榆城市群等次经济区域的对接；研究西安、成都、重庆等城市如何发挥优势，融于“一带一路”建设中。

4.“一带一路”的协同发展效应

“一带一路”沿线各国资源享赋各异，经济发展互补性强，合作空间广阔。因此，要深入研究我国与沿线国家的协同发展模式与路径，按照习近平总书记的系列讲话和《愿景与行动》中提出的“五通”，应主要关注以下几个层面问题的研究。

（1）“一带一路”建设与基础设施互联互通问题研究。基础设施是经济社会发展的基本载体和必备条件，设施联通是“一带一路”建设的优先领域。现阶段“一带一路”基础设施建设滞后，阻碍了“一带一路”沿线国家的经济合作。因此，“一带一路”经济学要关注“一带一路”基础设施互联互动的意义和影响因素，中国参与的推进路径、机制创新等相关研究。

（2）“一带一路”建设与贸易畅通问题研究。作为跨国界的区域协调发展战略，在“一带一路”建设过程中，在基础设施互联的基础上，能够有效促进贸易交流和生产之间互动、分工、协作，特别是在沿线沿路国家之间，形成新型的紧密经济联系，物流业将发挥重要作用。因此，应将“一带一路”国际物流体系与一体化市场研究，特别是大物流体系的构建作为“一带一路”经济学协同发展中的重要研究内容。

（3）“一带一路”建设与产业发展相关问题研究。“一带一路”建设成效集中表现在沿线国家经济社会的发展和产业链分工布局的优化，其结果是每一个参与的国家都能共享发展的成果，其中产业发展是基础。因此，在“一带一路”产业合作与发展中要重点关注以下问题的研究：一是对沿线国家产业发展的评价研究，要摸清各国产业发展的优劣势，为产业对接提供依据；二是对产业投资方向和新兴产业方向的预测与评估研究；三是对产业链分工布局的优化研究。

（4）“一带一路”建设与资金融通问题研究。资金融通是“一带一路”建设的重要支撑。实现资金融通必须通过深化金融合作、推进亚洲货币体系稳定、投融资体系和信用体系建设来实现。因此，在“一带一路”金融合作研究方面要重点关注以下几个方面的问题：一是未来中国与“一带一路”沿线国家的金融合作的方向和路径；二是亚洲基础设施投资银行相关研究，包括亚投行成立对“一带一路”、全球金融治理的意义，以及亚投行如何完善自身治理，助推“一带一路”建设等；三是研究丝路基金、中国—欧亚经济合作基金、中国—东盟海上合作基金、金砖国家开发银行，以及规划中的上合组织银行等相关金融组织与“一带一路”建设的对接机制；四是协同化金融监管研究，包括对金融风险的识别、管控和防范等。

（5）“一带一路”建设与国际产能合作问题研究。2015 年 5 月国务院发布《关于推进国际产能和装备制造业合作的指导意见》，明确提出要结合“一带一路”建设，制订国际产能合作规划。我国国际产能合作“十三五”规划将聚焦“一轴两翼”重点国家和“一带一路”沿线国家。可见，国际产能合作已经被视为“一带一路”建设的重要内容。因此，要重点关注以下几个方面的问题：一是我国推进国际产能合作对我国对外贸易升级的影响；二是“一带一路”建设中国际产能合作的区位选择；三是国际产能合作对推进我国产业结构调整和产业转型升级的影响。

（二）“一带一路”经济学的其他相关范畴

作为一个开放性的学科，“一带一路”经济学除了关注“一带一路”这一核心范畴外，也要关注各沿线国家现存合作机制背景下的区域性经济组织，如欧盟、北美自贸区、东盟、大湄公河次区域经济等。要研究如何搭建这些经济组织与“一带一路”建设的协同机制。同时也要研究世界银行、国际货币基金组织、世界贸易组织等全球化旧格局下的金融合作机构的发展，研究其与亚投行等组织的互利共赢合作路径；研究我国“一带一路”建设与美国“新丝绸之路战略”的协同性与兼容性。在国内层面，要将长期实施的区域发展战略、城市群建设、中心城市建设等与“一带一路”充分对接，研究其融合机制和助推举措。